权威·前沿·原创

皮书系列为
"十二五""十三五""十四五"时期国家重点出版物出版专项规划项目

BLUE BOOK

智库成果出版与传播平台

法治蓝皮书
BLUE BOOK OF RULE OF LAW

中国卫生法治发展报告 *No.2*（2022）

ANNUAL REPORT ON RULE OF LAW ON HEALTH IN CHINA No.2 (2022)

中国社会科学院法学研究所

主　编／陈　甦　田　禾

执行主编／吕艳滨

社会科学文献出版社

SOCIAL SCIENCES ACADEMIC PRESS (CHINA)

图书在版编目（CIP）数据

中国卫生法治发展报告. No.2，2022 / 陈甦，田禾
主编. --北京：社会科学文献出版社，2022.12
（法治蓝皮书）
ISBN 978-7-5228-1118-5

Ⅰ.①中⋯ Ⅱ.①陈⋯ ②田⋯ Ⅲ.①卫生法-研究
报告-中国-2022 Ⅳ.①D922.164

中国版本图书馆 CIP 数据核字（2022）第 215497 号

法治蓝皮书
中国卫生法治发展报告 No.2（2022）

主　　编／陈　甦　田　禾
执行主编／吕艳滨

出 版 人／王利民
组稿编辑／曹长香
责任编辑／王玉敏
责任印制／王京美

出　　版／社会科学文献出版社（010）59367162
　　　　　地址：北京市北三环中路甲 29 号院华龙大厦　邮编：100029
　　　　　网址：www.ssap.com.cn
发　　行／社会科学文献出版社（010）59367028
印　　装／天津千鹤文化传播有限公司

规　　格／开　本：787mm×1092mm　1/16
　　　　　印　张：20　字　数：296 千字
版　　次／2022 年 12 月第 1 版　2022 年 12 月第 1 次印刷
书　　号／ISBN 978-7-5228-1118-5
定　　价／139.00 元

读者服务电话：4008918866

法治蓝皮书·卫生法治
编 委 会

主　　　编　陈甦　田禾

执 行 主 编　吕艳滨

策　　　划　法治蓝皮书工作室

工作室主任　吕艳滨

工作室成员　（按姓氏笔画排序）
　　　　　　王小梅　王祎茗　刘雁鹏　胡昌明　栗燕杰

官 方 微 博　@法治蓝皮书（新浪）

官 方 微 信　法治蓝皮书（lawbluebook）　　　　法治指数（lawindex）

官方小程序　法治指数（lawindex）

主要编撰者简介

主编　陈甦

中国社会科学院学部委员、法学研究所原所长，研究员。中国社会科学院大学法学院原院长、特聘教授。兼任中国法学会副会长，中国商法学研究会副会长，最高人民法院案例指导工作专家委员会委员等，曾担任国务院学位委员会第六届、第七届学科评议组（法学组）成员。

主要研究领域：民商法、经济法。

主编　田禾

中国社会科学院国家法治指数研究中心主任、法学研究所研究员，中国社会科学院大学法学院特聘教授。

主要研究领域：刑事法治、司法制度、法治指数。

执行主编　吕艳滨

中国社会科学院国家法治指数研究中心副主任、法学研究所研究员、法治国情调研室主任，中国社会科学院大学法学院宪法与行政法教研室主任、教授。

主要研究领域：行政法、信息法、法治指数。

摘　要

在全面建设健康中国背景下，《中国卫生法治发展报告 No. 2（2022）》从医疗卫生机构及医务人员、医疗保障、中医药、卫生安全监管等方面，聚焦法治热点，全面梳理了中国近年来卫生领域法治建设的探索与经验。

总报告立足全国，对近年来医疗卫生体制改革、医疗保障、医政服务与执法监管、公共卫生与健康促进等板块的法治改革进行系统梳理，指出在立法、监管、服务、司法等方面存在的问题，并对今后构建更加公平可及的就医和卫生环境、推进卫生法律规范体系完备化、通过法治保障促进卫生资源供给、推进卫生执法监管有效有力等进行了分析。

蓝皮书就医疗卫生保障总体情况、卫生安全监管、中医药、儿童健康法治、公共卫生事件应对等领域推出全国层面的研究报告，建议在已有医疗保障制度基础上推进免费医疗，着力完善儿童健康法律制度，并就法治医院建设、医疗美容纠纷化解等议题进行专门研讨。

安全与监管是衡量卫生法治成效的关键所在，对于卫生法治的公信力提升具有重要意义。本卷蓝皮书对药品广告监管、中医药监管、自媒体医疗建议监管、控烟监管等，予以专题研讨，以达到优化制度设计、完善实施机制之效果。

医疗保障改革受到社会各界广泛关注，本卷蓝皮书设置专门板块，就全民免费医疗、儿童健康法治保障、三明医改经验进行研究和总结。

关键词： 卫生法治　健康保障　卫生监管　中医药法　纠纷化解

目 录 ↘

Ⅰ 总报告

Ⅱ 健康保障

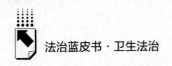
Ⅲ 安全监管

Ⅳ 产业促进

Ⅴ 中医药

Ⅵ 实证研究

　皮书数据库阅读 **使用指南**

总 报 告

General Report

B.1

中国卫生法治的成效与展望（2022）

中国社会科学院法学研究所法治指数创新工程项目组*

摘　要： 近年来，国家把保障人民健康放在优先发展的战略位置，各项基本医疗卫生法律制度逐步健全，医药卫生体制改革纵深推进，医政服务与卫生监管不断优化完善，医疗保障水平不断提升，公共卫生服务能力显著增强。健康中国建设的推进，需要与之相适应的法治保障。今后应全面贯彻健康优先，推进卫生、医疗保障相关法律制定和修改，加强配套立法，优化服务水平，强化执法监管体系，构建和谐医患关系，将卫生科普与卫生普法有机统一，不断推进卫生制度及其运行的法治化和规范化。

关键词： 卫生法治　健康中国　卫生服务　综合监管　医疗保障

* 项目组负责人：田禾，中国社会科学院国家法治指数研究中心主任、中国社会科学院大学法学院特聘教授，法学研究所研究员；吕艳滨，中国社会科学院法学研究所法治国情调研室主任、研究员，中国社会科学院大学法学院教授。项目组成员：王小梅、王祎茗、刘雁鹏、胡昌明、栗燕杰等（按姓氏笔画排序）。执笔人：栗燕杰，中国社会科学院法学研究所副研究员；刘雁鹏，中国社会科学院法学研究所助理研究员；田禾、吕艳滨。

党中央把保障人民健康放在优先发展的战略位置。2022 年 4 月,《"十四五"国民健康规划》印发出台,并向社会公布。近年来,人民群众健康水平不断提升,经常参加体育锻炼人数比例达到 37.2%[①]。中国人均预期寿命从 2015 年的 76.34 岁提高到 2020 年的 77.93 岁,再提高到 2021 年的 78.2 岁,婴儿死亡率从 8.1‰降至 2020 年的 5.4‰,再降至 2021 年的 5.0‰,5 岁以下儿童死亡率从 10.7‰降至 7.5‰,孕产妇死亡率从 20.1/10 万降至 16.9/10 万,主要健康指标居于中高收入国家前列[②]。这些成绩取得的背后,是中国卫生法治的全面推进与贯彻实施。

一 卫生体制改革深入推进

近年来,医药卫生体制机制改革深入推进,医保、医疗、医药联动改革,三明医改等经验全面铺开,医疗机构和卫生队伍建设显著加强。

(一)卫生机构职能改革持续深化

在政府职能转变与机构改革背景下,卫生领域机构职能改革深入推进。2022 年 2 月,国家卫生健康委员会职能配置、内设机构进一步优化调整。国家卫生健康委员会医政医管局更名为医政司,国家卫生健康委员会卫生应急办公室(突发公共卫生事件应急指挥中心)更名为医疗应急司,撤销国家卫生健康委员会疾病预防控制局、综合监督局。2021 年 5 月,国家疾病预防控制局正式挂牌成立,作为由国家卫生健康委负责管理的副部级国家局,负责贯彻落实党中央关于疾病预防控制工作的方针政策和决策部署,在履行职责过程中坚持党对疾病预防控制工作的集中统一领导。2022 年 2 月,

---

① 数据参见《国家卫生健康委就健康中国行动实施以来进展与成效举行发布会》,中国网,http://www.china.com.cn/zhibo/content_78304861.htm,最后访问日期:2022 年 8 月 18 日。

② 数据参见《国务院办公厅关于印发"十四五"国民健康规划的通知》(国办发〔2022〕11 号)及《2021 年我国卫生健康事业发展统计公报》。

国家疾病预防控制局职能配置、内设机构和人员编制规定向社会公布。中国疾病预防控制中心（CDC）由国家卫生健康委划转国家疾病预防控制局管理，疾病预防控制管理体制得到明显理顺。

（二）三明医改等经验广泛推开

以三明医改为代表的经验做法，在各地广泛推开。国务院办公厅印发的《深化医药卫生体制改革 2021 年重点工作任务》明确要求，"进一步推广三明市医改经验，加快推进医疗、医保、医药联动改革"；《深化医药卫生体制改革 2022 年重点工作任务》强调，要"深入推广三明医改经验"。三明市以健康为中心推动"三医"联动改革，管好医院户头、斩断药品抽头、激励仁心笔头、用好基金寸头、减少病人床头、延长健康年头。在改革思路上，首先解决看病难和看病贵的表象问题，改革不合理的管理体制、管理制度和医院运行机制，彻底解决医疗行为与医学本质不匹配的根本问题。2021年起三明市实施公立医疗机构薪酬制度完善工程，逐步缩小市、县医院间薪酬待遇差距。三明市公立医疗机构在岗职工平均年薪由 2012 年的 5.45 万元，提高到 2021 年的 16.02 万元；而医师平均年薪由 2012 年的 7.04 万元，提高到 2021 年的 19.34 万元[①]。三明市《2022 年公立医院党委书记和院长目标年薪制考核方案》于 2022 年 5 月印发，将之前的 35 项考核指标调整为30 项，更加突出重点改革任务、医院高质量发展和健康效益。2021 年三明从"治混乱、堵浪费"阶段，到"建章程、立制度"阶段，步入"治未病、大健康"阶段。2021 年 9 月，《三明市实施"六大工程"推进医改再出发行动方案》出台，着力构建健康保障体系，实行医保基金打包支付，以迈向老百姓越健康、病人越少、医务人员薪酬越高的目标。

（三）医疗机构高质量发展

公立医院是中国医疗卫生服务供给、保障人民身体健康的主力军。为推

---

① 数据参见《全国样本三明医改的 10 年》，《三明日报》2022 年 7 月 20 日，第 1 版。

动公立医院高质量发展，财政部每年安排约 110 亿元，支持公立医院综合改革。2021 年 6 月，国务院办公厅印发《关于推动公立医院高质量发展的意见》（国办发〔2021〕18 号），要求加强公立医院的主体地位，构建公立医院高质量发展新体系，建立健全现代医院管理制度。国家卫生健康委开展公立医院高质量发展促进行动，推进公立医院运营管理、全面预算管理、内部控制、成本核算。2022 年 1 月，《国家卫生健康委关于印发医疗机构设置规划指导原则（2021~2025 年）的通知》（国卫医发〔2022〕3 号），以进一步优化医疗卫生资源配置。

国家区域医疗中心建设稳步推进。以"大病不出省"为目标，已经有 20 个省份和新疆生产建设兵团加入国家区域医疗中心的建设范围，3 批共 50 个国家区域医疗中心项目落地实施。2022 年下半年，启动第 4 批和第 5 批国家区域医疗中心项目建设，所有省级地区全覆盖的目标将稳步实现。

基层卫生机构建设显著加强。"以基层为重点"，系新时代卫生健康工作的鲜明特色。近年来，国家一直将基层医疗卫生服务体系建设作为基础性工作，不断改善基层基础设施条件，提高基层防病治病和健康管理能力。推进社区医院和基层医疗卫生机构建设，系"十四五"期间医疗卫生领域的重要任务。截至 2021 年底，全国建有各类基层医疗卫生机构近 98 万个，卫生人员超过 440 万人，实现街道、社区，乡镇、村屯全覆盖。90%的家庭 15 分钟内能够到达最近的医疗点①。为提升基层医疗服务能力，国家卫生健康委出台乡镇卫生院、社区卫生服务中心服务能力标准，指导地方对照标准自评自建、整改提升。截至 2021 年底，已累计有 2.3 万家基层机构达到服务能力基本标准和推荐标准。各地以社区卫生服务中心和乡镇卫生院为基础建设社区医院，截至 2021 年底已累计建成社区医院超过 2600 家②。

---

① 《卫健委举行"一切为了人民健康——我们这十年"系列发布会（第十场）》，国务院新闻办门户网站，http://www.scio.gov.cn/xwfbh/gbwxwfbh/xwfbh/wsb/Document/1728011/1728011.htm，最后访问日期：2022 年 8 月 25 日。

② 《卫健委举行"一切为了人民健康——我们这十年"系列发布会（第十场）》，国务院新闻办门户网站，http://www.scio.gov.cn/xwfbh/gbwxwfbh/xwfbh/wsb/Document/1728011/1728011.htm，最后访问日期：2022 年 8 月 25 日。

（四）卫生队伍建设显著加强

卫生专业技术人才是国家人才队伍的重要组成部分，是推动卫生健康事业高质量发展的中坚力量。2021 年 8 月，人力资源社会保障部、国家卫生健康委、国家中医药局印发《关于深化卫生专业技术人员职称制度改革的指导意见》。2022 年以来，多地对照中央要求，根据地方特点，出台实施方案，实行分级分类评价。2022 年 7 月出台的《湖南省卫生专业技术人员职称制度改革实施方案》针对医、药、护、技四类卫生专业技术人才，通过不同评价载体对其专业能力进行评价，要求强化用人单位评价。比如，将门诊工作量、出院人数、出院患者手术人次等临床工作数量，作为医生晋升高级职称的"门槛"条件；将病历首页责任护士和质控护士记录，作为护理人员晋升高级职称的"门槛"指标。

多措并举推进基层卫生人员队伍建设。增设乡村全科执业助理医师资格考试，15.4 万人考取相应资格；落实医学专业大学生免试注册乡村医生，已有超过 4300 名大学生进入乡村医生队伍；招收农村订单定向免费医学生 7 万余名，其中 3.5 万人已到基层服务①。

《医师法》自 2022 年 3 月 1 日起施行，同时废止了 1998 年通过的《执业医师法》。《医师法》第 5 条第 1 款规定，每年 8 月 19 日为中国医师节。截至 2021 年底，全国医师数量已达到 428.7 万人，千人口医师数达到 3.04 人，数量接近发达国家医师配置水平。住院医师规范培训制度不断健全。到 2022 年 8 月，已累计培训住院医师 83 万人。同时，国家持续加强全科、儿科、精神科等紧缺人才培养，截至 2021 年底，全国全科、儿科、精神科医生分别达到 43.5 万人、20.6 万人和 6.4 万人，分别较 2012 年增长了 295%、102% 和 173%②。

---

① 《参见卫健委举行"一切为了人民健康——我们这十年"系列发布会（第十场）》，国务院新闻办公室门户网站，http://www.scio.gov.cn/xwfbh/gbwxwfbh/xwfbh/wsb/Document/1728011/1728011. htm，最后访问日期：2022 年 8 月 25 日。

② 《国家卫生健康委员会 2022 年 8 月 25 日新闻发布会文字实录》，国家卫生健康委员会门户网站，http://www.nhc.gov.cn/xcs/s3574/202208/7a207303d09b4112836c27623f62　c988.shtml，最后访问日期：2022 年 8 月 26 日。

"三分治疗、七分护理。"护理工作是卫生健康事业的重要组成部分，护士队伍是卫生健康战线的重要力量。《护士条例》于 2008 年出台，2020 年修订。2022 年 4 月，国家卫生健康委印发《全国护理事业发展规划（2021~2025 年）》。近十年，中国护士数量以每年平均 8% 的增幅增加，截至 2021 年底护士队伍已达到 501.8 万人，每千人口注册护士人数达到 3.56 人，而护士队伍中具有大专学历及以上的接近 80%[①]。随着队伍的发展壮大，护士的护理服务领域持续拓展，实施老年护理服务发展工程，推进居家医疗护理服务，护理服务延伸至社区、家庭，提供多元化、多种样式的护理服务。

医务人员薪酬制度改革继续推进。医务人员是捍卫人民健康的主力军，也是破解看病难、看病贵的关键所在。2017 年起，国家层面启动公立医院薪酬制度改革试点。2021 年，人力资源社会保障部、国家卫生健康委等 5 部门联合印发了《关于深化公立医院薪酬制度改革的指导意见》，强调要逐步提高公立医院人员支出占业务支出的比例。2021 年 8 月，国家卫生健康委、国家中医药局印发《全国医疗机构及其工作人员廉洁从业行动计划（2021~2024 年）》（国卫医函〔2021〕169 号），要求至 2024 年，集中开展整治"红包"、回扣专项行动，持续保持对"红包"、回扣行为的高压打击态势[②]。《国家卫生健康委、国家医保局、国家中医药局关于印发医疗机构工作人员廉洁从业九项准则的通知》（国卫医发〔2021〕37 号）要求各级卫生健康行政部门（含中医药主管部门）和各级各类医疗机构的领导班子承担主体责任，建立常态化监督机制，并坚决查处违规行为；对于典型案例，要定期通报。

---

① 《国家卫生健康委员会 2022 年 5 月 11 日新闻发布会文字实录》，国家卫生健康委员会门户网站，http://www.nhc.gov.cn/xcs/s3574/202205/521fc41948544e00a9ffe886eaac1496.shtml，最后访问日期：2022 年 8 月 30 日。

② 该文件要求细化明确"红包"内容。医务人员在从事诊疗活动过程中，患者及其亲友的礼品、礼金、消费卡和有价证券、股权、其他金融产品等财物，其安排、组织或者支付费用的宴请或者旅游、健身、娱乐等活动安排均应认定为"红包"，全部纳入此次专项行动整治范围。

（五）卫生行政法治化大幅提升

近年来，卫生健康领域的法治化有了较大进展。2021 年，国家卫生健康委召开全国卫生健康法治工作会议。2021 年，国家卫生健康委制定出台《卫生健康系统法治宣传教育第八个五年规划（2021~2025 年）》，对卫生健康系统法治宣传教育作出部署安排。从各省（自治区、直辖市）卫生健康部门来看，2022 年发布的 2021 年度法治政府建设年度情况报告，集中体现了其法治化的努力及成效。对此，项目组进行了梳理分析。

截至 2022 年 12 月，31 个省（自治区、直辖市）的卫生健康部门，已有 28 个发布了 2021 年度法治政府建设年度情况报告，占比 90.32%。28 家省级卫生健康部门的法治政府建设工作均提及立法，表明各地均将地方性法规、地方政府规章的立改废作为卫生法治化的引领和保障。有 27 家提到"规范性文件"，25 家提到"清理"，13 家提到"废止"，这意味着卫生健康领域执法依据存在的位阶不高、内容交叉、部分规范滞后甚至矛盾冲突的问题，逐步受到重视，并通过清理工作以及过时制度废止等方式有所缓解。28 家均提到"审批"或"许可"，有 24 家提到"政务服务"，表明医政相关行政审批与政务服务的优化、改革，系各地卫生健康法治政府推进的重要抓手。2018 年 12 月，国务院办公厅印发了《关于全面推行行政执法公示制度执法全过程记录制度重大执法决定法制审核制度的指导意见》，对各级行政执法机关全面推行"三项制度"工作提出明确要求。项目组发现，有 16 家明确提及"三项制度"，有 14 家明确提及"法制审核"，有 6 家提及"行政执法公示"，有 11 家明确提及"执法全过程记录"。有 9 家明确提到罚款、没收金额的，往往仅提供了上年度罚款、没收的总金额。值得赞许的是，青海省提供了群众关注的专项整治非法医疗美容服务执法情况专项数据。这表明，对执法结果的统计分析虽然已有提及，但还有待重视和加强。其中，天津市、上海市还就三项制度的落实情况逐一以专门段落展开。但也应看到，近一半的省（自治区、直辖市）未提及"三项制度"。有 19 家提到"政务公开"，北京市、天津市在政务公开推进中还提到立法和决策的预

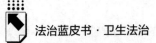

公开，以及新闻发布会、媒体沟通会情况，政务新媒体信息和短视频发布情况。有24家提到"行政复议"，27家提到"应诉"或"诉讼"。这表明，行政复议和应诉工作已普遍进入卫生法治化的视野，成为影响卫生法治建设的重要一极。

综上，卫生行政法治化的重要程度有所提升，卫生健康事业改革发展的法治基础将越来越牢固。

二　卫生政务服务得到优化

卫生相关政务服务关乎医疗机构、药品公司、患者及家属各方利益，其改革优化广受关注。《国家卫生健康委办公厅关于印发医疗领域"证照分离"改革措施的通知》（国卫办医发〔2021〕15号）下发后，医疗领域政务服务优化快速推进。比如，诊所的开办和执业，均不再需要向卫生健康部门申请审批，改为直接办理诊所执业备案；医疗机构执业登记实行电子化注册登记，申请人不再提交医疗机构验资证明；医疗机构提出麻醉药品和第一类精神药品购用印鉴卡申请时，不再要求提供"医疗机构执业许可证"副本复印件，通过医疗机构电子化注册管理信息系统获取即可，而在自由贸易试验区可通过告知承诺制当场作出许可决定。

药品审评审批制度改革不断推进。实施药物临床试验机构的备案管理，上线临床试验机构备案信息平台，国家药品监督管理局已备案1218家药物临床试验机构，临床试验资源得到进一步释放。全面深化实施药物临床试验60日到期默示许可制，较改革前审批时限缩短三分之一，临床试验申请审批效率大幅提升。

医疗器械备案管理细化完善。医疗器械备案是指医疗器械备案人依照法定程序和要求，向药品监督管理部门提交备案材料，药品监督管理部门对提交的备案资料存档备查的活动。2022年8月，《国家药品监督管理局关于第一类医疗器械备案有关事项的公告》（2022年第62号）发布，同时废止了原国家食品药品监督管理总局发布的《关于第一类医疗器械备案有关事项的公告》（2014 年第 26 号）。备案资料项目有所简化，鉴于第一类医疗器械风险程度低，备案资料集中在最终产品技术性能和生产制造信息两方面，因此删除了之前备案材料中的"风险分析报告"，也删除了临床评价资料的要求；结合实践中常见问题，细化备案信息要求，增加了产品名称、产品描述、预期用途、型号/规格等关键内容的要求。公告进一步明确了备案责任要求，既强化了企业主体责任，也进一步落实了监管部门责任[①]。2021 年12 月底，国家药品监督管理局发布修订后的《医疗器械应急审批程序》，在存在突发公共卫生事件威胁时，以及突发公共卫生事件发生后，本着统一指挥、早期介入、随到随审、科学审批的原则，确保突发公共卫生事件所需的医疗器械尽快完成审批。

三 综合执法监管成效显著

执法监管对于卫生法治的贯彻落实起着重要作用。以《行政处罚法》的修改为契机，卫生综合执法监管全面推进。

"双随机、一公开"执法常态化。国家卫生健康委办公厅印发《2022 年国家随机监督抽查计划》，涉及公共卫生、职业卫生、传染病防治和消毒产品、医疗卫生等领域，要求抽查结果信息依法向社会公开。《国家药监局综合司关于印发 2022 年国家医疗器械抽检产品检验方案的通知》（药监综械管〔2022〕15 号），要求各省级药监局、中国食品药品检定研究院按照医疗器械强制性标准以及经注册或者备案的产品技术要求（注册产品标准）开展检验工作。

国家卫生健康委、国家中医药局出台《医疗机构依法执业自查管理办法》（国卫监督发〔2020〕18 号）之后，各地卫生健康主管部门全面推进医疗卫生行业综合监管制度，推动医疗机构落实依法执业自我管理主体责

[①] 参见《〈关于第一类医疗器械备案有关事项的公告〉修订说明》，国家药品监督管理局门户网站，https：//www.nmpa.gov.cn/directory/web/nmpa/xxgk/zhcjd/zhcjdylqx/202208 11173234158.html，最后访问日期：2022 年 8 月 20 日。

任。要求医疗机构严格遵守其要求，切实做好系统数据填补、自查整改等工作，并定期向主管部门报告季度自查自纠情况和年度依法执业总结。

医保执法力度效果凸显。2021 年，国家医保局组织飞行检查 30 组次，查出涉嫌违法违规资金 5.58 亿元。《国家医疗保障局行政执法事项清单（2022 年版）》向社会公开，公开内容包括事项的名称、执法类别、执法主体、承办机构、执法机构、办理时限等要素。国家医保局自 2018 年成立至 2021 年底，已累计追回医保基金 583 亿元。2022 年 4 月，国家医疗保障局通报，武汉同济医院存在串换、虚记骨科高值医用耗材问题，骗取医保基金支付 2334.36 万余元。武汉市医保局依法责令该院整改，罚款合计 5924.56 万余元，并责令该院暂停骨科 8 个月涉及医疗保障基金使用的医药服务。此类曝光、通报已常态化，执法威慑力明显提升。

药品监管能力建设得到提升。药品关乎广大群众身体健康与生命安全，是医药卫生制度体系的重要一环。2021 年 5 月，《国务院办公厅关于全面加强药品监管能力建设的实施意见》（国办发〔2021〕16 号）向社会公开。吉林省人大常委会于 2022 年 5 月通过了《吉林省药品管理条例》，全面加强药品管理，保证药品质量。在药品全生命周期监管方面，规定应当落实年度药品监督管理计划制度，对有证据证明可能存在安全隐患的药品生产、经营和使用药品等活动，应根据监督检查情况采取告诫、约谈、限期整改，以及暂停生产、销售、使用、进口等措施，并公布检查处理结果。云南省人民政府办公厅于 2022 年 4 月印发《云南省全面加强药品监管能力建设 22 条措施》，从加强监管体系建设和提升服务发展水平出发，要求健全完善法规标准体系、加强技术支撑能力建设、加强检查执法体系建设、提升风险管控能力、加强智慧监管能力建设、加强药品监管科学研究、加强监管队伍建设、强化保障措施。与之类似，北京市市场监督管理局印发了《北京市全面加强药品监管能力建设的若干措施》，陕西省人民政府办公厅印发《陕西省全面加强药品监管能力建设若干措施》，天津市药监局印发《天津市药品监督管理局加强和规范事中事后监管的实施方案》。

药物警戒制度建设驶入快车道。药物警戒是指对药品不良反应及其他与用药有关的有害反应进行监测、识别、评估和控制的活动。《药物警戒质量管理规范》（GVP）于 2021 年 12 月 1 日起实施，规范药品全生命周期药物警戒活动。《国家药监局关于印发〈药物警戒检查指导原则〉的通知》（国药监药管〔2022〕17 号）出台，要求推进药物警戒体系和能力建设，督促药品上市许可持有人落实药物警戒主体责任。

药品年度报告制度全面落实。2022 年，《国家药品监督管理局关于印发〈药品年度报告管理规定〉的通知》（国药监药管〔2022〕16 号）出台。药品年度报告作为《药品管理法》建立的新制度，要求药品上市许可持有人建立年度报告制度，每年将药品生产销售、上市后研究、风险管理等情况按照规定向省级人民政府药品监督管理部门报告。国家药品监督管理局建设药品年度报告采集模块同期启用，以做好数据共享和信息应用。各省级药品监管部门通过规范持有人的年度报告行为，将年度报告信息作为监督检查、风险评估、信用监管等工作的参考材料和研判依据，督促落实药品全过程质量管理主体责任。

医疗美容监管逐步加强。医疗美容活动涉及人民群众身体健康和生命安全，其乱象引起社会广泛关注。2021 年 5 月，国家卫生健康委办公厅、中央网信办秘书局、公安部办公厅等部门的《关于印发打击非法医疗美容服务专项整治工作方案的通知》（国卫办监督函〔2021〕273 号）要求，联合开展打击非法医疗美容服务专项整治工作。2021 年 11 月，国家市场监督管理总局发布《医疗美容广告执法指南》，规定使用医生或专业人士为医疗广告的广告违法行为，对虚假医疗美容广告等违法违规行为予以界定和处置。2022 年 9 月起，国家市场监督管理总局等多家部门在全国范围集中开展医疗美容行业突出问题专项治理行动，并曝光一批违法案件。

四 公共卫生法治逐步充实

党和国家有高度重视公共卫生的优良传统。党的十八大以来，党中央就公共卫生及其法治保障作出一系列重大部署，公共卫生在法治轨道上逐步健全、充实。《基本医疗卫生与健康促进法》第 16 条第 1 款规定："国家采取措施，保障公民享有安全有效的基本公共卫生服务，控制影响健康的危险因素，提高疾病的预防控制水平。"全国人大常委会强化公共卫生法治保障立法修法工作，相关法律制定修改稳步推进。

国家基本公共卫生服务项目是以促进基本公共卫生服务均等化为目标，针对当前城乡居民存在的主要健康问题，以儿童、孕产妇、老年人、慢性病患者等为重点群体，面向全体居民提供基本公共卫生服务。基本公共卫生服务项目主要由乡镇卫生院、社区卫生服务中心、村卫生室、社区卫生服务站等基层医疗卫生机构负责。为贯彻落实"以基层为重点"，《国家卫生健康委关于印发卫生健康系统贯彻落实以基层为重点的新时代党的卫生与健康工作方针若干要求的通知》（国卫基层发〔2022〕20 号）出台，推动医疗卫生工作重心下移、资源下沉，把更好的人才、技术、管理、机制引向基层，不断夯实基层基础，加快推进基层卫生健康高质量发展。2022 年，中国人均基本公共卫生服务经费补助标准已从 2020 年的 74 元提高到 84 元。政府购买公共卫生服务力度不断加大，财政部鼓励通过政府购买服务方式开展核酸检测、消毒消杀、防疫宣传，以及其他各类公共卫生服务工作，有效提升了突发公共卫生事件应对能力。

国家卫生健康委基层卫生健康司印发《关于做好 2022 年基本公共卫生服务工作的通知》，基本公共卫生服务项目已从最初的 9 类发展到 31 类，覆盖领域从单纯的重点人群健康管理，发展到各类重大公共卫生项目，明确将"一老一小"作为重点项目予以单列。在加强 65 岁及以上老年人健康管理方面，要求各地优化健康体检项目，结合实际开展老年人认知功能初筛服务；在强化 0~6 岁儿童健康管理服务方面，要求加强上级医疗机构、妇幼保健机构对基层医疗卫生机构的指导，鼓励通过家庭医生签约服务，加强儿童保健和基本医疗服务，提供家庭科学育儿指导服务。

国家卫生健康委、财政部、人力资源社会保障部等出台《关于推进家庭医生签约服务高质量发展的指导意见》（国卫基层发〔2022〕10 号），要求逐步建成以家庭医生为健康"守门人"的家庭医生制度。到 2021 年底，全国共有 143.5 万家庭医生，组建了 43.1 万个团队为居民提供签约服务。到 2035 年，签约服务覆盖率将达到 75% 以上，基本实现家庭全覆盖，重点人群签约服务覆盖率达到 85% 以上，满意度达到 85% 左右。这将推动中国的卫生服务模式从治病为中心向健康为中心转变。

烟草有害健康，是全世界的共识。传统卷烟、电子烟均对健康有损害。近年来，国内电子烟行业无序发展，部分产品存在烟碱含量不清、添加成分不明、烟油泄漏，以及部分经营者故意误导消费者，诱导未成年人吸食等问题。对此，国家卫生健康委联合教育部等开展无烟学校、无烟家庭等无烟环境建设。2022 年以来，国家就电子烟的管理、检验检测、警语标识、产品包装、产品追溯等出台一系列制度。国家烟草专卖局发布《电子烟管理办法》，自 2022 年 5 月 1 日起施行。在电子烟本身，禁止销售除烟草口味外的调味电子烟和可自行添加雾化物的电子烟；在销售对象方面，禁止向未成年人出售电子烟产品，对难以判明是否是未成年人的，应当要求其出示身份证件，电子烟经营者应当在显著位置设置不向未成年人销售电子烟的标志；在售卖方式上，禁止利用自动售货机等自助售卖方式销售或者变相销售电子烟产品；在运输上，实行限量管理。

在做好疫情防控的同时，国家稳步推进疾病预防控制体系改革。2021 年，国家卫生健康委设置国家传染病医学中心，决定分别以浙江大学医学院附属第一医院为依托设置国家传染病医学中心，以复旦大学附属华山医院为依托设置国家传染病医学中心，以首都医科大学附属北京地坛医院为依托设置国家传染病医学中心（北京），共同构成国家传染病医学中心。由此，形成南北协同、优势互补模式，建立多中心协同工作机制，带动全国传染病医学建设与发展。

推进爱国卫生运动与健康城市建设。1952 年，党和国家第一代领导人倡导发起爱国卫生运动。70 年来，爱国卫生运动坚持大卫生大健康理念，关注影响人民群众健康的环境卫生突出问题，全面提升文明健康素质，取得巨大成效，受到国际社会广泛赞誉。世界卫生组织先后授予中国政府"卫生城市特别奖""社会健康治理杰出典范奖"。为应对快速城市化带来的健康新问题，"健康城市"理念应运而生。世界卫生组织将健康城市定义为"不断开发、发展自然和社会环境，并不断扩大社会资源，使人们在享受生命和充分发挥潜能方面能够互相支持的城市"。《"健康中国2030"规划纲要》将健康城市作为健康中国建设的重要抓手、爱国卫生运动的重要载体。全国爱卫办以健康城市建设推进健康中国行动，将健康城市建设与妇幼健康促进、癌症防治行动相结合，探索条块结合、防治结合、群体个人结合的服务模式。同时，在健康城市建设中推动开展健康影响评估试点工作，加强影响健康的各类风险隐患的源头发现和早期控制工作，促进将健康影响评估融入所有政策。国家印发健康城市建设评价指标体系，定期开展评价评估。2022年，2021年度全国健康城市建设评价结果向社会公布。

2021年，民政部、国家卫生健康委、国家中医药局、国家疾控局四部门联合出台《关于加强村（居）民委员会公共卫生委员会建设的指导意见》，将开展爱国卫生运动纳入公共卫生委员会的基本职责，要求组织居民群众、群团组织、经济和社会组织以及驻地单位开展爱国卫生等活动，形成自上而下政府行政动员与自下而上社会主动参与相结合的动员机制，更好地将爱国卫生运动与基层治理结合起来。

五 医疗保障进一步完善

中国已建立起覆盖全民的基本医疗保障制度，制度不断走向健全，保障水平不断提升，各个短板逐步填补，看病难看病贵问题有所缓解。

医疗保障水平逐步提升。通过谈判降价和医保报销，2021年度累计为患者及家属减负约1500亿元。居民个人卫生支出所占比重由2012年的34.34%，下降到2021年的27.7%。职工基本医疗保险、城乡居民基本医疗保险政策范围内住院费用支付比例分别稳定在80%和70%左右①。国家医保

---

① 数据参见《卫健委举行"一切为了人民健康——我们这十年"系列发布会（第十一场）》，国务院新闻办公室门户网站，http://www.scio.gov.cn/xwfbh/gbwxwfbh/xwfbh/wsb/Document/1728009/1728009.htm，最后访问日期：2022年10月8日。

局会同财政部、国家税务总局印发的《关于做好 2022 年城乡居民基本医疗保障工作的通知》（医保发〔2022〕20 号）明确，2022 年，居民医保参保财政补助标准人均新增 30 元，达到每人每年不低于 610 元；相应同步提高个人缴费标准 30 元，达到每人每年 350 元。住院待遇方面，政策范围内医疗费用基金支付比例稳定在 70% 左右。门诊保障方面，健全门诊慢性病、特殊疾病保障，增强大病保险、医疗救助对门诊医疗费用的保障功能；合理提高居民医保生育医疗费用待遇，做好参保人生育医疗费用保障。

异地就医直接结算得到优化。《国家医保局、财政部关于进一步做好基本医疗保险跨省异地就医直接结算工作的通知》（医保发〔2022〕22 号）要求，统一住院、普通门诊和门诊慢特病费用跨省直接结算基金支付政策，允许补办异地就医备案和无第三方责任外伤参保人员享受跨省异地就医直接结算服务；到 2025 年底，住院费用跨省直接结算率提高到 70% 以上，普通门诊跨省联网定点医药机构数量实现翻一番，基本实现医保报销线上线下都能跨省通办。国家医保服务平台 App 新增跨省门诊慢特病告知书等查询功能。2022 年 6 月，全国有一半左右的统筹地区启动高血压、糖尿病、恶性肿瘤门诊放化疗、尿毒症透析、器官移植术后抗排异治疗等 5 种门诊慢特病相关治疗费用跨省直接结算试点。截至 2022 年 6 月底，门诊费用跨省直接结算已联网定点医疗机构 6.59 万家，定点零售药店 16.53 万家。2022 年上半年门诊费用跨省直接结算 1112.85 万人次，涉及医疗费用 26.92 亿元，基金支付 16.16 亿元，基金支付比例为 60.0%[①]。

为提高医疗资源利用率并保障医疗质量和安全，国家卫生健康委、国家医保局、国家中医药局、中央军委后勤保障部卫生局《关于印发医疗机构检查检验结果互认管理办法的通知》（国卫医发〔2022〕6 号）提出，对于医疗机构的检查结果、检验结果，从组织管理、互认规则、质量控制、支持保障、监督管理、责任划分等方面进行了明确，要求按"以保障质量安全

---

① 数据参见孙秀艳《上半年全国门诊费用跨省直接结算超 1100 万人次》，《人民日报》2022 年 8 月 6 日，第 2 版。

为底线，以质量控制合格为前提，以降低患者负担为导向，以满足诊疗需求为根本，以接诊医师判断为标准"原则开展互认工作。

2022年6月，退役军人事务部、财政部、国家卫生健康委、国家医疗保障局联合修订印发《优抚对象医疗保障办法》，按照"待遇与贡献匹配、普惠与优待叠加"的原则，对于享受国家定期抚恤补助的在乡复员军人、参战退役军人、参试退役军人、带病回乡退役军人、烈士遗属、因公牺牲军人遗属、病故军人遗属等的"保险+救助+补助+优待"医疗保障体系予以完善。在优待方面，新增优抚对象在优抚医院享受优惠体检，以及优先就诊、检查、住院等服务，免除普通门诊挂号费。在服务程序方面，要求各地利用信息技术，完善"一站式"费用结算机制，优化程序，减轻医疗费用垫付压力。在残疾退役军人医疗保障方面，退役军人事务部、财政部、人力资源社会保障部、国家卫生健康委、国家医疗保障局、中央军委后勤保障部联合印发《残疾退役军人医疗保障办法》，改变以往残疾退役军人医保制度的分散化局面，形成完善的医疗保障体系，有利于更好地保障残疾退役军人的合法权益。

2022年1月，国家医疗保障局出台《医疗保障基金使用监督管理举报处理暂行办法》，鼓励社会公众、新闻媒体对涉嫌违反医疗保障基金的违法违规行为，依法进行社会监督和舆论监督；对于经查实且有重大社会影响的典型案例，要求向社会公布；国家医疗保障局建立起举报处理工作年度报告制度。从2018年到2021年，通过医保基金的监管专项检查和经办机构的日常核查，全国累计检查了定点医药机构240万家次，处理115万家次，共追回医保基金583亿元。开通电话、微信、信件等举报渠道，完善举报奖励制度，各地已经查实并追回资金约1.13亿元，兑现举报奖励约200万元①。

2022年2月，国家医疗保障局门户网站公布了《国家医疗保障局曝光台2022年第一期曝光典型案件（二十四例）》，为个人骗保的典型案例，

---

① 《卫健委举行"一切为了人民健康——我们这十年"系列发布会（第十一场）》，国务院新闻办公室门户网站，http://www.scio.gov.cn/xwfbh/gbwxwfbh/xwfbh/wsb/Docu ment/1728009/1728009.htm，最后访问日期：2022年8月23日。

涉及冒名就医、重复享受医保待遇、超量开药并转卖药品、虚假票据、隐瞒第三方证人等违法违规行为①。2022 年 5 月，国家医疗保障局门户网站公布了《国家医疗保障局曝光台 2022 年第二期曝光典型案件（十例）》，为定点零售药店违反医疗保障的违法违规行为，涉及将非医保药品或其他商品串换成医保药品销售，伪造处方或无处方药品销售，超医保支付限定药品销售，为非定点零售药店进行医保费用结算，将医保结算社保改变使用场地等情形②。国家医疗保障局每年多批次公开曝光医保违法相关典型案例，已实现常态化。

六　健康促进及保障机制快速发展

（一）儿童健康促进制度快速完善

儿童健康事关家庭幸福和民族未来。近年来，《民法典》《疫苗管理法》《食品安全法》《家庭教育促进法》《学前教育法》《反家庭暴力法》等法律的制定、修改，均强化了儿童健康促进的相关规范。《未成年人保护法》第55 条要求，加强对未成年人的全方位保护，包括生产、销售用于未成年人的药品应当符合国家或者行业标准，不得危害未成年人的人身安全和身心健康；并在学校保护、社会保护、网络保护、政府保护等部分提出卫生健康方面的具体要求。

国家将预防接种、儿童健康管理、儿童中医药健康管理均纳入国家基本公共卫生服务项目，免费向 0~6 岁儿童提供。着力推进儿童药品纳入医保，2022 年国家医保目录调整新增了儿童药品等。更多儿童药进入医保，既有利于减轻患者用药负担，也有利于鼓励更多企业关注儿童用药研发。

---

① 《国家医疗保障局曝光台 2022 年第一期曝光典型案件（二十四例）》，http：//www.nhsa.gov.cn/art/2022/2/27/art_74_7848.html，最后访问日期：2022 年 8 月 18 日。
② 《国家医疗保障局曝光台 2022 年第二期曝光典型案件（十例）》，http：//www.nhsa.gov.cn/art/2022/5/28/art_74_8256.html，最后访问日期：2022 年 8 月 18 日。

在儿童保健服务方面，已形成以省市县三级妇幼保健机构为核心、基层医疗卫生机构为基础的儿童保健服务网络。2013~2021年，累计安排中央预算内投资309亿元支持全国1960个儿童医院和妇幼保健机构建设；截至2021年底，全国共有儿童医院151家，每千名儿童床位数达2.2张，较2015年增加0.27张①。

中小学生健康体检管理制度化。2021年9月，国家卫生健康委、教育部修订形成《中小学生健康体检管理办法（2021年版）》，要求中小学校每年组织1次在校学生健康体检，学生健康体检结果纳入学校档案管理，并据此研究制定促进学生健康的措施；教育行政部门应对出现健康问题的学生建立档案并随访。

儿童青少年的近视防控、肥胖防控和心理健康保障等制度机制逐步完善。近年来，影响儿童青少年健康的新问题、新因素日渐凸显。儿童总体近视率、儿童肥胖、儿童心理健康等问题形势相当严峻。2021年，教育部办公厅等十五部门印发《儿童青少年近视防控光明行动工作方案（2021~2025年）》（教体艺厅函〔2021〕19号），2022年4月教育部印发《2022年全国综合防控儿童青少年近视重点工作计划》，形成儿童青少年近视防控工作系统化格局，市场监管和机制保障不断健全。《中国居民膳食指南（2022）》显示，中国6岁以下和6~17岁儿童青少年超重肥胖率分别达到10.4%和19.0%。国家卫生健康委、教育部、市场监管总局、体育总局、共青团中央、全国妇联等6部门联合制定《儿童青少年肥胖防控实施方案》，以2002~2017年超重率和肥胖率年均增幅为基线，希望在2020~2030年全国0~18岁儿童青少年超重率和肥胖率年均增幅在基线基础上下降70%，为实现儿童青少年超重肥胖零增长奠定基础。儿童心理健康纳入健康中国行动统筹推进，全国1379家妇幼保健机构开展儿童心理保健服务，儿童心理健康服务短缺问题得到初步缓解。

---

① 参见《国务院关于儿童健康促进工作情况的报告》——2022年6月21日在第十三届全国人民代表大会常务委员会第三十五次会议上。

儿童重大疾病的救治、服务和保障是社会广泛关注的热点问题。国家卫生健康委会同民政部、国家医疗保障局、国家中医药管理局和国家药监局联合开展医疗救治和保障管理工作，并鼓励地方将本地区多发、群众反映强烈的儿童重大疾病纳入救治管理范围。在保障措施方面，加强基本医保、大病保险、慈善救助的衔接对接，综合保障水平显著提升。2021 年，新生儿破伤风已得到消除，5 岁以下儿童死亡率持续下降，全国婴儿死亡率、5 岁以下儿童死亡率分别为 5.0‰和 7.1‰，较 2012 年下降 51.5% 和 46.2%，总体优于中高收入国家平均水平。

保护儿童免受烟草侵害。国家烟草专卖局和国家市场监督管理总局联合发布《保护未成年人免受烟侵害"守护成长"专项行动方案》（国烟专〔2021〕89 号），明确规范校园周围距离标准及测量标准，清理校园周围存量售烟网点，落实警示标志设置和身份证件核验规定，依法查处向未成年人售烟违法行为等。

（二）健康老龄化服务体系初步建立

"十四五"时期是中国积极应对人口老龄化的重要窗口期。健康老龄化服务制度机制不断健全。覆盖健康教育、预防保健、疾病诊治、康复护理、长期照护、安宁疗护六大板块的老年健康服务体系初步建立。国家卫生健康委等十多家部门出台的《"十四五"健康老龄化规划》提出，到 2025 年，65 岁及以上老年人城乡社区规范化健康管理服务率达到 65% 以上，65 岁及以上老年人中医药健康管理率达到 75% 以上。

《"十四五"健康老龄化规划》提出，完善身心健康并重的预防保健服务体系；以连续性服务为重点，提升老人医疗服务水平；建立覆盖老年人群疾病急性期、慢性期、康复期、长期照护期、生命终末期的护理服务体系。

维护好老年人心理健康，有利于家庭幸福和社会和谐。健康中国行动老年健康促进行动将"65 岁及以上人群老年期痴呆患病率增速下降"设为结果性指标。2022 年 6 月，国家卫生健康委出台专门文件，2022～2025 年在全国范围内选取 1000 个城市社区、1000 个农村行政村，开展老年心理关爱行动。通过该行动，将全面掌握老年人心理健康状况与需求；增强老年人心理健康意识，改善老年人心理健康状况；提升基层工作人员的心理健康服务水平。

持续推进长期护理保险制度试点。长期护理保险作为积极应对老龄化的重要举措，有利于解决失能老人的生活照料和护理问题。长期护理保险制度已试点6年，长期护理保险试点城市达49个，参保人数达1.45亿人①。

（三）药品供应保障政策不断完善

基本药物制度不断健全完善。国家基本药物制度是药品供应保障体系的基础，属于医疗卫生领域基本公共服务的重要内容。2009年起国家正式建立基本药物制度，2018年《国务院办公厅关于完善国家基本药物制度的意见》（国办发〔2018〕88号）出台，强化基本药物"突出基本、防治必需、保障供应、优先使用、保证质量、降低负担"的功能定位，从基本药物的遴选、生产、流通、使用、支付、监测等环节完善政策，全面带动药品供应保证体系建设，进而缓解"看病贵"问题，推动医药产业转型升级。"十三五"期间，中国基本药物数量已从520种增加到685种。2022年的《基本药物制度补助资金管理办法》规定，对基层医疗卫生机构实施国家基本药物制度予以转移支付。

2022年6月，国家卫生健康委印发《临床急需药品临时进口工作方案》，对于国内无注册上市、无企业生产或短期内无法恢复生产的境外已上市临床急需少量药品，完善其申请、审批、管理和临床使用制度，并明确各方权责。国家药品监督管理局将《药品管理法》《疫苗管理法》等明确列出的临床急需的短缺药、儿童用药、罕见病用药、重大传染病用药、疾病防控急需疫苗以及创新疫苗等纳入加快上市注册范围。2021年发布的《深化医药卫生体制改革2021年重点工作任务》和《中国儿童发展纲要（2021~

---

① 《卫健委举行"一切为了人民健康——我们这十年"系列发布会（第十九场）》，介绍党的十八大以来老龄工作进展与成效，http://www.scio.gov.cn/xwfbh/gbwxwfbh/xwfbh/wsb/Document/1730851/1730851.htm，最后访问日期：2022年10月9日。

2030 年）》，均明确要求加强儿童药供应保障。2019 年、2020 年、2021 年通过优先审评审批上市的注册申请分别为 143 件、217 件和 219 件，一批具有明显临床价值、满足临床急需的新药好药获批上市，一定程度上满足了公众用药需求。

药品集中带量采购常态化。2018 年以来，国家医疗保障局会同有关部门以带量采购为核心，推进药品和高值医用耗材的集采改革。已密集推进 7 批国家组织药品集采，覆盖了 294 个药品，大部分是常见病、慢性病的用药，涉及金额占公立医疗机构化学药和生物药年采购金额的 35%；聚焦心内科和骨科开展国家组织高值医用耗材的集采；推进省级和省际联盟采购。通过带量集采，促进了药品、耗材价格回归合理水平。国家组织药品的集采平均降价超过 50%，心脏支架、人工关节的集采平均降价超过 80%，累计节约费用达3000 亿元左右。与此同时，高质量药品的可及性大幅提升，群众使用原研药和通过仿制药质量和疗效一致性评价药品的比例超过了 90%①。

（四）医疗护理供给规模质量双提升

针对医疗卫生服务资源总量不足问题，2015 年，国务院办公厅印发《全国医疗卫生服务体系规划纲要（2015~2020 年）》，要求进行调整布局，推动社会办医。2021 年 6 月，国家发展改革委、国家卫生健康委、国家中医药管理局、国家疾病预防控制局出台《"十四五"优质高效医疗卫生服务体系建设实施方案》（发改社会〔2021〕893 号），要求到 2025 年，基本建成优质高效的整合型医疗卫生服务体系，重大疫情防控救治和突发公共卫生事件应对水平显著提升，努力让广大人民群众就近享有公平可及、系统连续的高质量医疗卫生服务。

质控指标体系是医疗质量管理与控制体系的重要组成部分。国家卫生健康委先后印发部分临床专业质控指标、单病种质量控制指标、国家限制类技

---

① 《卫健委举行"一切为了人民健康——我们这十年"系列发布会（第十一场）》，国务院新闻办公室门户网站，http://www.scio.gov.cn/xwfbh/gbwxwfbh/xwfbh/wsb/Docum ent/1728009/1728009.htm，最后访问日期：2022 年 8 月 23 日。

术质控指标，于2022年5月以《国家卫生健康委关于印发超声诊断等5个专业医疗质量控制指标（2022年版）的通知》的方式印发超声诊断、康复医学、临床营养、麻醉、消化内镜诊疗技术的质量控制指标。

近年来，医疗机构门诊诊疗服务量日益增加，服务范围不断拓展，形式日渐多样。2021年度全国二级以上医疗机构门诊诊疗超过30亿人次，门诊质量受到各界关注。国家卫生健康委出台《医疗机构门诊质量管理暂行规定》（国卫办医发〔2022〕8号），明确门诊质量管理工作体系和机制，将门诊质量管理作为医疗机构质量管理的重要组成部分，纳入医疗质量管理委员会工作体系。

自2015年以来，国家卫生健康主管部门按年度编制发布国家医疗服务与质量安全报告。2021年，国家卫生健康委首次发布国家医疗质量安全改进目标；2022年3月，再次发布《2022年国家医疗质量安全改进目标》和《2022年各专业质控工作改进目标》。在卫生医疗领域实施目标管理，基于当前突出薄弱环节，并按年度发布目标，可以更好地发挥目标对行业的引导作用，推动医疗质量安全工作精准改进。

（五）健康扶贫持续巩固深化

贫困地区和贫困人口的基本卫生、医疗和健康保障，是扶贫脱贫和卫生事业的重要任务。脱贫攻坚期间，中央财政累计投入资金1.4万亿元，支持脱贫任务重的25个省份卫生健康事业发展。到2022年中国已实现每个脱贫县至少有1家公立医院，消除了6903个村卫生室无村医"空白点"，累计帮助近1000万个因病致贫家庭摆脱贫困。对慢病贫困人口建档立卡，基本实现了家庭医生签约服务"应签尽签"，"十三五"期间，大病专项救治病种已扩大到30种，2000多万贫困患者得到分类救助，近1000万因病致贫返贫户成功脱贫①。远程医疗服务已覆盖所有脱贫县，并向乡镇卫生院延伸。脱贫地区乡村医疗卫生机构和人员的"空白点"，得到历史性消除。全

---

① 数据参见《国务院办公厅关于印发"十四五"国民健康规划的通知》（国办发〔2022〕11号）。

面建成小康社会之后，为巩固基本医疗有保障的成果，各地继续为脱贫人口提供公共卫生、慢病管理、健康咨询和中医干预等综合服务，并重点做好高血压、糖尿病等主要慢病患者的规范管理和健康服务。

（六）考核及应用制度逐步完善

2022年2月，《健康中国行动推进委员会印发〈健康中国行动2021～2022年考核实施方案〉的通知》（国健推委发〔2022〕1号），要求结合日常督导、调研以及暗访等形式，从健康水平、健康生活、健康服务、健康保障、健康环境五个维度，进行数据采集、抽查复核和结果审定。考核结果应作为各地党政领导班子和领导干部综合考核评价、干部奖惩使用的重要参考，对考核结果为优秀的省份和进步幅度较大的省份，予以通报表扬。

（七）健康科普制度效能有所显现

健康中国行动推进委员会办公室组建国家健康科普专家库，来自健康教育、临床医学、公共卫生等30余个领域的1000多位专家成为首批成员，省级健康科普专家库也陆续完成组建。2022年5月，国家卫生健康委员会、中央宣传部、中央网信办、科学技术部、工业和信息化部、国家广播电视总局、国家中医药管理局、中国科学技术协会、健康中国行动推进委员会办公室等联合印发《关于建立健全全媒体健康科普知识发布和传播机制的指导意见》（国卫宣传发〔2022〕11号），要求明确健康科普知识发布、传播与监管的主体和职责，持续提升健康科普知识的质量，丰富健康科普作品的形式。

此外，国家从2012年起进行健康素养监测。《基本医疗卫生与健康促进法》将之上升到法律层面，提出"建立健康教育制度，提高公民健康素养"。居民健康素养水平从10.25%提高到2021年的25.4%，提前实现了2022年达到22%的目标①。

---

① 《卫健委举行"一切为了人民健康——我们这十年"系列发布会（第十场）》，国务院新闻办公室门户网站，http://www.scio.gov.cn/xwfbh/gbwxwfbh/xwfbh/wsb/Document/1728011/1728011.htm，最后访问日期：2022年10月9日。

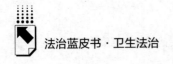

七　中医药振兴配套制度精细化

推动中医药振兴发展，发挥中医药在治未病、重大疾病治疗、疾病康复中的重要作用，建立符合中医药特点的服务体系、服务模式、管理模式、人才培养模式，是中国卫生法治的重要组成部分。2022 年 3 月，《国务院办公厅关于印发"十四五"中医药发展规划的通知》（国办发〔2022〕5 号），明确了"十四五"时期中医药发展目标和主要任务，有利于形成党委政府、各相关部门、社会各方面共同推动中医药振兴发展的合力。

推进中药材规范化生产。国家药监局、农业农村部、国家林草局、国家中医药局于 2022 年 3 月发布《中药材生产质量管理规范》，作为中药材规范化生产和质量管理的基本要求，适用于中药材生产企业规范生产中药材的全过程管理。2022 年 6 月，国家药监局成立中药管理战略决策专家咨询委员会，以构建完善符合中药特点的审评审批体系，保障和促进中药监管工作重大决策的科学性、权威性[①]。"十三五"期间，国家累计安排了中央投资超过 300 亿元，支持中医医疗服务资源的整体扩容和布局优化，持续支持县级医院、妇幼保健院的中医科建设。全国 85% 的二级以上综合医院都设置了中医科。

地方中医药立法进入快车道。2021 年以来，已有上海市、甘肃省、广西壮族自治区、贵州省、广东省、天津市、浙江省、重庆市、青海省、湖北省、内蒙古自治区、山西省、河南省、福建省等省级人大常委会出台或修改了当地的中医药地方性法规。

八　医疗卫生司法良性互动

卫生健康相关司法审判活动涉及刑事、行政和民事、知识产权保护各个

---

① 《国家药监局关于成立中药管理战略决策专家咨询委员会的通知》（国药监药注〔2022〕27 号）。

领域。2022年3月，最高人民检察院发布"3·15"检察机关食品药品安全公益诉讼典型案例，包括药品安全领域案件8件，涉及药品生产、经营、使用多个环节，覆盖药品生产质量、非法经营、虚假宣传、医疗机构用药安全等领域。2021年全年，各地检察机关综合应用磋商、检察建议、听证、起诉、跟进监督等多种方式，办理药品安全领域公益诉讼3000多件。山西省人民检察院磋商督促卫健部门对违法开具处方药的医师及相关人员依法查处，并推动全省开展医疗机构麻醉和精神药品管理问题排查整治专项行动[1]。2022年4月，最高人民法院发布10个涉药品安全的刑事、行政和民事典型案例。这些司法活动的推动和典型案例的发布，对于卫生法治的落实和优化起到重要作用。

九 未来展望

人民健康是民族昌盛和国家富强的重要标志与发展目标。在肯定中国卫生法治取得巨大成效的基础上，也应看到风险的不确定性与严峻性，多重健康威胁、多重健康因素交织，医疗卫生改革进入深水区等。健康中国建设的任务目标和人民群众日益增长的卫生健康需求，需要更高水平的法治保障。为实现到2035年"建成健康中国"、到2050年建成与社会主义现代化国家相适应的健康国家目标，今后应把维护和保障人民群众生命安全和身体健康放在首位，全面贯彻健康优先，把健康优先融入经济、社会、发展等各项政策的制定和实施中，特别是要从以下方面加以改进完善。

（一）构建更加公平可及的就医和卫生健康环境

十八大以来，覆盖城乡的医疗卫生服务体系日益完善。随着城镇化和乡村振兴的全面推进，人口分布格局调整，传染病挑战形势复杂。2019年通

---

[1] 《最高人民检察院发布"3·15"检察机关食品药品安全公益诉讼典型案例》，最高人民检察院门户网站，https://www.spp.gov.cn/spp/xwfbh/wsfbt/202203/t20220315_549156.shtml#1，最后访问日期：2022年8月20日。

过的《基本医疗卫生与健康促进法》有十多处提到"基层",第一章"总则"第 10 条明确写入"以基层为重点"①。但总体上,全国优质医疗资源总量不足,医生护士队伍建设相对不足,区域之间、城乡之间严重失衡,基层医疗卫生服务与群众期盼差距较大的问题依然非常严峻。一些中西部省份医疗资源比较薄弱,患者流出较多。比如,2021 年,中国农村婴儿死亡率是城市的 1.8 倍,西部地区是东部地区的 2.2 倍。为此,应当以保障全体国民的卫生健康权益为出发点,通过深化体制机制改革,确保卫生健康服务公平可及,推动城乡等不同区域卫生健康服务的均衡发展,建设优质高效的整合型医疗卫生服务体系,形成社区、家庭、各级医疗卫生机构联动的健康服务模式,打造有利于社会公众身心健康的社会环境。

推进基本公共卫生服务均等化。近年来,基本公共卫生服务均等化已取得显著成效。在此基础上,推动优质医疗资源扩容下沉与均衡布局,努力让群众在市县范围内就能得到比较优质的医疗卫生服务。

发挥好家庭医生的功能,引导更高层次、更专业的医生加入家庭医生队伍,扩大服务面并强化医疗服务功能,让广大群众切实受益。考虑在已有政策文件的基础上,适时出台家庭医生相关行政法规。

健康科普与卫生法治统筹推进。加强健康促进医院、健康家庭、健康城市建设,营造全社会关注卫生健康和卫生法治的良好氛围。"自己是卫生健康的第一责任人,家庭是卫生健康的第一道关口。"将医院作为健康科普和卫生法治宣传教育的关键阵地,利用好医疗服务及其延伸场景进行健康知识普及和健康技能培训,具有无可替代的良好效果。加强卫生健康与法治科普,通过对卫生健康法律、政策、服务和相关产品的宣传,普及营养膳食、运动健身、心理健康、疾病预防、合理用药、康复护理等卫生健康知识及相关法律常识,提高各类群体卫生健康核心知识的知晓率,将有力提升健康水平,并促进医患关系和谐。在公共卫生与疫情防控方面,也应注意就相关法

---

① 《基本医疗卫生与健康促进法》第 10 条规定:"国家合理规划和配置医疗卫生资源,以基层为重点,采取多种措施优先支持县级以下医疗卫生机构发展,提高其医疗卫生服务能力。"

律问题、政策问题进行科普和解读，推动疫情防控、复工复产和相关工作在法治轨道上有序进行，更好地统筹疫情防控与经济社会发展。三年来，中国在法治轨道上不断优化调整疫情防控策略和举措，取得了举世瞩目的重大成果。2022 年底，中国抓住时机进一步优化疫情防控政策，得到群众拥护。与此同时，防控政策调整带来的影响突如其来，如何做到政策配套、药品储备、基层社区准备，以及保护好易感人群和各类弱势群体，政府已采取了一些措施，但如果能采取更加积极、有序、有效的应对方式，成效将更为显著。

（二）着力推进卫生法律体系完备化

现代卫生制度、健康保障制度、疫情防控与公共卫生建设都离不开法律制定、修改的保障支撑。应当注意到，虽然卫生法律体系初步形成，但法律规范层面仍存在空白、缺失，既有相互间衔接不够甚至矛盾冲突的问题，也有制度规范滞后无法适应新时代需要的情况。对此，应当考虑系统修订、联动完善。在法律制度体系的构建理念与宗旨层面，从以治病为中心转向以人民健康为中心，引领健康中国行动。一是加强重要卫生法律的制定和修改工作。推进《传染病防治法》《职业病防治法》等相关法律的修改，将《突发公共卫生事件应对法》《基本医疗保障法》《长期护理保险法》等重要法律的制定提上议事日程。二是加速配套法规规章的立改废工作。三是加强卫生相关规范性文件、技术指南、标准的清理、更新。在卫生领域，各类标准、指南系不可或缺的组成部分，应加强标准制定修订的全过程精细化管理，推进国家标准、行业标准、团体标准、企业标准相协调，积极参与国际标准的制定修改完善，提升与国际标准的一致性。由此，多管齐下构建更加系统完备的卫生法律法规制度体系。

医疗保障法律体系化远未完成，碎片化、分散化问题依旧凸显。推进医疗保障制度及运行的法治化和规范化依然非常迫切。《医疗保障法（征求意见稿）》于 2021 年向社会公开征求意见。应推动《医疗保障法》的立法进程，建立以基本法为统领，行政法规和部门规章为配套，地方立法为补充的医疗保障法律制度体系。与此同时，应着力推动长期护理保险立法。在"十四五"期间，构建适应中国国情的长期护理保险制度框架。在试点推广基础上，将长期护理保险立法提上议事日程，明确其制度定位、实施主体、筹资机制、监管责任，进而推动长期护理保险制度法定化。

推进控烟立法。控烟法治作为卫生法治的重要组成部分，在地方已有控烟立法基础上，既要继续推进其他地方控烟地方性法规和规章的制定出台，更要推进全国层面的控烟立法。

（三）制度保障促进卫生资源供给

未来，完善促进政策并兑现落实机制，提升便民服务水平，推动医药产业可持续发展至关重要。

促进医药行业创新发展。以生命科学快速发展与生物技术广泛应用为契机，促进生物药物、化学药、现代中药、医疗器械及制药装备产业创新发展，完善医药产业政策和监管体系，推进政产学研用融合衔接。

促进社会办医。近年来，社会办医有所进展，但与公立医院相比仍存在很大差距。《医疗机构设置规划指导原则（2021～2025年）》明确，对社会办医医疗机构的区域总量和空间不作规划限制，鼓励社会力量在康复、护理等短缺专科领域举办非营利性医疗机构和医学检验室实验室、病理诊断中心、医学影像诊断中心、血液透析中心、康复医疗中心等独立设置医疗机构。应进一步推进政策落实，简化准入审批服务，优化跨部门联动审批实施机制，在职称评定、医学类科研项目评选、医疗保险支持、综合监管等方面最大限度与公立医院一视同仁、平等对待，更好满足人民群众的多样化医疗卫生需求。

促进儿童医药保障及规范性。残疾儿童的医疗保障水平总体依然偏低，儿童专用药品匮乏，药物规格对儿童剂量考虑不够，"用药靠掰、剂量靠猜"的问题不同程度存在。对此，国家应当加大对儿童专用药品的研发力度，鼓励加强儿童用药安全性研究，规范儿童药品管理制度，杜绝儿童医疗中的抗生素滥用行为。

（四）提升执法监管效能迈向全民守法

卫生执法监管面广链长，涉及药品监管、医政监管、医疗保障等多个领域，涉及医院、医生、护士、医保、药厂、药店、医药代表、患者等多类机构和主体，且门槛较高、专业性较强、链条较长，既给执法监管带来重重困难，也有投鼠忌器的担忧。对于如何提升执法监管效能，依然任重而道远。

完善卫生相关风险监测、警戒、检查执法和稽查办案机制。完善卫生全生命周期的数字化管理，提升全领域风险的监测、研判、预警和处置能力。强力打击医疗卫生领域腐败问题。近年来，高价药、大处方、泛耗材等问题已初步得到遏制，今后，应进一步完善监督体系，让内行人监督内行人，增强专业性，为医务人员竖起廉洁和规范的"防火墙"。2022 年 8 月，中南大学湘雅二医院医生刘某某事件在网上持续发酵，涉嫌严重违法，已接受长沙市监察委员会监察调查。虽然刘某某事件只是个案，但这种行为严重损害医疗卫生行业清誉，损害患者健康，理应加强监管和整改，既要发现一起严查一起，还要注重加强源头治理，完善日常监督机制。

完善奖惩激励机制，更好发挥考核"指挥棒"作用。比如，家庭医生等改革虽然看上去轰轰烈烈，但不少地方存在签而不约、走形式的问题。对此，应建立更有力的激励机制。再如，卫生领域的绩效评价实践已有地方自评、交叉互评、国家复评、区域普查，以及通过电话调查、飞行检查、远程抽查等形式开展的随机抽查、重点核查等方式。但总体上，绩效评价依然存在不少不如人意之处。为此，应将奖惩激励作为卫生法治的重要组成部分，切实发挥其功效。

打击欺诈骗保常态化，迈向各方尊法守法。从全球看，欺诈骗保是各国医保面临的共性难题。从执法一端看，地方卫生、医保执法监管力量总体较为薄弱，监管权责分割，监管部门或多或少存在不愿意"得罪"医疗机构的心态；而从监管对象一端看，医疗卫生领域专业性强，诊疗方案选择具有巨大自主空间，具有高度的信息不对称性和诊疗结果不确定性，加之涉及多方主体，且医院方面领导往往级别较高，医疗卫生执法监管存在各种有形无

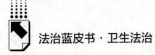

形障碍。因此，在完善执法监管体系、提升监管意愿和监管能力方面，依然任重而道远。《国家卫生健康委、国家医保局、国家中医药局关于印发《医疗机构工作人员廉洁从业九项准则的通知》（国卫医发〔2021〕37 号）之二也要求："严守诚信原则，不参与欺诈骗保。依法依规合理使用医疗保障基金，遵守医保协议管理，向医保患者告知提供的医药服务是否在医保规定的支付范围内。严禁诱导、协助他人冒名或者虚假就医、购药、提供虚假证明材料、串通他人虚开费用单据等手段骗取、套取医疗保障基金。"为此，应当发挥大数据和信息化的功能，不断提升执法能力，消除各类显性隐性障碍，打破医疗卫生领域触及法律制度底线的惯例做法，增强医疗卫生各方的守法意识。

健康保障

Health Security

B.2

中国儿童健康法治发展报告

中国社会科学院法学研究所法治指数创新工程项目组*

摘　要： 儿童健康事关家庭幸福、民族未来和国家前途命运。自新中国成立以来，儿童健康法治建设稳步前行，体制机制逐步完善，取得了显著成就。在肯定成绩的同时，也要注意儿童健康依然面临法律制度笼统原则、医疗资源供给不足、医保制度覆盖不到位等问题。未来，应当秉持儿童优先原则，在中央层面推动儿童健康保障统一立法，各地因地制宜出台实施办法，并加强制度实施力度，着力解决威胁儿童健康的突出问题。

* 项目组负责人：田禾，中国社会科学院国家法治指数研究中心主任、中国社会科学院大学法学院特聘教授，法学研究所研究员；吕艳滨，中国社会科学院法学研究所法治国情调研室主任、研究员，中国社会科学院大学法学院教授。项目组成员：王小梅、王祎茗、王晓敏、刘爽、刘雁鹏、胡昌明、栗燕杰等（按姓氏笔画排序）。执笔人：刘雁鹏，中国社会科学院法学研究所助理研究员；雷继华、王晓敏、刘爽，中国社会科学院大学法学院硕士研究生、中国社会科学院国家法治指数研究中心学术助理。

关键词： 儿童健康　健康法治　健康立法　儿童医疗服务　儿童医疗保障

一　制度变迁：儿童健康法治发展的历史演进

（一）起步阶段（1949~1978年）

自新中国成立以来，党和国家始终高度重视儿童健康的保障和发展工作。在这个阶段，国家探索适合儿童健康的制度体系，通过一系列制度构建起覆盖城乡的儿童卫生体制，不断降低儿童死亡率和传染病发病率，提高儿童健康水平。在起步阶段，儿童健康制度体系搭建起了框架，为后续进一步规范化、法治化、制度化奠定了基础。

1949年《中国人民政治协商会议共同纲领》强调："推广医药卫生事业，并注意保护母亲、婴儿和儿童的健康。"① 1955年以后，中国城市探索以机关单位统筹为原则、自理为例外、机关单位福利兜底的儿童健康保障模式。在农村，依赖人民公社时期的农村合作医疗制度，各种保健站、卫生所、联合诊所如雨后春笋般纷纷建立，为农村地区儿童健康提供了基本保障。

在主体责任方面，教育部门、卫生部门成为儿童健康的责任单位。1954年，包括教育部、原卫生部在内的多个部门联合规定，在不同层级的学校分别设立卫生室或提供保健药箱，经费问题由各级文教部门解决②。1958年，教育部、原卫生部下发文件要求开展定期体格检查，明确妇幼保健、卫生防疫等相关机构责任，进一步对学校保健工作开展部署③。至此，儿童医疗制度的基本框架初步搭建，儿童死亡率等关键指标明显改善。

---

① 《中国人民政治协商会议共同纲领》第48条规定：提倡国民体育。推广卫生医药事业，并注意保护母亲、婴儿和儿童的健康。

② 参见《高等教育部、教育部、卫生部、国家体育运动委员会关于开展学校保健工作的指示》（1954年6月17日）。

③ 参见《教育部、卫生部关于进一步加强学校保健工作领导的联合指示》（1958年3月24日）。

（二）规范发展阶段（1979 ~2011年）

规范发展阶段的最大特点是，相关发展规划出台和制度体系完善并行不悖。制度体系完善有助于推动儿童健康走向制度化、法治化、规范化，使得儿童健康保障提升有法可依；制定各种发展规划则为儿童健康发展指明了方向，为未来制度进步提供了指引。

在法律方面，1994年10月27日通过的《母婴保健法》标志着中国以法律形式确立了母婴保健制度，从婚前保健、孕产期保健等方面对母婴健康作出了规范，新生儿健康水平得到提升。在部门规章方面，1982年原卫生部制定的《全国计划免疫工作条例》规定，要实施儿童基础免疫工作，实施城市及农村地区儿童保健工作。1990年中国签署了《儿童权利公约》，成为世界上第105个签约国。作为世界上第一部有关保障儿童权益并具有约束力的国际性约定，公约明文规定了儿童享有的一系列权利，为中国完善儿童健康政策提供了借鉴。

在政策文件与规划纲要方面，1992年2月16日，国务院发布《九十年代中国儿童发展规划纲要》，总结了新中国成立40多年来儿童发展领域取得的成就，并指出儿童健康事业发展仍有很长的路要走，同时明确了20世纪90年代中国儿童生存、保护和发展的主要目标、策略与措施。2011年国务院印发《中国儿童发展纲要（2011~2020年）》，设置了儿童福利的专门章节，明确要求推动儿童福利由补缺型向适度普惠型转变，这意味着中国儿童福利不再仅仅是针对贫困、残疾、孤儿、重病等困境儿童的救助，逐步面向全体儿童。在普惠型儿童福利制度的推动下，全国各地比拼发力，适度普惠型儿童福利政策得到了较好落实。

（三）深入推进阶段（2012年至今）

2012年，党的十八大开启了中国特色社会主义新时代。儿童健康相关法律、法规、规章、规范性文件的制定和修改进入快车道，儿童健康范围有所扩大、保障水平有所提高。在该阶段，儿童健康制度建设逐步走向精密化，在立法上，从原有框架性立法转变为精细化立法；在规范性文件上，既有针对农村留守儿童、残疾儿童等重点对象的充分考虑，又有对全体儿童健康计划的全面覆盖。

法律方面，2012 年《精神卫生法》出台，将卫生领域的含义扩展至精神健康领域，要求采取相应措施保证适龄儿童和少年接受义务教育，保障精神障碍未成年人的受教育权。2019 年《疫苗管理法》出台，规定了免疫规划制度和预防接种证制度①。随后《药品管理法》修改通过，增加了对儿童用药的促进性规定，支持和鼓励儿童药品的研发以及对儿童药品予以优先评审②。2019 年底通过的《基本医疗卫生与健康促进法》规定了妇幼保健以及生殖健康（妇幼保健、孕产期保健）、残疾儿童的健康医疗问题，并鼓励发展儿童用药品研究。2020 年《未成年人保护法》修订通过，法律条文从 72 条增加到 130 条，充实了总则规定，其内容包括加强家庭保护、完善学校保护、充实社会保护、新增网络保护、强化政府保护、完善司法保护，且涉及学习负担减轻和校园欺凌防治等方面，以更好地保护未成年人身心健康。

行政法规、部门规章和规范性文件方面，国务院于 2018 年 6 月印发《国务院关于建立残疾儿童康复救助制度的意见》，涉及残疾儿童救助的内容、标准、工作流程、经费保障等内容，残疾儿童康复救助制度得到进一步完善。2021 年，民政部印发《关于做好因突发事件影响造成监护缺失未成年人救助保护工作的意见》，要求对监护缺失的未成年人要及时发现报告、妥善安置照护、提供健康保障。2021 年 9 月，《国务院关于印发中国妇女发展纲要和中国儿童发展纲要的通知》出台，对农村留守儿童、困境儿童等弱势群体予以更多关爱和保护。纲要以 2030 年为期，从关爱儿童教育、安

---

① 《疫苗管理法》第 6 条规定：国家实行免疫规划制度。县级以上人民政府及其有关部门应当保障适龄儿童接种免疫规划疫苗。监护人应当依法保证适龄儿童按时接种免疫规划疫苗。第 47 条规定：国家对儿童实行预防接种证制度。在儿童出生后一个月内，其监护人应当到儿童居住地承担预防接种工作的接种单位或者出生医院为其办理预防接种证。接种单位或者出生医院不得拒绝办理。监护人应当妥善保管预防接种证。预防接种实行居住地管理，儿童离开原居住地期间，由现居住地承担预防接种工作的接种单位负责对其实施接种。
② 《药品管理法》（2019 年修订）第 16 条第 3 款规定：国家采取有效措施，鼓励儿童用药的研制和创新，支持开发符合儿童生理特征的儿童用药新品种、剂型和规格，对儿童用药品予以优先审评审批。

全、社会保障等方面确立了目标、任务和举措，要求健全保障儿童权利的法律法规政策体系，完善儿童发展的工作机制，形成儿童优先的社会风尚，缩小儿童之间的发展差距，进一步实现儿童在健康、安全、教育、福利、家庭、环境、法律保护等领域的权利。

2021 年 10 月，国家卫生健康委发布《健康儿童行动提升计划（2021～2025 年）》，旨在促进覆盖城乡的儿童健康服务体系更加完善，基层儿童健康服务网络进一步加强，儿童医疗保健服务能力明显增强，儿童健康水平进一步提高。2022 年 4 月出台《国家卫生健康委员会关于贯彻 2021～2030 年中国妇女儿童发展纲要的实施方案》，明确了包括持续保障母婴安全、加强出生缺陷综合防治、加强儿童健康服务和管理、加强儿童疾病综合防治、预防和控制儿童伤害、建立完善女性全生命周期健康管理模式、防治妇女重大疾病、支持家庭与妇女全面发展等方面的主要任务。

二 儿童健康的现状

《国民经济和社会发展第十四个五年规划和 2035 年远景目标纲要》指出："完善儿童健康服务体系，预防和控制儿童疾病，减少儿童死亡和严重出生缺陷发生，有效控制儿童肥胖和近视，实施学龄前儿童营养改善计划。"反思儿童健康现状，依然存在心理健康问题凸显、儿童肥胖近视较为普遍、食品安全与健康不容忽视等问题。

（一）儿童心理健康问题凸显

近年来，青少年的心理健康问题凸显，患有心理疾病的儿童数量、需要心理咨询的儿童人数逐步增多。中国中小学生抑郁症状检出率高达 24%，其中轻度抑郁症为 17.2%，重度抑郁症为 7.4%[1]。但儿童心理服务网络还

---

① 中国人大网，http://www.npc.gov.cn/npc/c30834/202207/929e5f1def554ad9a41d9fd74355de19.shtml，最后访问日期：2022 年 8 月 28 日。

不具有体系性，儿童对心理医疗资源的需求与现有医疗资源短缺不平衡的问题较为突出，特殊群体（残疾、单亲、留守以及贫困儿童）的心理健康问题也不可忽视。儿童次生心理健康问题原因较多。

首先，造成儿童心理伤害的来源广泛，涉及社会、学校、家庭等，而且伤害不仅通常在第一时间难以发现，具有长期性、隐蔽性特点，对儿童的身体正常发育、学习和生活都会造成严重的负面影响。在学校，教师对在校学生的情感方面重视不足、片面追求成绩，采取打压式教育，同学之间存在校园暴力侵害现象，青少年之间存在情感困惑、人际关系等问题；在家庭，父母感情关系的变化，单亲、离异、重组家庭中家庭关系的重大调整，都是造成儿童心理问题的重要影响因素。

其次，网络技术、现代大众传媒技术的发展使儿童能够接触到更多信息，也对心理健康造成较大影响。大众传媒、新媒体作为儿童接受知识、信息的重要途径，对儿童有潜移默化的影响。儿童由于心理年龄不成熟，在价值判断与价值选择上极易受诱导、利用。

最后，校园欺凌是影响儿童心理健康的重要因素。校园欺凌历来就是造成青少年心理健康问题的高危因素之一，研究显示，遭受校园欺凌的青少年中抑郁症状检出率为 37.4%[1]。一项针对全国六省的调查数据显示，校园欺凌的发生率为 32.4%[2]。

（二）肥胖与视力健康值得关注

儿童健康虽得到了政府及社会各方面的重视，但由于运行机制不通畅、社会支持体系不完善，儿童身体素质加强与健康促进仍然受到制约，青少年的健康水平有待进一步提高[3]。随着生活方式的变化，儿童肥胖、视力问题

---

[1] 王武宽等：《南昌市城市青少年校园欺凌状况及与抑郁的关联性分析》，《现代预防医学》2021年第16期，第2935页。

[2] 数据参见《调查称校园欺凌发生率为32.4%　弱势群体更易受欺凌》，中国日报网，http://henan.china.com.cn/m/2021-11/01/content_41726967.html，最后访问日期：2022年10月22日。

[3] 杨斌、唐吉平、王岐富、莫冰莉：《当前幼儿体质健康促进困境与社会支持现状分析》，《学前教育研究》2018年第6期，第60~63页。

成为影响儿童健康的重要因素。受新冠疫情影响，居家上网课改变了原有线下到校授课模式，不仅使在校儿童的运动量锐减，且导致公共体育运动场所不能发挥作用，青少年的体育锻炼无法得到保障，影响到身体素质。儿童肥胖率近年来呈快速上升趋势，值得关注。有调研数据显示，6～17 岁、6 岁以下儿童青少年超重肥胖率分别达到 19% 和 10.4%，如不采取有效的干预措施，到 2030 年，中国 7 岁及以上儿童青少年超重肥胖率将增长至 28%①。因超重导致的肥胖症、高血压、糖尿病、心脏病等长期慢性病的儿童数量增多，儿童营养过剩、锻炼不足导致的儿童超重、肥胖问题，与营养不足和隐性饥饿肥胖成为儿童营养不良的三大负担②。由此带来的医疗问题不仅加重了家庭负担，加剧了儿童医疗财政问题，更严重损害到儿童身心健康。

1990 年的《学校卫生工作条例》第 5 条规定："学校应当合理安排学生的学习时间。学生每日学习时间（包括自习）小学不超过六小时，中学不超过八小时，大学不超过十小时。学校或者教师不得以任何理由和方式增加授课时间和作业量，加重学生学习负担。"该法规出台已逾 30 年，显然已经不能满足当下社会经济发展需要。由于时代局限，第 16 条也未关注学生的肥胖问题，且内容较为宽泛模糊，缺乏处罚条款和操作细则，执行流于形式，难以对学校产生实质威慑力。

在疫情防控背景下，网络授课被各地中小学广泛应用。儿童长时间使用电脑、手机等电子产品，对儿童视力健康造成负面影响，近视儿童数量增多、原有近视儿童近视度数增加明显。2020 年，中国儿童青少年总体近视率为 52.7%；其中 6 岁儿童为 14.3%，小学生为 35.6%，初中生为 71.1%，高中生近视率更是高达 80.5%③。

---

① 《儿童节：四机构联合发布儿童青少年健康体重家庭行动倡议》，http://www.rmzxb.com.cn/c/2022-06-01/3129127.shtml，最后访问日期：2022 年 10 月 12 日。

② 马冠生、张玉：《中国儿童肥胖防控面临的挑战和机遇》，《中国儿童保健杂志》2020 年第 2 期，第 117～119 页。

③ 数据参见《国家卫健委：2020 年中国儿童青少年总体近视率为 52.7%》，中国政府网，http://www.gov.cn/xinwen/2021-07/13/content_5624709.htm，最后访问日期：2022 年 10 月 12 日。

（三）食品安全与健康不容忽视

随着经济社会发展，生活水平提高，零食成为日常生活必需品。在儿童零食方面，从 2019 年到 2022 年，儿童零食市场以 10% 到 15% 的复合年增长率持续增长①。儿童零食需要无添加剂、无色素、无防腐剂等，儿童食品价格为普通食品的 10 倍左右。在此背景下，市场主体纷纷下场进军儿童食品行业，带来的儿童食品安全与健康风险更不容忽视。首先，儿童零食主要以香甜、酥脆的口感来吸引儿童，往往含有高糖、高油、高脂肪，经常食用会出现蛀牙、肥胖等健康问题。其次，儿童零食"国标"尚且缺位。目前，国家层面对于"儿童类食品"缺少统一的强制标准，市场总体还是依靠行业自律规范食品生产者和经营者，部分协会发布自己认定的标准以统一市场，中国副食流通协会发布了国内首部关于儿童零食的团体标准《儿童零食通用要求》。由于儿童零食"国标"缺位，行政执法缺少直接依据。最后，食品卫生不合格事件偶有发生。儿童零食直接影响儿童身体健康，关乎儿童生命安全，但部分儿童零食仍存在微生物污染、添加剂超量、防腐剂添加等问题。例如，2019~2021 年抽检儿童零食，共发现有 178 批次存在微生物污染，有 71 批次存在添加剂超量，41 批次涉及防腐剂问题②。

三 儿童健康法治的问题

儿童健康问题的解决不仅需要个人的努力、社会的关注，还依赖于国家切实的投入，不断完善儿童健康的相关制度机制，扫清阻碍医疗资源供给的障碍，提高儿童药物研发应用的积极性。

---

① 赵琳琳：《儿童零食市场或成新蓝海，食品安全与健康不容忽视》，《中国产业新闻》2021年 6 月 30 日，第 002 版。
② 赵宁宁、刘冰：《我国儿童零食安全现状及对策浅析》，《食品安全导刊》2022 年 6 月（上）。

（一）现有法律制度存在较多缺失

尽管儿童健康制度体系有了显著进步，儿童健康出现了新问题、新障碍、新矛盾，原有制度体系无法适应。首先，部分与儿童健康有关的法律法规清理不及时，导致法律规定滞后，影响法律法规落地。例如，《母婴保健法》中依然有《婚姻法》的表述，而《婚姻法》已被《民法典》废止。其次，中国关于儿童健康保障的法律规定散落在《未成年人保护法》《母婴保健法》《基本医疗卫生与健康促进法》《学校卫生工作条例》等多项法律法规中，尚未构成完整的法律体系，且对儿童健康权、生命权等内容的规定较为笼统原则，难以适应基层工作需求。例如，《基本医疗卫生与健康促进法》第 24 条第 2 款关于预防出生缺陷的规定："国家采取措施，为公民提供婚前保健、孕产期保健等服务，促进生殖健康，预防出生缺陷。"该项规定没有确立婚前、孕前、产前筛查的强制措施，导致部分筛查率不高[①]。再次，儿童健康卫生的学校管理以及幼儿园管理方面的法律制度总体缺失。针对儿童健康工作中突出的肥胖问题、近视防控问题、营养膳食健康问题出台的预防与控制指南等文件，或者内容不完善，或者长期未更新，或者缺乏强制性，不能满足儿童健康保障之需。最后，相关法律对于儿童健康内容与成年人群体缺乏必要区分，尚未建立区别性优待或者特殊保护、优先保障机制。例如，现有儿童健康档案信息管理体系的完备性，儿童健康保障评价体系的科学性，儿童健康状况定期调查、统计机制，以及相关数据信息的通报、反馈共享机制，相应的健康监测、干预调控机制，都是儿童健康工作中需要关注和改进的重要议题。

（二）儿童医疗资源供给缺乏法律保障

儿童医疗资源供给不足，是困扰儿童健康提升的瓶颈。截至 2021 年底，

---

① 根据国家卫生健康委员会关于政协第十三届全国委员会第五次会议第 04233 号（医疗卫生类 404 号）提案答复的函，2020 年全国婚前医学检查率、孕前优生健康检查率、产前筛查率分别达到 68.4%、96.4%、81.1%，新生儿遗传代谢病筛查率、听力障碍筛查率分别超过 98% 和 94%。

中国共有儿童医院 151 家，占医院总数的 0.43%，儿科执业（助理）医师数 20.6 万人，每千名儿童为 0.79 名，占所有医师的 4%，每千名儿童床位数达 2.2 张①。这与《中国儿童发展纲要（2021～2030 年）》提出的"每千名儿童拥有儿科执业（助理）医生达到 1.12 名、床位增至 3.17 张"目标，仍有不小差距②。除专门服务于儿童群体的儿童医院外，一些综合性医院、基层医疗机构在儿科机构设置、儿童专业人才培养、设备配置上相对滞后。儿科医院和儿科医生存在巨大缺口，究其原因大致以下三点。其一，儿童医疗工作量大，但待遇较差。儿科工作量几乎是其他医疗机构的 1.68 倍，而收入却仅为成人医师的 46%③。其二，儿童医疗风险高，专业性强，技术要求严。相比成人而言，儿童在表达上存在一定障碍，无法清晰描述症状，更需要医师的专业判断。其三，对医务人员的法律保护不匹配。相比其他科室，儿科更容易产生医疗事故，更容易引起医患纠纷，而对于医师的保护措施却不到位，《医师法》中有关医师人身安全、人格尊严的规定有待落地。很多儿科医生不愿意继续从事此项工作，离职转岗不在少数。

（三）药品以及保险存在短板

中国儿童专用药品种匮乏，3000 多种化学药品中儿童专用药不足 2%，家长用药不当时有发生④。同时，药物规格很少考虑儿童用药剂量，"用药靠掰、剂量靠猜"的问题一直存在。《药品管理法》规定："国家采取有效措施，鼓励儿童用药品的研制和创新，支持开发符合儿童生理特征的儿童用药品新品种、剂型和规格，对儿童用药品予以优先审评审批。"法律虽已对

---

① 参见《国务院关于儿童健康促进工作情况的报告——2022 年 6 月 21 日在第十三届全国人民代表大会常务委员会第三十五次会议上》。

② 参见《中国儿童发展纲要（2021～2030 年）》。

③ https：//mp. weixin. qq. com/s？src ＝ 11&timestamp ＝ 1672481755&ver ＝ 4260&signature ＝ GTfnCCmoMZ6yA3kpt0lXxxiCdVNEUzRR5e1WT4kfxhWFeELBrPMhBj ＊ Kh ＊ 2znjVdLyZIOSKr QzjCKcoTie-Qmy1fVvWx4FpBrwtVcBt2ocNGszIjajzufo8mRezXL9Iu&new ＝ 1.

④ 数据参见《儿童用药安全调查报告白皮书》，央视网，http：//china. cnr. cn/xwwgf/ 20160914/t20160914_ 523137314. shtml，最后访问日期：2022 年 10 月 12 日。

规范发展儿童用药作出规定，但缺乏进一步的细化措施以及相应的责任主体。事实上，儿童所需药品种类繁多，牵涉的人员以及运行成本颇高，而相关业务收益却有限，导致实际能够投放到医疗市场中的儿童药品较少。此外，儿童药品临床试验难度较大、研发成本较高，致使部分企业研发生产动力不足。

除了儿童用药之外，儿童保险参保存在短板缺漏。参加基本医疗保险可以显著保障儿童健康，降低家庭医疗负担。2021 年，中小学生儿童参加居民基本医疗保险的人数为 24568 万人，比上年减少 0.2%[①]。第七次全国人口普查数据显示，2020 年中国 0~17 周岁儿童人口为 2.98 亿人；《2021 年国民经济和社会发展统计公报》显示，到 2021 年末，不满 16 周岁的，全国共 26302 万人。显然，儿童全员参保的目标尚远未实现。

四 未来展望：儿童健康法治之促进

儿童是国家的未来，是民族的希望。应当坚持党的全面领导，坚持以人民为中心，为儿童健康提供坚实的制度保障，扫清阻碍儿童健康发展的障碍，铺平儿童健康发展的道路。

（一）推进儿童健康立法，完善相关法律体系

联合国《儿童权利公约》规定："缔约国确认儿童有权享有可达到的最高标准的健康，并享有医疗和康复设施；缔约国应努力确保没有任何儿童被剥夺获得这种保健服务的权利。"《中国儿童发展纲要（2021~2030）》也规定，要出台法律优先考虑儿童的利益和发展需求。为保障公约和纲要落实，对儿童健康的顶层设计至关重要，为此，应当进一步推进儿童健康立法，完善相关法律体系。首先，应当制定儿童健康促进基本法，统领儿童健

---

① 《2021 年全国医疗保障事业发展统计公报》，国家医疗保障局官方网站，http://www.nhsa.gov.cn/art/2022/6/8/art_7_8276.html，最后访问日期：2022 年 12 月 9 日。

康法治全局，完善儿童健康法律体系①，促进儿童健康发展。同时，应当加强法规清理，保障儿童健康法律体系和谐统一，维护法律体系的权威和尊严。其次，推动社会公众加强对儿童健康的认识，营造全社会保障儿童健康的积极氛围。在国家统一立法的指引下，地方也可以针对实际情况出台具体实施细则，因地制宜出台促进儿童健康的法律法规。最后，建议立法过程中聚焦儿童健康领域的突出问题（如肥胖、近视、溺水、医疗服务、心理健康等），明确政府、家庭、社会、学校各方责任，让下位法有统一的基础标准和行动指南，打造科学、完备、统一的儿童健康法律体系。

（二）聚焦儿童医疗服务，保障儿童卫生资源

未来，有必要明确加强基层医疗机构儿童保健能力建设的基本方向，各地因地制宜出台相应措施，以儿童医院建设和儿童医疗人才队伍为抓手，不断完善儿童医疗保障体系，增强儿童医疗卫生资源。一方面，要加强儿童医院建设。为保障"三孩政策"落地，提供良好的婴幼儿就医环境，扫清阻碍生育的医疗障碍，未来应进一步增加儿童医院的数量，每个地级市至少拥有一家公立儿童医院，保障每千名儿童拥有的床位接近3.17张。另一方面，要推进儿童医疗服务人才队伍建设。应当从法律层面确立推进儿童医疗服务人才队伍建设的具体方向和具体措施，明确各方责任，划拨专项资金保障儿科医生队伍建设发展。在中央引领下，各地出台实施细则推进儿科医师队伍建设，大幅提高儿科医生整体收入待遇水平，加强儿科学科专业建设，确保儿童医疗服务人才队伍建设稳步进行。

（三）补齐儿童用药短板，加强儿童医疗保险

儿童用药和儿童医疗保险是儿童医疗保障的重要内容，是提高儿童医疗

---

① 国务院关于儿童健康促进工作情况的报告提出："积极争取将儿童健康促进工作急需的立法修法项目列入下一届全国人大常委会五年立法规划。"中国人大网，http://www.npc.gov.cn/npc/c30834/202206/3442472183a94b29a3edd6a1cf978aa1.shtml，最后访问日期：2022年10月11日。

水平和降低儿童医疗负担的有效手段。为此，应当从以下两方面着手，进一步补齐儿童用药短板，加强儿童医疗保险。

一方面，应当在制度层面进一步细化各项鼓励儿童药物研发的措施。可通过税收减免、政策指引等多种方式加大儿童专门用药研发支持力度。例如，规定奖励措施，对推动儿童用药研制和创新的单位及个人给予名誉、物质奖励。再如，设立儿童用药审评审批专门程序，适当延长儿科新药的监测期和儿童药品的专利保护期，在儿童药品市场率先建立"优质优价"机制等等。同时，还应当出台儿童用药相关技术指南，鼓励药品上市公司许可持有人进一步强化对儿童用药的安全性研究，药品说明书中详细说明儿童用药的具体信息。

另一方面，多措并举提升儿童基本医疗保险参保率。首先，应当持续加强儿童医保政策宣传和解读力度，提升儿童医保知晓率，积极引导家长为孩子参保。其次，加大财政支持力度。《社会保险法》第 25 条已规定未成年人、老年人等基本医疗保险所需个人缴费部分，由政府给予补贴。在此，应当强化对儿童参保的财政补贴支持力度，不断提高保障水平。再次，拓展信息渠道，推进全员参保。推动基本医疗保险网上缴费统一申报、App 缴费等信息化手段，形成便民利民"就近缴"（即在各便民服务中心设置征缴点）、快捷高效"药店缴"等缴费手段，最大限度让参保群众少跑腿、信息多跑路。最后，落实新生儿出生医学证明参保登记制度。在实践中，新生儿参保登记往往需要真实姓名及身份证明，但现实中基于各种原因，存在一些未办理相关手续的新生儿。对此，应当依托信息化和部门信息共享，进一步畅通新生儿参保登记制度机制，婴儿出生后自动参保，纳入基本医保范围，保障基本医疗待遇，做到应保尽保、应报尽报。

（四）坚持实际问题导向，关注近视肥胖问题

一是督促地方政府、学校履行职责。对于学生儿童的近视、肥胖问题，各级地方政府、教育行政部门、学校和家庭有不可推卸的责任。未来，应当明确各方责任。首先，将近视、肥胖等突出问题纳入地方政府和教育行政部

门的责任范围，倒逼地方政府和教育行政部门关注儿童健康，最大限度协调各方资源，破解儿童近视、肥胖等突出问题。其次，积极创造条件，新增或开辟体育活动场所，保障体育活动时间，开展各种青少年体育比赛和竞赛，加强对体育特长生的奖励，吸引更多的青少年热爱体育活动。最后，应当推动《学校卫生工作条例》《幼儿园管理条例》等法律制度修改完善，明确学校、幼儿园等主体对防范儿童近视、肥胖问题的主体责任，纳入学校考核指标体系。

二是加强学校、幼儿园卫生保健工作，改善近视防控、体育活动等基础设施设备。建议推广实施教室光环境达标行动，鼓励采购可调节桌椅和坐姿矫正器，使用有利于视力健康的照明设备，落实教室、图书馆、宿舍采光照明要求。同时，严格贯彻落实《学校卫生工作条例》，按照600∶1最低要求配备专业、专职校医及保健医生①，持证上岗，切实发挥校医在促进儿童健康工作方面的作用，加强对校医的职业培训力度，保证提供健康服务的专业化水平。

（五）守护儿童心理健康，落实各方主体责任

其一，严格贯彻落实《未成年人保护法》及相关配套制度。落实学校主体责任。守护儿童心理健康，关键一步就是要预防、及时制止校园欺凌。首先，严格执行《中小学法治副校长聘任与管理办法》，保障法治副校长依法、全面、有效履职。法治副校长作为由政法部门推荐委派进行法治教育、学生保护等工作的专业人员，具备法律专业知识。督促法治副校长充分履行职责，引导学生做遵纪守法的好少年，最大限度减少和预防欺凌行为发生。其次，强化对学校领导、老师的法治宣传教育。加强《未成年人保护法》等法律法规的宣传，促进学校、老师树立防控欺凌行为的法治理念。最后，

---

① 《学校卫生工作条例》规定："城市普通中小学、农村中心小学和普通中学设卫生室，按学生人数六百比一的比例配备专职卫生技术人员。中等专业学校、技工学校、农业中学、职业中学，可以根据需要，配备专职卫生技术人员。学生人数不足600人的学校可以配备保健教师。"

建立学校、教师履职不力的追责制度。进一步明确、细化责任主体，完善追责措施，促使学校和教师积极履行职责。对于贯彻执行《未成年人保护法》不到位的学校、教师，依法予以追责。

其二，建立儿童心理健康分级诊疗制度。儿童心理健康问题有严重和不严重之分，不同程度的心理问题有轻重缓急之分。为此，可借鉴分级诊疗制度，建立儿童心理健康分级诊疗制度，按照儿童心理疾病的严重性及康复治愈难易程度分级，不同层级的医疗机构承担不同层次的治疗，逐步推进儿童心理医疗行为的专业化和规范化。基于此，可加强儿童医疗保障，将较为严重的儿童心理疾病纳入医保或公费医疗，保障儿童享有高质量的心理医疗服务，降低家庭儿童心理医疗成本。

其三，加快构建儿童心理健康公共服务网络。首先，将心理健康服务纳入基层卫生保健系统，构建医疗机构、社区、学校、社会心理健康服务机构等多方参与的服务网络。其次，加强中小学儿童心理教育及相关疏导能力，明确要求中小学校开设心理教育课程，设立心理健康辅导室；增加生命教育和挫折教育，提升儿童心理承受、自我调解能力；提升幼儿园保健医生、中小学班主任、学科教师发现心理问题、开展疏导的专业能力。最后，加强法律保障。《精神卫生法》的修改，考虑就儿童心理健康的促进和问题预防设置专章规定，明确政府、学校、社会、家庭四方主体责任，鼓励、引导社会慈善公益组织开设儿童心理辅导机构、举办相关拓展训练项目，提供优质高效的心理服务。

（六）优化食品安全环境，提高儿童健康水平

在解决儿童温饱问题的前提下，提升食品产品质量、满足儿童的食品营养需求，是今后儿童食品标准体系建设的重要内容。因此，既要出台并更新各类标准，又要对儿童食品行业进行科学严格的管制。

首先，应细化完善儿童的各类食品标准。推荐标准、最低标准的制定应兼顾安全性与科学性，符合营养标准，并在定期检测的基础上评估各类食品信息，完善向社会公开的评估机制，使食品选购者能充分了解食品是否安

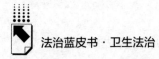

全、可靠。其次，专门领域规范标准的制定要与新种类食用品的生产经营同步，其食物成分是否与宣传内容相符，高含糖、脂肪、调味剂的食用品是否存在添加剂超标问题，相应的食品包装上是否有与普通食品区分的标志。最后，严格执法监管。因分工不明导致的监管空白或交叉等问题均可能产生或放大食品安全隐患①，其影响极为恶劣。必须加强监管，防患于未然。针对影响儿童食品健康领域的重难点问题，教育、市场监管、卫健、公安等部门加强联动配合，做好执法监管。相关部门应当规制学校餐饮部、儿童娱乐休闲场所的食品广告宣传与销售，使餐饮商为儿童提供符合其身体健康的餐食，严格限制规范高油、高盐等"垃圾食品"的宣传营销。儿童学校、幼儿托管机构的餐饮服务标准，学校食堂采用食材的安全性，餐饮工作人员的健康状况，应当作为学校、相关教育机构食品管理工作的重要内容。

---

① 张琳、王丽明、盖丽娜、黄珂、张兰天、张岩：《国内外儿童食品安全法规与标准体系研究进展》，《食品工业》2022 年第 3 期，第 295~299 页。

安全监管
Safety Supervision

B.3

中国药品广告法律治理的发展与完善

王绍喜*

摘　要： 为保护社会公众的生命健康，中国很早就建章立制，先后颁布了《药品管理法》《药品管理法实施条例》《广告法》等法律法规和相关规定。中国对药品生产和经营实施行政许可，对药品广告发布前实施广告审查许可和异地发布备案，在管理体制上实行广告审查机关和监管机关相分离，在广告管理上禁止特定药品发布广告，禁止发布特定的广告内容，禁止在药品广告中使用广告代言人。药品广告在广告审查许可、异地发布备案、禁止事项范围、监管协调以及行政执法透明度方面仍存在缺失，需要加以改进完善，包括将药品广告审查许可的权力下放至县级相应管理部门、按照处方药和非处方药的不同确立不同的审查机关和监管机关，取消药品广告异地发布备案，建立更加完善的监管协调机制，并采取措施提升行政执法的透明度。

* 王绍喜，天津大学法学院副教授，天津大学文化法治与文化法学研究中心研究员。

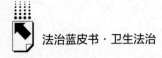
关键词： 药品广告 法律治理 权力配置 异地发布备案

药品是关系社会公众生命健康的特殊商品。由于与社会公众的生命健康息息相关，药品在各个国家均受到较为严格的管理，覆盖药品的生产、销售、上市、价格到广告宣传全流程。药品广告是以一定媒介直接或间接地对药品进行推销的广告。在种类上，药品广告既可以构成虚假广告，也可以构成违法广告。无论是虚假广告还是违法广告，因其性质的特殊性，药品广告都可能会带来严重后果，因此，很多国家通过不同方式对药品广告的内容和发布进行管理。

从近年来看，药品广告在国内广告品类中所占比重并不低。据统计，自2007年至2011年，药品广告在全类别广告中所占比重从8%到12%不等[1]。2020年，药品广告在中国属于前十大广告投入量的广告品类。考虑到药品行业在整个国民经济发展中的比重为3%~4%，可以说药品广告投入量相当大。受新冠疫情影响，药品广告更是增长显著。2020年，耳鼻药品广告出现了高达276.7%的增长，清热解毒类药品广告增长47.5%[2]。与此相对应，违法药品广告也逐年增多，2010年和2011年违法药品广告数量超过7万件[3]。2013年1~3月，工商机关查处的违法药品广告达36747条次[4]。2014年，药品监督管理部门向工商行政管理部门移送违法药品广告250171件[5]。2015年，药品监督管理部门向工商行政管理部门移送违法药品广告110690件[6]。药品具有一定的特殊性，考虑到药品广告在所有广告品类中的重要性，对药品广告的发展历程和现状进行梳理，厘清药品广告的现行管理框

---

① 吴志明、黄泰康：《药品广告监管制度研究》，福建科学技术出版社，2012，第81页。
② https：//www.ctrchina.cn/rich/report/281，最后访问日期：2022年7月4日。
③ 吴志明、黄泰康：《药品广告监管制度研究》，福建科学技术出版社，2012，第41页。
④ http：//www.ipraction.gov.cn/article/gzdt/bmdt/202004/67374.html，最后访问日期：2022年7月28日。
⑤ 《2014年度食品药品监管统计年报》。
⑥ 《2015年度食品药品监管统计年报》。

架，分析其存在的问题，并就此提出相关的建议，对于促进药品广告健康发展和相关制度完善具有重要意义。

一 中国药品广告的法律法规体系

中国药品广告监管的发展历程较长。在法律层面，1984 年的《药品管理法》对药品广告监管作出了规定。之后，中国先后颁布了《广告法》《广告管理条例》《药品管理法实施条例》《药品广告审查办法》《药品广告审查发布标准》等法律法规和规范性文件，构成了药品广告的主要法律法规体系，药品广告逐步被纳入法治化轨道。从整体上看，中国药品广告的主要法律规定如下。

1.《药品管理法》

《药品管理法》制定于 1984 年，在 2013 年、2015 年和 2019 年进行了修订。1984 年《药品管理法》对药品广告的规定比较简单，但确立了药品广告需要事先审批才能发布的制度，同时规定药品广告的内容以批准的说明书为准。《药品管理法》（2019）确立了药品广告法律治理的基本框架：①在发布药品广告之前，必须取得企业所在地的省、自治区、直辖市人民政府所确定的广告审查机关的批准[1]；②药品广告内容必须真实、合法，不得含有虚假内容[2]；③药品广告不得含有特定的内容，如不得使用与功效或安全性相关的断言或保证，不得使用国家机关、行业协会、科研学术机构的名义或形象为药品作推荐、证明，也不得使用以专业人士（如专家、药师、医师等）或患者的名义或形象为药品作推荐、证明[3]；④药品之外的广告不得涉及药品宣传[4]。

2.《广告法》

1994 年，立法机关颁布了《广告法》，对广告活动的开展和监督管理作

---

[1] 《药品管理法》第 89 条。
[2] 《药品管理法》第 90 条。
[3] 《药品管理法》第 90 条。
[4] 《药品管理法》第 90 条。

了规定。该法不仅明确了广告监督管理机关，而且对药品广告作了规定。《广告法》明确规定，在发布药品广告之前要进行广告内容审查，未经审查不得发布，药品广告不得含有特定内容，同时还对违法发布药品广告的法律后果作了规定，体现了立法对社会公众健康的重视和保护。2015年，立法机关对《广告法》进行了修订，修订后的《广告法》对药品广告作了更为完善的规定，主要包括：①某些特殊药品不得做广告，这些特殊药品包括精神药品、麻醉药品、放射性药品和医疗用毒性药品等，戒毒治疗药品和药品类易制毒化学品等也不得做广告①；②处方药只能在指定的医学、药学专业期刊上做广告②；③药品广告中不得使用广告代言人做推荐、证明③；④处方药广告和非处方药广告要含有特定说明的内容④。

3. 《药品管理法实施条例》

1989年，《药品管理法实施办法》出台。2001年《药品管理法》修订后，国务院于2002年修订了《药品管理法实施条例》，并于2016年和2019年进行了两次修订。《药品管理法实施条例》（2019）对药品广告作了详细规定⑤：①明确药品广告审批的受理机关、批准期限、备案要求；②进口药品广告应向进口药品代理机构所在地的审批机关提交药品广告批准文号申请；③异地发布药品广告应当在发布前向发布地的监督管理部门备案；④接受备案的药品监督管理部门如果发现药品广告批准内容不符合相关规定的，应当交给原来核发的部门处理。此外，对于被责令暂停生产、销售和使用的药品，在暂停期间不得发布该品种的药品广告，已发布的，必须立即停止发布⑥。同时，明确了广告主、广告经营者、广告发布者对于未经批准的药品广告和使用伪造、失效药品广告批准文号的义务⑦。

---

① 《广告法》第15条。
② 《广告法》第15条。
③ 《广告法》第16条。
④ 《广告法》第16条。
⑤ 《药品管理法实施条例》第48条。
⑥ 《药品管理法实施条例》第49条。
⑦ 《药品管理法实施条例》第50条。

4.《药品广告审查办法》

1995 年，原国家工商行政管理局和原卫生部共同制定了《药品广告审查办法》，对广告审查的申请、异地发布备案以及监督执法等作出规定。根据该办法，国务院卫生行政管理部门及其省级机关是药品广告的审查机关。2007 年，原国家食品药品监督管理局和国家工商行政管理总局共同发布了《药品广告审查办法》，该办法废止了 1995 年的审查办法，并针对药品广告的审查作出以下规定：①药品广告的审查机关是省级药品监督管理部门，广告审查机关负责本行政区域内的药品广告审查工作。药品广告的监督管理机关是县级以上工商行政管理部门；②规定了药品广告审查的申请条件、审查程序和期限；③广告审查许可证的有效期限为一年；④规定了药品广告异地发布备案提交的文件和程序；⑤明确了违法发布药品广告的法律后果。目前，该审查办法已经失效。

5.《药品广告审查发布标准》

为规范药品广告审查，原国家工商行政管理局于 1995 年颁布了《药品广告审查标准》。该审查标准对药品广告作出以下规定：①禁止特定药品发布广告，如不得针对麻醉药品、放射性药品、精神药品、艾滋病药品、防疫制品、计划生育用药等发布广告；②药品广告的内容应当以已批准的说明书为准；③药品广告不得含有特定内容或表述；④在药品广告中，不得使用特定机构如医药科研机构或医疗机构的名义或形象作代言，也不得使用医生或患者等人员的名义或形象作代言；⑤在药品广告中，不得使用儿童的名义或形象，不得以儿童为诉求对象。

2007 年，原国家工商行政管理总局和国家食品药品监督管理局共同发布《药品广告审查发布标准》，对 1995 年的《药品广告审查标准》作了修订：①明确禁止发布广告的药品范围，将军队特需药品列入禁止做广告的范围；②处方药可以在指定的医药专业刊物上发布广告，但不得通过大众传播媒介或通过赠送医药专业刊物等形式向公众做广告；③药品广告涉及药品适应症、药理作用、功能主治等内容的，应当以已批准的说明书为准，禁止含有说明书之外的内容；④药品广告中必须标明药品的通用名称、忠告语和药品广告批准文号等内容；⑤禁止使用特定的表述，如最新技术或完全无毒副作用；⑥禁止药品广告在针对未成年人的出版物、节目、栏目和广播电视频道上发布。目前，该审查发布标准已经被废止。

6.《三品一械规定》

2019年，国家市场监督管理总局颁布了《药品、医疗器械、保健食品、特殊医学用途配方食品广告审查管理暂行办法》①（以下简称《三品一械规定》）。《三品一械规定》废止了《药品广告审查办法》和《药品广告审查发布标准》。根据《三品一械规定》，药品广告的内容应当以已核准的说明书为准②。同时，药品广告必须以显著的方式标明禁忌和不良反应，对处方药和非处方药广告的标识也作出了严格的要求③。

《三品一械规定》还规定，药品广告应当以显著的方式标明广告批准文号④，且对于应当显著标明的内容的字体、颜色和显示方式均作出要求⑤。根据《三品一械规定》，药品广告不得含有特定内容，如不得使用"安全""天然""毒副作用小"等用语。广告活动主体应当严格按照审查通过的内容进行广告发布，不得擅自修改、剪辑或拼接。只能在指定的医药专业刊物上发布处方药广告。在冠名活动中，禁止使用处方药的名称或与其相同的商标或企业字号进行广告宣传，禁止使用与处方药名称相同的商标或企业字号在医药专业刊物以外的媒介进行广告宣传⑥。

7.《互联网药品信息服务管理暂行规定》

2000年12月，为规范互联网药品信息服务活动，原国家药品监督管理

---

① 国家市场监督管理总局令第21号。

② 《三品一械规定》第5条规定，药品广告应当以已核准的说明书为准，如果药品广告涉及药品名称、药品适应症、药理作用或者功能主治等内容，不得超出说明书的范围。

③ 《三品一械规定》第5条规定，对于处方药广告，应当显著标明"本广告仅供医学药学专业人士阅读"；对于非处方药广告，应当显著标明非处方药标识（OTC）以及"请按药品说明书或者在药师指导下购买和使用"。

④ 《三品一械规定》第9条。

⑤ 《三品一械规定》第10条规定，对应当显著标明的内容，其字体和颜色应当清晰可见和易于辨认，在视频广告中，应当持续进行显示。

⑥ 《三品一械规定》第22条。

局颁布《互联网药品信息服务管理暂行规定》①。该规定将互联网药品信息服务区分为经营性信息服务和非经营性信息服务。经营性信息服务，是指以互联网方式向上网用户提供的药品广告发布和有偿药品信息等服务。经营性信息服务应由国家药品监督管理局进行审批，非经营性信息服务则应向省级药品监督管理局备案。与互联网相关的还有原国家工商行政管理总局2016年发布的《互联网广告管理暂行办法》。该办法规定，对于药品、医疗、特殊医学用途配方食品等特殊商品或服务的广告，未经广告审查机关的审查，不得进行广告发布②。

8. 其他规范性文件

由于药品广告受政策影响很大，在实践中不能忽视规范性文件的作用。例如，原国家药品监督管理局于2002年发布《关于贯彻〈药品管理法实施条例〉加强药品广告审查管理工作的通知》，对药品广告异地发布备案的要求作了明确。原国家食品药品监督管理局于2007年发布《关于贯彻实施〈药品广告审查办法〉和〈药品广告审查发布标准〉的通知》，对药品广告的备案受理和处罚作了规定（该通知已于2020年废止）。2018年，国家市场监督管理总局办公厅颁布《关于做好药品、医疗器械、保健食品、特殊医学用途配方食品广告审查工作的通知》，对"三品一械"广告审查工作作出部署。这些规范性文件对广告审查的具体工作具有指导意义。

二 药品广告的主要管理制度

药品广告的管理制度，既体现在对药品的生产和经营实施许可，对药品广告发布前的广告审批，对药品广告异地发布进行备案，以及药品广告审查机关和监督管理机关相分离的制度设置，也体现在禁止特定药品发布广告和禁止药品广告发布特定内容的管理上。

---

① 国家药品监督管理局令第26号。
② 《互联网广告管理暂行办法》第6条。

（一）药品生产和经营实行许可管理

中国对药品的生产和经营实行严格的许可制度。从事药品生产的企业，应当取得药品生产许可证①。按照规定，药品生产企业应当申请"药品生产质量管理规范"认证，并取得认证证书②。从事药品批发的企业，应当取得药品经营许可证。从事药品零售的企业，应当取得药品经营许可证③。按照规定，药品经营企业应当申请"药品经营质量管理规范"认证，并取得认证证书④。进口药品，应当取得国家药品监督管理部门的审查批准⑤。

（二）药品广告发布审查许可和异地发布备案

根据《药品管理法》，国家对药品广告采取审查许可的管理制度。广告审查许可制度因药品广告的种类而有所不同。①发布药品广告，应当事先取得广告审查机关的批准⑥。②发布进口药品广告，应当事先取得药品广告批准文号⑦。根据《药品管理法实施条例》的规定，对药品广告实行异地发布备案制度。在异地发布药品广告的，应当向广告发布地的广告审查机关备案⑧。可见，国家对于药品广告实施广告审查许可和异地发布备案制度。

---

① 《药品管理法》第41条规定，从事药品生产，应当经过所在地省、自治区、直辖市人民政府药品监督管理部门批准，取得药品生产许可证。
② 《药品管理法实施条例》第6条。
③ 《药品管理法》第51条规定，从事药品批发活动，应先向所在地省、自治区、直辖市人民政府药品监督管理部门提出申请，经过批准可以取得药品经营许可证。要从事药品零售活动，应先向所在地县级以上地方人民政府药品监督管理部门提出申请，经过批准可以取得药品经营许可证。
④ 《药品管理法实施条例》第13条。
⑤ 《药品管理法》第29条。
⑥ 《药品管理法》第89条规定，发布药品广告，应当先向广告主所在地省、自治区、直辖市人民政府确定的广告审查机关提出申请并取得批准，在取得批准之前，不得进行发布。
⑦ 《药品管理法实施条例》第48条规定，发布进口药品广告，应当依照前款规定向进口药品代理机构所在地省、自治区、直辖市人民政府药品监督管理部门申请药品广告批准文号。
⑧ 《药品管理法实施条例》第48条规定，在药品生产企业所在地和进口药品代理机构所在地以外的省、自治区、直辖市发布药品广告的，发布广告的企业应当在发布前向发布地省、自治区、直辖市人民政府药品监督管理部门备案。

（三）广告审查机关和监管机关相分离

根据《广告法》，通过媒体发布药品广告的，必须在发布前向有关行政主管部门（广告审查机关）提请审查，未经审查不得发布[①]。《药品管理法实施条例》规定，广告审查机关为省级药品监督管理部门[②]。按照《广告法》的相关规定，广告监督管理机关是县级以上人民政府工商行政管理部门[③]。因此，就药品广告的管理而言，存在广告监督管理机关和广告审查机关两个不同的部门。2018 年国家机构改革后，原国家食品药品管理总局并入国家市场监督管理总局，作为其下属机构以国家药品监督管理局的名义运作。因此，在现行体制下，省、自治区、直辖市药品监督管理部门行使药品广告审查职责，县级以上市场监督管理部门行使广告监督管理职责。换言之，广告审查机关和广告监督管理机关分别设置。

（四）禁止特定药品发布广告

在中国，并不是所有的药品都可以发布广告。中国禁止以下药品做广告[④]：①麻醉药品、精神药品等特殊药品；②军队特需药品等药品；③特定的配制的制剂；④法律禁止生产、销售或使用的药品；⑤法律、行政法规禁止发布广告的情形。《广告法》第 15 条对禁止做广告的药品也作出规定。相比而言，《三品一械规定》更加明确、全面。

（五）禁止发布特定广告内容

对于可以发布药品广告的，相关法律禁止含有特定的内容。禁止发布的

---

① 《广告法》第 46 条。

② 《药品管理法实施条例》第 48 条。

③ 《广告法》第 6 条。

④ 《三品一械规定》第 21 条规定，禁止以下药品做广告：（1）麻醉药品、精神药品、医疗用毒性药品、放射性药品、药品类易制毒化学品，以及戒毒治疗的药品、医疗器械；（2）军队特需药品、军队医疗机构配制的制剂；（3）医疗机构配制的制剂；（4）依法停止或者禁止生产、销售或者使用的药品、医疗器械、保健食品和特殊医学用途配方食品；（5）法律、行政法规禁止发布广告的情形。

事项包括①：①使用特定机关或国家工作人员的形象做广告宣传；②使用特定机构或人员的名义或形象作广告代言；③使用明示或暗示具有治疗作用的用语；④引起公众产生担忧或可能加重病情的内容；⑤使用不具有副作用等用语或安全性保证用语；⑥含有免费赠送等诱导性内容或无效退款等保证性内容；⑦法律和行政法规禁止的其他内容。违法发布这些内容，将受到相应的行政处罚。

三　药品广告的执法现状

由于药品监管体制进行过多次改革，药品广告的执法机关也多次发生变更。从执法角度来看，药品广告执法既包括药品广告的审查许可和备案，也包括对违法药品广告的行政执法，即对药品广告的监督和处罚。以下分别就这两个方面的情况进行梳理。

（一）药品广告审查许可和备案

根据1995年颁布的《药品广告审查办法》，药品广告的审查机关是国家卫生行政管理部门及其省级机关。同年，原国家工商行政管理局颁布《药品广告审查标准》，对药品广告的审查标准作出规定。为落实药品审查许可职责，原卫生部在1995年5月18日发布了《关于加强药品广告监督审查工作的通知》，规定自1995年7月1日起，对于没有取得药品广告批准文号的药品广告，一概停止刊播。该通知还对药品广告异地发布批准作了规

---

① 《三品一械规定》第11条规定，禁止使用以下内容：（1）使用或者变相使用国家机关、国家机关工作人员、军队单位或者军队人员的名义或者形象，或者利用军队装备、设施等从事广告宣传；（2）使用科研单位、学术机构、行业协会或者专家、学者、医师、药师、临床营养师、患者等的名义或者形象作推荐、证明；（3）违反科学规律，明示或者暗示有治疗作用的；（4）引起公众对所处健康状况和所患疾病产生不必要的担忧和恐惧或者使公众误解不使用该产品会患某种疾病或者加重病情的内容；（5）含有"安全""安全无毒副作用""毒副作用小"，明示或者暗示成分为"天然"，安全性有保证等内容；（6）含有"热销、抢购、试用""家庭必备、免费治疗、免费赠送"等诱导性内容或"评比、获奖"等综合性评价内容、"无效退款、保险公司保险"等保证性内容，怂恿消费者任意、过量使用药品的内容。

定。由于这一时期的药品广告未对外公布，其数量不得而知。

在2001年《药品管理法》修订之后，药品广告的批准机关由原来的省级卫生管理部门变更为省级药品监督管理部门。为加强药品广告的审查工作，国家药品监督管理局成立了药品广告审查监督办公室，并就其职责作了规定①。从药品广告审查的统计数据来看，2014年，全国共批准药品广告28402件②。2015年，全国共审批药品广告29261件，其中，异地备案20444件③。2016年，全国共审批药品广告30027件，其中，异地备案19799件④。2017年，全国共审批药品广告1.2万件⑤。2014～2017年药品广告审批情况见表1。

表1　2014～2017年药品广告审批情况

单位：件

年度	药品广告批准数量	年度	药品广告批准数量
2014	28402	2016	30027
2015	29261	2017	12000

可以看出，除了2017年，广告审查许可的数量逐年上升，广告发布异地备案的数量则同比有所减少。自2018年起，国家药品监督管理局不再发布药品广告审批情况。

（二）药品广告行政执法

就药品广告监督而言，国家药品监督管理局做了大量工作。2000年，国家药品监督管理局收回了余仁生（香港）有限公司关于"保婴丹"的药品广告、济南宏济堂制药有限责任公司关于"前列欣胶囊"药品广告批准

---

① 《国家药品监督管理局关于成立国家药品监督管理局药品广告审查监督办公室及有关事项的通知》。
② 《2014年度食品药品监管统计年报》。
③ 《2015年度食品药品监管统计年报》。
④ 《2016年度食品药品监管统计年报》。
⑤ 《2017年度食品药品监管统计年报》。

文号。2001年，国家药品监督管理局建立违法广告公告制度①，就违法广告定期向社会发布。2003年，国家药品监督管理局建立了药品广告审查管理内部工作提示制度，就药品广告的审批工作、检查监督工作和备案工作作出内部工作提示②。在这期间，药品广告审查、检查监督和备案工作的法治化趋势十分明显，尤其是违法广告公告制度不仅增加了执法的透明度，而且在一定程度上回应了社会公众的关注。

2003年，国家药品监督管理局发布了六期违法药品公告。2006年，国家药品监督管理局发布了违法药品广告汇总，对全国违法药品广告作了通报。从药品广告监督数据来看，2014年，全国共批准药品广告28402件，向工商行政管理部门移送违法药品广告250171件，撤销药品广告批准文号32件③。2015年，药品监督管理部门向工商行政管理部门移送违法药品广告110690件，撤销药品广告批准文号164件④。2016年，药品监督管理部门向工商行政管理部门移送违法药品广告7067件，撤销药品广告批准文号29件⑤。2017年，药品监督管理部门向工商行政管理部门移送违法药品广告8774件，撤销药品广告批准文号389件⑥。药品监督管理部门向工商行政管理部门移送案件情况见表2。

表2　2014~2017年药品监督管理部门向工商行政管理部门移送案件情况

单位：件

年度	移送违法药品广告数量	年度	移送违法药品广告数量
2014	250171	2016	7067
2015	110690	2017	8774

① 《关于建立违法药品公告制度的通知》（国药监市〔2001〕323号）。
② 《关于建立药品广告审查管理内部工作提示制度的通知》（国药监市函〔2001〕84号）。
③ 《2014年度食品药品监管统计年报》。
④ 《2015年度食品药品监管统计年报》。
⑤ 《2016年度食品药品监管统计年报》。
⑥ 《2017年度食品药品监管统计年报》。

可以看出，2014～2015 年，药品管理机关移送工商行政管理部门处理的违法药品广告均在十万件以上，2016～2017 年，移送案件的数量降至一万件以下。2018 年以后，该数据未继续发布。

基于以上梳理，可以得出中国药品广告执法现状具有以下特征：一是根据政府机构改革对药品广告审查机关作出调整，在制度上实行广告审查和广告监督管理相分离，即审监分离①；二是就药品广告审查监督而言，曾建立较为完善的法律制度，如违法药品广告公告制度，但这一制度因政府机构改革而没有得到坚持；三是药品广告审查许可的数量逐年上升，而药品广告异地发布备案的数量则逐步下降，这预示药品广告异地发布备案制度可能需要调整。

四　药品广告法律治理存在的问题

中国通过相继颁布相关法律法规和规范性文件，建立起了药品广告的法律法规体系，确立了药品广告管理制度。这一管理制度根据中国实际情况建立，体现了中国特色。尽管经历几次政府机构改革，但药品广告的基本管理制度没有发生太大改变。从实际效果来看，中国药品广告对药品广告的监管效果比较明显。同时也应看到，中国药品广告管理还存在一些问题，需要引起重视和加以解决。

（一）药品广告审查许可问题

《药品管理法》确立了发布药品广告应当事先取得广告审查机关批准的管理制度，在取得药品广告批准文号之前，不得擅自进行广告发布。考虑到药品对社会大众的生命健康具有重要影响，对药品广告进行严格监管是有利于保护社会大众生命健康的。从执法效果来看，也取得较好成效。然而，不可否认的是，药品广告违法现象依然严重。根据国家药品监督管理局发布的

---

① 闫海、张华琴：《药品广告规制：准则、监管与责任》，《中国卫生法制》2019 年第 6 期。

2006 年药品违法广告汇总①，主要存在的违法行为包括：未经审批擅自发布，擅自篡改批准内容，以及在大众媒介上发布禁止发布的广告。其中，未经审批擅自发布药品广告占了大部分。

这三类违法与广告审查许可均有一定关系：未经审批擅自发布明显是为了逃避广告审查，擅自篡改批准内容也与广告审查有关，可能是认为广告审查过于麻烦，而在大众媒介上发布禁止发布的广告，可能是为规避广告审查许可而采取擅自发布的方式。这意味着，现行药品广告审查许可制度存在一定问题。这可能与审查受理机关层级较高有关，因为按照当前的体制只有省级药品监督管理部门才能受理审查。在简政放权的大趋势下，广告审查许可是否还要由省级药品监督管理部门来实施，是否可以将权力下放到县一级人民政府相关组成部门，这可能是影响制度成效大小的一个问题。这也与审查的标准有关，如果审查过严，导致很多申请无法通过，这些企业就可能规避广告审查，选择违法发布药品广告。换言之，有必要对现行广告审查许可制度进行评估，并根据评估结果发现问题，为进一步完善提供条件。

（二）药品广告异地发布备案问题

根据现有法律规定，在药品广告异地发布之前，申请人应当先向发布地省级药品监督管理部门进行备案②，在取得备案之前，不得进行广告发布。在实践中，药品广告异地发布备案给很多企业带来不便，因为很多药品企业都是瞄准全国性市场，其广告宣传也是如此。按照规定，其在任何省份发布广告都要在当地进行备案。而且，很多药品企业是通过互联网发布药品广告的，此时就带来一个问题，即是否要在全国各省份都进行备案？如果是，则对企业而言成本过高。药品广告异地发布备案是 2002 年《药品管理法实施条例》提出的，但《药品管理法》对此并没有作出规定，尽管后来修订的条例保留了这一做法，但其上位法依据不足。也就是说，药品广告异地发布

---

① https://www.nmpa.gov.cn/xxgk/fgwj/gzwj/gzwjyp/20060510010101374.html，附件 2。最后访问日期：2022 年 7 月 4 日。
② 《药品管理法实施条例》第 48 条。

备案的正当性是存在问题的。

需要指出的是，在《三品一械规定》征求意见时，主管机关已经注意到这个问题，药品监督管理部门、药品生产企业、广告发布者等认为应当取消药品广告异地发布备案①，但因为《药品管理法实施条例》作了明确规定，不便于直接取消。无论如何，药品广告异地发布备案保留还是取消，是不得不面对的一个实际问题。

（三）禁止事项的范围问题

《药品管理法》和《广告法》对药品广告作出若干禁止事项。例如，根据《药品管理法》，药品广告不得含有与功效或安全性有关的断言或者保证，不得以特定机关或人员的名义或形象做代言②，药品之外的广告不得涉及药品的宣传③。根据《广告法》的规定，禁止药品广告含有功效或安全性的断言或保证，禁止使用广告代言人做代言④。相比较而言，在这一问题上，《广告法》的规定更加科学、具体，但书条款的设置也有利于根据新情况进行调整。《暂行规定》对禁止的内容作了扩张，包括暗示具有治疗作用、保证性内容和引起对健康状况或疾病恐慌等内容。这些增加的内容可能是为应对现实中出现的问题而作出补充，有其合理性，但通过效力层次较低的《暂行规定》作出扩展并不适宜，因此，应当通过修订《药品管理法》《广告法》《药品管理法实施条例》来补充规定。同时，尽管法律规定了禁止事项的范围，也需要根据实际情况作动态调整。在 2015 年《广告法》修

---

① 《关于〈药品、医疗器械、保健食品、特殊医学用途配方食品广告审查管理办法（征求意见稿）〉的起草说明》。

② 《药品管理法》第 90 条规定，不得使用功效或安全性有关的断言或者保证，不得以国家机关、行业协会、学术机构、科研单位的名义或形象作证明，不得以专业人士（如专家、药师、医师等）或患者的名义或形象为药品作推荐、证明。

③ 《药品管理法》第 90 条。

④ 《广告法》第 16 条规定，药品广告不得含有：（1）表示功效、安全性的断言或者保证；（2）说明治愈率或者有效率；（3）与其他药品、医疗器械的功效和安全性或者其他医疗机构比较；（4）利用广告代言人作推荐、证明；（5）法律、行政法规规定禁止的其他内容。

订时，有意见认为应当允许专业人士代言药品广告①，尽管该意见未被采纳，但是否绝对禁止药品广告代言，需要进行立法评估，从而合理考虑相关方的利益。

（四）监管协调问题

按照现行药品广告管理制度，省级药品监督管理部门负责药品广告的审查，具体包括接受广告审查申请、颁发广告审查许可、撤销许可和申请人违法时不予受理等职权。根据《广告法》，广告监督管理机关为县级以上地方工商行政管理部门。如前所述，实行的是审查和监督相分离的管理体制，导致两者的协调存在一定问题。例如，广告审查机关有权对药品广告进行检查，但无权就其作出处罚，而广告监督管理机关有权作出行政处罚，但并未介入广告审查机关的审查，难以直接在前端发现违法问题。应当说，按照目前的法律规定，广告审查机关和广告监督管理机关之间有协调机制。例如，《药品管理法》规定广告审查机关进行药品广告检查时如发现有违法的，应当通报市场监督管理部门，后者应依法作出处理。广告审查机关应当将批准的《药品广告审查表》送同级广告监督管理机关备案。但是，基于药品的特殊性和专业性，有意见提出，由药品监督管理部门统一负责药品广告审查和药品广告的监督管理②。此种观点有一定道理，但考虑到现有监管体制下药品监督管理部门的设置只是到省级，这一建议可操作性不强。无论如何，如何加强药品监督管理部门和市场监督管理部门的监管协调，成为一个需要解决的重要问题。

（五）信息透明度问题

2001 年国家药品监督管理局建立违法广告公告制度，随后在若干年连续发布违法广告案件汇总，不仅有助于曝光和震慑违法行为，而且有助于教

---

① 《广告法修订草案第二次审议稿向社会公众征求意见的情况》，王清主编《中华人民共和国广告法解读》，中国法制出版社，2015，第 275 页。
② 杨悦、杨世民：《我国药品广告管理现状及问题分析》，《中国药业》2016 年第 4 期，第 7 页。

育社会公众。遗憾的是，这一制度未能得到坚持，至今关于药品广告审查监督的信息是零散的。关于广告行政处罚的案件通常会在国家企业信息公示系统有所体现。由于没有一个系统对药品广告审查和备案情况进行检索，对药品是否取得许可或备案进行查询并不容易，增加了相关成本。根据《政府信息公开条例》第 9、10 条，药品审查管理机关有义务就药品广告的审查许可提供更为透明的信息查询途径。

五　完善药品广告法律治理的建议

中国药品广告管理体制基本能适应社会发展需要，针对存在的问题，需要采取措施加以完善。

（一）完善药品广告审查许可制度

中国药品广告审查许可制度对保护公众健康发挥了重要作用，这一制度应当予以保留。在此基础上，还应考虑从以下方面进行完善和改进。

第一，考虑到简政放权的需求，可以将省级药品监督管理部门的审查权下放到县一级人民政府相关部门。《三品一械规定》第 4 条规定，省、自治区、直辖市药品监督管理部门可以依法委托其他行政机关具体实施广告审查，说明已注意到这一问题，但《三品一械规定》的规定存在立法权限方面的问题。完善广告审查许可制度，不仅便于广告审查机关和监督机关的对接，而且能够满足很多企业的需求。对于县级相关部门工作人员的短期知识欠缺问题，可以通过培训或轮岗等形式解决。

第二，可以考虑将非处方药的广告审查移交给广告监督管理机关。在国际上，对处方药和非处方药进行区别对待，有先例可以借鉴①。实际上，中国对处方药和非处方药分类就是借鉴国外的经验做法。鉴于处方药需要专业知识，由药品监督管理部门进行广告审查是合适的。对于非处方药，由于法

---

① Paul Jordan（ed.），*International Advertising Law*，Global Law and Business，2014，p. 489–490.

律对其投放的媒介没有限制，可以考虑由广告监督管理机关审查，有利于广告监督管理机关在广告执法中及时发现问题，针对出现的问题进行精准打击，有效提升广告执法的效率。

（二）适时取消药品广告异地发布备案要求

药品广告异地发布备案是2001年颁布的《药品管理法实施条例》所确立的制度，主要是基于当时情况的制度安排，发挥了一定作用。但是，一方面，如上文所指出的，《药品管理法实施条例》所规定的异地广告发布没有上位法依据，在法理层面存在问题；另一方面，在数字经济快速发展的今天，广告发布面对的是全国性大市场，要求发布药品广告的企业进行异地备案，增加诸多不必要的成本，不符合建立全国统一大市场的需要，已无法适应社会经济发展的需要。作为广告领域基本法的《广告法》对此也未作规定，因此，基于未来发展需要，应当适时通过修改《药品管理法实施条例》，取消药品广告异地发布的备案要求。

（三）完善广告审查机关和监督管理机关协调机制

按照现行管理体制，省级药品监督管理部门负责药品广告的审查许可，广告监督管理则由县级以上市场监督管理部门负责。应当说，广告审查机关和广告监督管理机关之间已建立协调机制：其一，广告审查机关在进行药品广告审查时，如果发现存在违法的，应当通报广告监督管理机关并提出处理建议，广告监督管理机关应当依法作出处理；其二，广告监督管理机关在进行监督管理时，如发现药品广告存在问题的，可以进行处罚。原《药品广告审查标准》赋予广告审查机关特定的行政强制权，但相应规定在《三品一械规定》中没有体现。因此，实践中存在审查和监督管理相分离的情形，导致出现"多家管、多家都没有全管、多家都不能全管"的现状[①]。本报告

---

① 黄琴等：《我国药品广告监管问题分析及监管对策研究》，《上海医药》2013年第5期，第40页。

认为，应对现有协调体制进行完善。

第一，明确省级药品监督管理部门或其授权行政机关负责药品广告的审查许可。由于现行广告审查和监督管理相分离的体制，可以考虑启动由药品监督管理部门负责药品广告监督管理试点，等时机成熟时由其负责药品广告的监督管理或者行使部分广告监督管理职能。这样的制度安排涉及很多事项，包括修改《广告法》《药品管理法》等法律法规。尽管目前提出这样的改革只是理论上的观点，对此也不能断然加以排除，应根据实际发展需要作出是否加以调整的决定。

第二，在明确药品监督管理部门对应处方药的广告审查和监督管理职责之后，可以将非处方药广告审查许可权赋予同级广告监督管理机关，由其统一负责广告审查和监督管理①。换而言之，由广告监督管理机关负责非处方药广告的广告审查许可。这样的制度安排可以充分发挥广告监督管理机关的执法优势，也便于及时发现问题实施执法。

第三，建立广告审查机关和监督管理机关定期协商或联合执法机制，充分利用双方的优势进行监管。在这方面，需要考虑县级以上药品监督管理部门或县级以上人民政府负责药品监督管理的部门进行广告审查，建立同级对口协商机制。

（四）着力提升行政执法透明度

在现代法治社会，行政执法透明度是衡量法治水平的一项指标。在早期，药品监督机关曾建立违法广告公告制度，并在随后若干年连续发布违法广告案件汇总，为加强药品广告监督作出了努力。在当前，尽管《三品一械规定》规定了药品广告审查的部门和流程，但没有公开渠道发布取得药品广告审查许可的信息。一方面，这增加了广告经营者、发布者和广告代言人获取该等信息的成本；另一方面，在一定程度上逃避了社会公众的监督。

---

① 王静波、段文海：《药品广告法律规制的有关问题研究》，《广东药学院学报》2007年第3期，第288页。

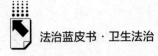

就此而言，可以考虑建立一个专门网站或指定网站、平台发布药品广告审查许可信息，也可以考虑延续先前的违法药品广告公告制度，对违法者进行曝光，对审查机关进行监督。

结　语

药品广告对社会公众的健康有重要影响，进行严格管理是有必要的。现有的药品广告法律治理从实际情况出发，探索出一条可行的道路，值得肯定。同时也要认识到，药品广告管理制度仍存在诸如广告审查许可问题、异地发布备案问题、禁止事项范围方面的问题、监管机关之间的协调问题以及行政执法的透明度等问题。对此，需要进行立法后评估和专门研究，结合实际情况作出调整。只有这样，药品广告监管才能既促进药品相关产业的发展，又能保障社会公众的生命健康。

B.4
规范自媒体医疗建议类内容的
困境与出路

王祎茗著*

摘　要： 自媒体平台上医疗建议类内容占相当比重，为平台吸引流量带来收益的同时，无论是个人生活经验还是商业推广形式的医疗建议类内容，均存在受众效仿其做法致使健康受损的实际风险和法律风险。现行法律制度对自媒体医疗建议类内容难以形成有效规制，数字经济背景下以平台为代表的各方主体就其网上意见表达需承担责任的配置规则不明确，相关法律法规应及时作出调整，顺应数字经济发展规律，同网络社区自治等治理手段相互配合形成合力，规范自媒体平台医疗建议类内容，保障人民群众的表达权、健康权，护航平台经济的有序发展。

关键词： 自媒体　医疗建议　网络社区自治　法律规制　侵权

随着自媒体的广泛应用，各类信息借助手机等媒介充斥着多数人的网络生活，并对现实生活产生或多或少的影响。在纷繁多元的信息中，有关健康、养生的医疗建议类内容占据相当比重。大众对健康的日益关注需求和内容至上的自媒体信息供给在网络技术的支持下"双向奔赴"，并在交互过程中双向促进。健康养生类资讯作为支柱性板块助推了自媒

---

* 王祎茗，中国社会科学院法学研究所助理研究员。

体平台的蓬勃发展，与此同时，健康科普工作也取得空前的社会效果。但这一过程中，自媒体平台上相关内容可能给不特定他人造成损害的情况需要引起高度重视，相关法律风险必须提前预警，并给出制度性的预防措施。

一 自媒体平台医疗建议类内容乱象

2022年6月，某自称医生并拥有千万粉丝的"大V"博主同时在多个平台发布被猫狗抓咬受伤后判断有无感染狂犬病病毒进行"十日观察法"的自制短视频，视频中"伤者可以先不接种狂犬疫苗，待十日后观察伤人猫狗是否携带狂犬病病毒再决定伤者是否接种疫苗"的内容引发巨大争议。不少医学科普博主纷纷指出该视频内容是错误的，正确的做法是被猫狗抓咬伤后应第一时间接种狂犬病疫苗，"十日观察法"的适用方法是待十日后证实伤人猫狗确无携带狂犬病病毒，伤者可不再接种疫苗。该视频可能误导公众，一旦不特定伤者未及时接种疫苗而患狂犬病，根据目前医疗数据，狂犬病患者的死亡率是100%，后果极为严重。由此，对于该视频内容的质疑转为对视频发布者职业身份和专业性的指责，该博主虽为平台认证的某医院急诊科医生，但其发布内容极为多元，除急救知识外几乎涵盖了内外科、中西医的方方面面，甚至还有养生经验和生活小妙招等超出医生专业的内容。其中"自制油壶"的视频，采用普通饮料空罐作为素材，丝毫没有提及饮料罐的材料安全性和GB4806.1-2016食品安全国家标准《食品接触材料及制品通用安全要求》，事实上视频中的自制油壶除了材质本身存在有毒物质迁移的安全风险外，因壶壁透明不避光会致使壶内油脂加速氧化产生危害人体健康的有害物质。该博主名下存在类似隐患风险的视频还有不少，即便遭到其他科普博主和公众质疑仍未删除，因有医生身份加持，其"千万粉丝"中不加辨别而盲从者亦不在少数。在医生科普群体中，还有一部分人将个人意见绝对化并无限放大，如经常有西医指称中医诊疗方式不科学和中药可能造成肝肾损伤，有中医则称西医手术在某些情况下为过度医疗，虽然这些争论一直存在，但网络传播方式让对立双方阵营规模急速扩大，受其影响的人群越来越庞大，而未经证实的论断和仅从个人立场出发的劝阻行为也可能让一部分人错失救治机会。

除职业医务工作者外，个人养生博主在自媒体平台发布的内容同样问题频出。这类信息虽无职业认证作为背书，但往往博主会公布自己的前后对比材料作为效果佐证，加上平台利用算法精准推送至检索过类似内容的目标人群，依然会吸引为数不少的受众。例如，近期风靡某平台的西芹汁养生法，源自国外某"医学灵媒"作者的一本书，书中号称能够治疗诸多现代医学束手无策的慢性疾病，有部分实践者以亲身经历证明对部分病症确有其效，遂在网络上吸引了更多人尝试，随之而来的是一部分人出现不良反应，如引发了肠胃不适、皮肤发黑、内分泌失调、高血压等症状。类似的还有生酮饮食、无麸质饮食和形形色色的食疗方法，自媒体上这类内容都存在风险隐患，可能导致一部分人健康受损。

带有商业目的的医疗建议类网络信息则是内容失当、打制度底线擦边球的重灾区。某医疗科普自媒体系列账号被禁言成为 2022 年关注度最高的医疗科普自媒体平台网络事件。该系列账号所在的数个平台显示："因违反相关法律法规，该用户目前处于禁言状态。"其实在此之前该自媒体账号的种种言论已经处于不断引发争议的状态，其对某种中成药和对中医药的否定并不是建立在科学实验基础上，甚至还对已有科学常识进行无端无据反驳，引发网友质疑其"引流"进而谋求商业目的的猜想。该自媒体账号从最初的单纯内容性自媒体账号，发展成为包含自身商业销售平台的互联网内容公司，因商业性质的不断显现而逐渐损害到其所谓医疗科普内容的客观性。当"做科普"和"卖产品"混为一谈时，部分科普内容就成为软性广告，同时自媒体平台的形式也帮助其规避了《广告法》的约束。

医药商业推广现象在自媒体个人用户中也很常见。例如，某基因公司CEO 在其个人账号以自己家人都在用为标题推广其公司产品益生菌，但益生菌疗法在国内外医学界尚处于研究阶段，并无有效性确证。再如，某皮肤科医生是多个平台的百万粉丝博主，除了分享急救知识等内容外，也会在部分内容中隐晦地推荐特定品牌保健品。此类虽无广告之名却行广告之实的做法，在医疗、健身、减肥、营养等博主中非常普遍。

二　自媒体医疗建议类内容法律规制困难的突出表现

不论是单纯的个人意见表达还是带有商业目的的推广，自媒体平台登载的医疗建议类内容一部分已经致使负面情况出现，健康受损的一方却很难以此为由从法律制度上找寻依据获得救济。

（一）《医师法》等职业身份相关法制失灵

对于自媒体上认证的医生等博主而言，职业身份甚至是医院的名气都对其在自媒体上的言论传播力产生强化作用，为其赢得了有别于普通博主更为充分的粉丝信任，进而对其流量变现从事商业营销带货等行为奠定了基础。部分博主客观上确实利用了医师身份在自媒体平台获益，但由于其行为并非执业行为，而是业余时间的个人行为，因而不受《医师法》等法律约束。这一现象不得不归因于《医师法》的制度缺陷。《医师法》第23条对执业医师的义务有如下规定："宣传推广与岗位相适应的健康科普知识，对患者及公众进行健康教育和健康指导。"[①] 本条将医师在自媒体的行动合法化，却没有严格界定健康科普与执业行为的关系，健康科普活动一旦造成损害很难受到以执业行为为中心构建起的法律责任体系的追究。例如，《医师法》第29条规定："医师应当坚持安全有效、经济合理的用药原则，遵循药品临床应用指导原则、临床诊疗指南和药品说明书等合理用药。在尚无有效或者更好治疗手段等特殊情况下，医师取得

---

① 中国人大网：http://www.npc.gov.cn/npc/c30834/202108/d954d9fa0af7458aa862182dc50a0d63.shtml，最后访问日期：2022年9月11日。

患者明确知情同意后，可以采用药品说明书中未明确但具有循证医学证据的药品用法实施治疗。医疗机构应当建立管理制度，对医师处方、用药医嘱的适宜性进行审核，严格规范医师用药行为。"① 本条针对医生诊疗行为中的用药活动进行了规范，但对健康科普中的药品推荐行为没有约束力，对于打概念擦边球的保健品则鞭长莫及，事实上任何药品或保健品都可能存在副作用，但在自媒体平台上所登载的内容很少有人明确提及副作用和作出警示，而医师博主的职业背景使其应知明知此种风险，如刻意避而不谈无论是否出于商业目的都是有违医师职业伦理的，但《医师法》中现有规定却无法将用药规范从现实世界中的诊疗活动延伸至网络世界的所谓"健康科普"活动中。同时，《医师法》对于以健康科普形式掩盖的商业推广活动防范不足。《医师法》第 30 条规定："执业医师按照国家有关规定，经所在医疗卫生机构同意，可以通过互联网等信息技术提供部分常见病、慢性病复诊等适宜的医疗卫生服务。"② 这一条款通过解释很可能成为自媒体平台上某些不当行为的制度依据。当医疗博主需要为其以医师身份加持所从事的自媒体平台内容发布行为正名时，可将第 29 条和第 30 条叠加作为其行为的合法性依据；一旦相关内容受到质疑或导致损害发生时，又可将上述两条法律规定严格限制在其字面所指的诊疗行为上，从而逃避监管，让互联网成为事实医疗活动的"法外之地"。

（二）规范商业活动相关法制力所不及

本部分暂且抛开确属个人经验的医疗建议类内容不谈。《广告法》对医疗、药品、医疗器械、保健品广告有明确的特殊要求，管理不可谓不严格。

---

① 中国人大网：http：//www.npc.gov.cn/npc/c30834/202108/d954d9fa0af7458aa862182dc50a0d63.shtml，最后访问日期：2022 年 9 月 11 日。

② 中国人大网：http：//www.npc.gov.cn/npc/c30834/202108/d954d9fa0af7458aa862182dc50a0d63.shtml，最后访问日期：2022 年 9 月 11 日。

第 16 条①、17 条②、18 条③均对此类广告内容、形式提出了较为详细的限制。《广告法》第 44 条也规定："利用互联网从事广告活动，适用本法的各项规定。"④ 但自媒体上的医疗建议类内容却很难纳入"广告"的法律概念。《广告法》第 2 条规定："在中华人民共和国境内，商品经营者或者服务提供者通过一定媒介和形式直接或者间接地介绍自己所推销的商品或者服务的商业广告活动，适用本法。"⑤ "商品经营者""服务提供者"显然不包括受托进行推广的个人博主，且委托方（实际的"商品经营者""服务提供者"）和受托方（即内容发布者）之间的商业合作关系非常隐秘，内容又多以个人经验、体会的形式出现，双方配合可轻易否认第三人对其发布内容为"商业广告"的定性。实际上就是俗称的"软性广告"，因《广告法》并未对"广告"给出明确的定义和司法判断标准，给"软性广告"留下了制度漏洞，才有其生存空间和后续愈演愈烈的社会问题。对"软性广告"认识不清、防范不足体现在《广告法》的多个条文中，如第 14 条规定"广

① 《广告法》第 16 条规定，医疗、药品、医疗器械广告不得含有下列内容：（一）表示功效、安全性的断言或者保证；（二）说明治愈率或者有效率；（三）与其他药品、医疗器械的功效和安全性或者其他医疗机构比较；（四）利用广告代言人作推荐、证明；（五）法律、行政法规规定禁止的其他内容。药品广告的内容不得与国务院药品监督管理部门批准的说明书不一致，并应当显著标明禁忌、不良反应。处方药广告应当显著标明"本广告仅供医学药学专业人士阅读"，非处方药广告应当显著标明"请按药品说明书或者在药师指导下购买和使用"。
推荐给个人自用的医疗器械的广告，应当显著标明"请仔细阅读产品说明书或者在医务人员的指导下购买和使用"。医疗器械产品注册证明文件中有禁忌内容、注意事项的，广告中应当显著标明"禁忌内容或者注意事项详见说明书"。
② 《广告法》第 17 条规定，除医疗、药品、医疗器械广告外，禁止其他任何广告涉及疾病治疗功能，并不得使用医疗用语或者易使推销的商品与药品、医疗器械相混淆的用语。
③ 《广告法》第 18 条规定，保健食品广告不得含有下列内容：（一）表示功效、安全性的断言或者保证；（二）涉及疾病预防、治疗功能；（三）声称或者暗示广告商品为保障健康所必需；（四）与药品、其他保健食品进行比较；（五）利用广告代言人作推荐、证明；（六）法律、行政法规规定禁止的其他内容。保健食品广告应当显著标明"本品不能代替药物"。
④ 中国人大网：http://www.npc.gov.cn/npc/c12435/201811/c10c8b8f625c4a6ea2739e3f20191 e32.shtml，最后访问日期：2022 年 9 月 11 日。
⑤ 中国人大网：http://www.npc.gov.cn/npc/c12435/201811/c10c8b8f625c4a6ea2739e3f20191 e32.shtml，最后访问日期：2022 年 9 月 11 日。

告应当具有可识别性，能够使消费者辨明其为广告"①，但禁止性规定又采取了列举方式，仅要求"大众传播媒介"不得以"新闻报道形式"变相发布广告，以个人经验形式发布并不在禁止之列，同样以否认广告性质为挡箭牌，还可规避应显著标明"广告"的法律要求。第19条②规定的"网络信息提供者"概念含糊不清，与同属该部法律中的"广告发布者"概念存在冲突，无论是自媒体平台还是在自媒体平台上发布内容的博主都可借此冲突逃避第19条禁止发布医疗、药品、医疗器械、保健食品广告的规定。

退而言之，即使可以将医疗建议类内容中确属广告的"软性广告"纳入《广告法》规制范畴，《广告法》现有规定的矛盾也很难明晰这类广告的责任归属。首要问题是，发布内容的博主是"广告代言人"还是"广告发布者"无法界定。根据《广告法》第2条的规定，广告代言人"是指广告主以外的，在广告中以自己的名义或者形象对商品、服务作推荐、证明的自然人、法人或者其他组织"③；"广告发布者，是指为广告主或者广告主委托的广告经营者发布广告的自然人、法人或者其他组织"④。发布内容的博主既符合广告代言人以自己名义进行推荐证明的条件，同时也是为广告主或其广告经营者发布广告的主体，符合广告发布者定义。除了以第5条⑤为代表对广告各方当事人笼统的义务性规定之外，《广告法》并未对广告发布者就广告内容科以明确的义务，而是在第38条⑥规定了广告代言人的亲历性义

---

① 中国人大网：http://www.npc.gov.cn/npc/c12435/201811/c10c8b8f625c4a6ea2739e3f20191e32.shtml，最后访问日期：2022年9月11日。

② 《广告法》第19条规定："广播电台、电视台、报刊音像出版单位、互联网信息服务提供者不得以介绍健康、养生知识等形式变相发布医疗、药品、医疗器械、保健食品广告。"

③ 《广告法》第19条规定："广播电台、电视台、报刊音像出版单位、互联网信息服务提供者不得以介绍健康、养生知识等形式变相发布医疗、药品、医疗器械、保健食品广告。"

④ 《广告法》第19条规定："广播电台、电视台、报刊音像出版单位、互联网信息服务提供者不得以介绍健康、养生知识等形式变相发布医疗、药品、医疗器械、保健食品广告。"

⑤ 《广告法》第5条规定：广告主、广告经营者、广告发布者从事广告活动，应当遵守法律、法规，诚实信用，公平竞争。

⑥ 《广告法》第38条规定：广告代言人在广告中对商品、服务作推荐、证明，应当依据事实，符合本法和有关法律、行政法规规定，并不得为其未使用过的商品或者未接受过的服务作推荐、证明。

务。自媒体内容发布者究竟应当归属上述哪类角色直接决定了其是否承担第38条规定的亲历性义务。处于同样窘境的还有自媒体平台在《广告法》上的角色定位问题。自媒体平台上登载了广告内容，却并非该内容的直接发布者，在自媒体平台接受广告主或其委托的广告经营者的委托，转而寻找博主实施广告行为的情形下，其为广告发布者并负担相应义务无可厚非，但在广告主或其委托的广告经营者直接与个人博主达成协议发布广告的情形下，自媒体平台则并非广告发布者，更非广告代言人，一旦发生损害，自媒体平台将不会承担任何来源于《广告法》的责任。最为令人费解的是《广告法》第4条①和第56条②的规定，既然对广告内容真实性负责的是广告主，关系消费者生命健康的商品或者服务的虚假广告造成消费者损害时，广告经营者、广告发布者、广告代言人的连带责任的规则依据不够充分。

2015年国家工商行政管理总局发布的《互联网广告管理暂行办法（征求意见稿）》第3条明确规定自媒体广告属于该办法规范的范畴，并规定广告代言人在互联网推荐商品或者服务的信息是互联网广告。但2016年国家工商行政管理总局正式公布的《互联网广告管理暂行办法》则删除了"自媒体"字样和广告代言人互联网广告的条款，自媒体以个人经验发布的可能包含商业推广内容的信息与广告的关系再次陷入暧昧状态。《互联网广告管理暂行办法（征求意见稿）》还曾就广告主、广告经营者、广告代言人、广告发布者、互联网信息服务提供者角色是否存在重叠关系进行说明，《互联网广告管理暂行办法》同样删除了这部分内容，却增加了"广告需求方平台"概念，互联网广告角色概念的混乱令责任分配更加困难。

诸多概念性内容需要以《广告法》和《互联网广告管理暂行办法》为

---

① 《广告法》第4条规定："广告不得含有虚假或者引人误解的内容，不得欺骗、误导消费者。广告主应当对广告内容的真实性负责。"

② 《广告法》第56条规定：违反本法规定，发布虚假广告，欺骗、误导消费者，使购买商品或者接受服务的消费者的合法权益受到损害的，由广告主依法承担民事责任。广告经营者、广告发布者不能提供广告主的真实名称、地址和有效联系方式的，消费者可以要求广告经营者、广告发布者先行赔偿。关系消费者生命健康的商品或者服务的虚假广告，造成消费者损害的，其广告经营者、广告发布者、广告代言人应当与广告主承担连带责任。

逻辑前提的《消费者权益保护法》《电子商务法》《反不正当竞争法》《互联网信息服务管理办法》等制度规定处于外围，网络用户、消费者、不正当竞争等越来越多的概念引入只会让制度适用越来越复杂，对自媒体医疗建议类内容毫无约束力。自媒体平台借助大数据推送等行为可能涉及的《个人信息保护法》《网络安全法》等更是外围之外围，对自媒体医疗建议致损情形无法提供任何有效救济。

（三）侵权法适用困难

根据《广告法》第 56 条的规定，自媒体平台上医疗建议类内容如果可以归为广告一类，导致损害时理论上可以直接适用《民法典》侵权责任相关条款。《广告法》中"关系消费者生命健康的商品或者服务"关于各方连带责任的责任分配方式，可以在一定程度上削减该法对各类角色概念定位的模糊和重叠所带来的适用困难。此种情形下侵权法的适用困难在于如何认定"虚假广告"，科学上尚无定论的效果或风险若以科学的态度对广告内容进行判断，同样不能成为证明其虚假的依据，至多按照《广告法》第 58 条的规定，由市场监督管理部门对广告主进行行政处罚，而很难产生广告主、内容发布博主、自媒体平台承担连带侵权责任的法律效果。

对于不能认定为广告的自媒体医疗建议类内容致损适用侵权法更加困难，主要体现在对违法行为、过错、因果关系等侵权行为构成要件认定的困难。首先，对于自媒体医疗建议类内容是否违法无从判断。前文已经阐明现有法律制度对自媒体医疗建议类内容发布行为无从适用的情况，正因如此，即使这类内容失当也难以断定其违法。其次，根据《民法典》第 1165 条的规定："行为人因过错侵害他人民事权益造成损害的，应当承担侵权责任。"[1] 可见过错是一般侵权成立的必要主观条件。绝大部分自媒体平台上

---

[1] 中国人大网：http://www.npc.gov.cn/npc/c30834/202006/75ba6483b8344591abd07917e1d25cc8.shtml，最后访问日期：2022 年 9 月 11 日。

的医疗建议类内容即使失当也与"故意"无关，以个人认知和经验为基础发表于个人账号的个人意见表达内容甚至很难说存在"过失"。依据学界通说，过失因违反注意义务形成。与现实生活中的人际活动显著不同的是，在自媒体平台上个人意见对不特定人群的表达需要在多大范围内承担何种程度的注意义务法律上没有明确规定。个人感受与损害的可预见性难以建立起科学上可称之为"合理"的逻辑，自媒体博主的医疗建议发布行为并没有特定的对象，当事人之间的紧密联系亦难成立。最后，自媒体医疗建议类内容与损害间的因果关系不明。虽然因果关系是侵权构成要件之一，但法律却没有对概念和判断标准作出任何规定，本着谦抑原则，法律上的因果关系不可能被无限解释为过于间接的前因后果。本质上以广告形式宣传的医疗产品或服务导致他人健康受损的，毫无疑问产品制造者和服务提供者需要承担侵权责任，而帮助其广而告之的广告经营者、广告发布者、广告代言人按照《广告法》的规定都将承担连带责任，其中的因果关系可谓明朗。但因自媒体上单纯个人意见的表达而导致他人健康权受损，这种事实上可能确实存在的因果关系在法律上则显得薄弱。自媒体的受众是不特定的人，很多分享个人经验的博主发布信息的目的仅在于输出与表达，并非有意对特定人进行劝诱，这背后的社会行为学原理在此无须深究，而受众中效仿博主经验的，多数情况下是具有判断力和完全民事行为能力的成年人，自发的模仿行为与博主的个人化表达之间连结并不紧密，与平台的责任关系则更为疏远。

在此有必要提出 2013 年引发社会讨论的"喜羊羊暴力"案①作为比较，该案件中未成年人模仿动画片中的暴力手段对其他未成年人造成了伤害，两审法院判决中均认定喜羊羊动画片制作者的过错和动画片情节与侵权行为间的因果关系，因而判决其承担连带责任。但在本文语境之下，虽然网络粉丝对博主发言也存在"模仿"行为，但在《网络安全法》第 24 条的强制要求下国内自媒体平台均要求实名认证，这意味着起码从制度层面自媒体平台上

---

① https：//baike.baidu.com/item/，最后访问日期：2022 年 9 月 11 日。

的用户都为成年人，实际上发表医疗建议类内容的博主及其粉丝都为成年人，这就大大降低了博主对其所发表内容注意义务的程度，从而较大程度上排除其过错的形成，粉丝作为成年人对他人经验的效仿与未成年人模仿行为显著不同，即使造成损害也应自负其责，甚至可以引入"自甘风险行为"的概念排除博主的责任。

三　数字经济繁荣背景下的平台内容控制责任

数字经济高速发展成为增进民生福祉的最强增长极。国家重视数字经济发展，《中共中央　国务院关于加快建设全国统一大市场的意见》提出："优化商贸流通基础设施布局，加快数字化建设，推动线上线下融合发展，形成更多商贸流通新平台新业态新模式。"① 自媒体平台本身就是数字经济的支柱之一，同时可能成为数字经济与实体经济的有效联结点，自媒体平台健康有序发展是数字经济繁荣的必要保障。法治对自媒体平台的扶持与监管，需要在"放得过开"和"管得过死"之间寻求平衡。平台上的医疗建议类内容事关他人健康，因此需要平台给予特别关注，相较于一般性内容，信息平台应承担更加审慎的义务。

在构成医疗建议类广告情形下，按照自媒体平台扮演的不同角色厘定其义务。自媒体平台如以自身名义承接和发布广告，此时平台必须受《广告法》《互联网广告管理暂行办法》约束，如《广告法》第19条的禁止性规定等对药品、医疗服务、医疗器械保健品互联网广告的特殊规定。但此种情况下，《广告法》上平台身份很可能出现广告经营者和广告发布者的混同，加之《互联网广告管理暂行办法》还提出了"广告需求方平台"概念，角色身份的混乱使得自媒体平台在直接参与广告活动时虽有应该明确适用的"制度"，却无具体应该适用的"条款"。发生损害时，即使如上文所述连带

---

① http：//www.gov.cn/zhengce/2022-04/10/content_ 5684385.htm，最后访问日期：2022年9月14日。

责任的规定可以不致使其逃脱责任，但从法理上说法律概念、责任还是尽早明晰为好，不可"连带"了之，最终算了一笔糊涂账。

平台在不直接参与广告活动时和发布内容不构成广告的情形下需要承担的义务基本相同，即合理限度内的管理者义务。《网络安全法》第47条规定："网络运营者应当加强对其用户发布的信息的管理，发现法律、行政法规禁止发布或者传输的信息的，应当立即停止传输该信息，采取消除等处置措施，防止信息扩散，保存有关记录，并向有关主管部门报告。"[①]《全国人民代表大会常务委员会关于加强网络信息保护的决定》和国家互联网信息办公室发布的《互联网直播服务管理规定》《互联网论坛社区服务管理规定》《即时通信工具公众信息服务发展管理暂行规定》等多项法律文件均规定了网络服务提供者的信息审查和监管义务。上述规则在保障一部分权利的同时，也引发了对平台监管"权力"过度扩张的担忧。个人生活经验的表达与分享丰富了平台的内容，这些内容既是个人言论自由在网络时代新的表现形式，也为平台经济的繁荣贡献了力量，甚至可以称之为自媒体平台的立足之本。法律在赋予平台信息审查和监管义务的同时，对操作细则并未提供明确的指引，甚至何为"有害信息"都需要平台自行界定，为规避责任，部分平台对法律的禁止性规定作出扩大解释，采取不当的限制发言、删帖、封禁账号等措施，不仅侵犯了用户的合法权益，还危及自身商业诚信和互联网行业的声誉。

更有甚者，因平台内容审查监管来源于法律赋权，其曲解法律超越赋权的处罚性措施也会在某种条件下将负面影响加诸立法机关和行政监管部门之上，引发网民和国家公权力机关的对立关系，直至影响数字经济发展大局。正因如此，国家应尽快出台相关细则，对自媒体平台的责任义务作出兼具谦抑性和积极性的标准化指引，医疗建议类内容因关涉他人健康，制度建设的需求最为迫切，足可成为最先改革的试点领域。

---

① 中国人大网：http://www.npc.gov.cn/npc/c30834/201611/270b43e8b35e4f7ea98502b6f0e26f8a.shtml，最后访问日期：2022年9月11日。

四　规范自媒体医疗建议类内容的法治路径

法治精神的内核在于调整人与人之间的关系时法律有所为而有所不为，社会缘法而治的理想状态的实现有赖于作为底线的刚性法律在众多治理手段中找到自己恰如其分的位置，并能作为基石协调好其他治理手段的系统关系。自媒体平台医疗建议类内容的规范是社会治理中的一个小问题，但其解决方案的提出同样需要置于法治思维的通盘考虑下，设置不同层次的规范体系，"依法"而不仅仅"以法"实现有效治理。

（一）推动权威有效的健康科普，提升公民健康意识与理性思维能力

健康科普的发展促进了大众对健康的关注，同时缺乏风险判断的医疗建议类内容的任意分享和缺乏甄别判断的盲从，反映了健康科普在权威性、有效性方面的不足。与其围追堵截无法控制的因素做无用功，不如鼓励真正权威的健康科普占领舆论阵地，培育公众医学常识获知能力和科学素养，无论博主还是粉丝都能进行理性判断，自媒体平台上的内容质量自然得以提升。

（二）网络社区自治是互联网社会治理的核心

现实世界的法律确立了人们行为的底线，除法律之外还有多重规范约束人们的行为，网络社会和现实社会一样具备各种情形下的行为准则和行事规则，互联网并非法外之地，但法律在网络社会也一样是底线而非全部，而且绝大部分法律规则源自现实社会的需要并不适应网络社会的特殊人际交往规律。营造良好的网络生态环境必须尊重网络社会的理念与习惯，按照网络世界去中心化和人们关系更平等的客观规律，给予其实现自我治理的较大空间。

各大自媒体平台均设立了社区公约，对平台用户进行前期约束。社区公约对违法行为、不良行为、商业行为的列举和约束都较为详细，不足在于对

用户发布信息可能存在的风险和必须承担的责任提示不足。现实社会中的人是在规则教育中成长的，但互联网世界的准入门槛极低，缺乏在系统规则教育下逐渐成长的时间过程，社区公约作为一种前期行为准则与约束就必须全面，且保证对用户的信息到达率。医疗有关内容关系到他人的健康，因此平台有必要、有义务在用户接入平台时通过签署公约的方式对此类内容的发布风险进行专门提示。以现在社区公约的文本内容缺失来看，各大自媒体平台均未对医疗建议类内容可能引发的风险给予足够重视。

在身份认证方面，平台均设有严格的身份核实流程，对医生、营养师的身份审核要求非常严格。身份认证制度本意是提升平台发布内容的权威性，以此实现博主个人粉丝的增长和平台流量增加的多方共赢结果。但身份真实的医生、营养师本身业务能力参差不齐，平台无从判断，更何况术业有专攻，这类博主发布的内容往往超出自身专业领域，平台这种只认证身份、轻视内容控制的做法，导致出现看似专业内容实则并不专业甚至是错误的情形。经由身份认证的账号应该发布其专业可以覆盖的内容，超出专业的部分应发布于未经认证的普通账号，才能减少认证身份为错误内容背书的可能性。

在内容审核方面，对于医疗建议类内容，应强制用户在显著位置打标签，提示是医疗建议且可能存在健康风险，此种警示义务的实现方式必须与内容的发布方式同步，如文字内容需要文字警示，视频音频内容必须在开头以视频音频方式警示，多种方式发布的警示也必须采取多种方式。在对可能为广告的商业性医疗建议内容进行审核时，尤其应恪守《广告法》对医疗药品、服务、医疗器械、保健品等方面广告的禁止性规定。

最后，应该畅通内容举报渠道，及时处置被举报信息。自媒体平台上热衷公益的权威医生数量众多，平台完全有条件建立专家库，以科学严谨的态度和公平方式处置争议信息。前文提到的医生错误解读"十日观察法"事例，已经有数位其他博主公开指出其错误，部分博主称已经向平台举报，但多日后该条视频仍未被删除。平台对此应当承担疏于监督管理的责任。

（三）法律能动参与网络治理

1. 身份法制、行业规则向网络空间延伸

医务工作者所应遵守的职业道德本无线上线下之分，《医师法》既然鼓励甚至奖励医师的健康科普行为，那也应该为其设定必要的制度边界，将职业道德约束贯彻至医师与职业有关的言行始终，而非仅约束狭义上的"诊疗活动"。医务工作者参与商业活动，进行广告代言，应该受到相较常人更为严格的法律限制，并且应当承担源自其职业道德要求的相应责任。医师协会等行业组织也应主动肩负起社会发展对该行业自律性、廉洁性提出的新社会责任。

2. 自媒体医疗广告类内容应完善以《广告法》为核心的规范性基础

法律有保守的一面，作为底线行为准则这种保守与谦抑自有其正当性，在对待自媒体的态度上，做好网络世界守护者与能动参与网络治理并无冲突。即使是保守的法律制度也大可不必"谈商色变"，现有法律有足够的空间接纳新业态并为平台经济的繁荣发展保驾护航，也能够通过自身的更新适应数字经济发展的历史潮流。网络广告的规模急速扩张，据统计，2019 年"我国网络广告市场规模达 4367 亿元，占该年广告市场规模的 50.50%"[1]。作为网络广告重要形式的自媒体广告在推动广告业乃至带动实体经济发展方面作用不容小觑。但可以看到即使经过数次修正，现行《广告法》仍然难以跟上平台经济发展的步伐，对自媒体平台医疗广告难以形成有效约束，以《广告法》为核心的商业活动法制体系需要进一步针对自媒体商业活动的特殊性质作出修改。

一方面，明确认定自媒体平台广告、自媒体平台医疗建议类广告的性质。《广告法》应当将"软性广告"明确认定为受其规制的广告范畴，为将《广告法》中原本就医疗、药品、医疗器械、保健食品的特殊规定适用于自媒体平台上的医疗广告奠定基础。

---

[1] 王凤翔：《2019 年中国网络广告发展报告》，《中国新媒体发展报告 No.11（2020）》，社会科学文献出版社，2020。

另一方面，应该明确自媒体平台医疗类广告中各方主体的法律角色和权利义务。重新审视《广告法》上的广告主、广告经营者、广告发布者、广告代言人概念，梳理《互联网广告管理暂行办法》中"广告需求方平台"之类的概念和与医疗相关的特殊条款，将现有法律概念与自媒体平台、博主、粉丝等角色通过法律解释的形式充分适配，进而明确各方权利义务。

3. 以侵权法为底线防范网络侵权

《广告法》等相关法律规则针对自媒体商业广告行为的进一步完善，是适用《民法典》中侵权责任编部分的逻辑前提。《民法典》第1194条到第1197条对网络侵权作出了特殊规定，自媒体平台医疗建议类内容致损是否构成"网络侵权"，需要进一步的法律解释出台，区分不同情况判断是否符合违法行为、过错、因果关系等侵权构成要件。本文认为，内容完备、提示充分的社区公约和发言规则，对于平台和内容发布者均可成为注意义务来源。自媒体平台上单纯的医疗建议个人经验分享，如果恪守社区公约和发言规则，明示为医疗建议类内容且对可能产生的风险进行充分提示，他人自主效防，则不构成侵权；如果社区公约和发言规则缺失，或是内容发布者违反相关条款，造成他人损害的，内容发布者应承担侵权责任，制度设计存在缺陷的平台承担连带责任。

自媒体平台的监督管理责任应该进一步明确与细化。无论作为网络服务提供者还是作为互联网广告主要的获利方，平台对自身承载内容的监督管理都是必然要求。在充分保障用户权利，履行同用户合同义务的同时，承担起相应的社会责任，如前所述应当制定内容合法完备的社区公约和发言规则供用户学习遵守，并应以此为据对用户的发言进行适当监督。平台直接参与广告活动的受《广告法》约束，不直接参与广告活动的也应监督用户遵守《广告法》等相关法律法规的规定，对医疗内容相关广告予以特别关注。这些平台责任的落实需要在更高层面上由法律明确界定平台的法律地位，目前平台的法律地位仍是讨论中无定论的议题，在解决具体问题过程中很难为平台责任设置合理合法的硬性要求。政府履职的"穿透式监管"模式落地阻力较大。通过法律的修改，为政府监管提供依据，非常迫切。

B.5
地方控烟执法的困境与出路

王 轩*

摘 要： 多年来，国内控烟执法效果不尽如人意，与加入《烟草控制框架公约》时的承诺还有很大差距。地方控烟执法难深层次的问题在立法和政策，浅层次的问题在执法本身。如果短时间内难以改变控烟的政策和立法，改善执法方式、提高执法人员执法水平、完善事实查明和证据认定程序也能增强执法效果。但是，从根本上讲，明确产业政策调整、公共卫生政策协调、财政税收手段配合、烟草广告禁止与烟草制品外包装不得美化等，以及综合运用宣传教育等手段，从立法、执法、司法等法律层面共同完善，多策并举才能真正达到控烟预期效果。

关键词： 风险预防 国家义务 控烟执法 公益诉讼

引 言

根据国家卫生健康委发布的《中国吸烟危害健康报告2020》，中国吸烟人数超过3亿，15岁及以上人群吸烟率为26.6%。烟草每年使中国100多万人失去生命，如不采取有效行动，到2030年预计将增至每年200万人。

2003年11月，中国在纽约联合国总部正式签署《烟草控制框架公约》（以下简称《框架公约》），自加入公约以来，政策、立法、执法、科普等

---

* 王轩，广州大学粤港澳大湾区法制研究中心研究员，澄观治库执行主任，高级研究员。

领域均不同程度开始发力。2012 年 5 月 31 日是世界卫生组织发起的第 25 个世界无烟日，主题是"烟草业干扰控烟"，口号是"生命与烟草的对抗"。同年，原卫生部首次发布《中国吸烟危害健康报告》，指出烟草给生命和健康带来的伤害和风险。此后十年，中国的控烟立法以"地方包围中央"方式展开，中央层面的立法反复难产，控烟相关规定散见于《未成年人保护法》《烟草专卖法》《广告法》等法律中，控烟执法效果不尽如人意。

2021 年 7 月，世卫组织发布《2021 年全球烟草流行报告》，对全球 61 个高收入国家、105 个中等收入国家和 29 个低收入国家的履约进展进行了评价。每项策略的执行水平分为四个等级，从Ⅰ级（执行最好）至Ⅳ级（执行最差）。中国在 M 和 W 项中的宣传教育方面被评为Ⅰ级，在 O、E 和 R 项中被评为Ⅱ级，在 W 项中的烟盒警语方面被评为Ⅲ级，在 P 项中被评为Ⅳ级①，对践行《框架公约》承诺任重而道远。中国多地控烟执法报告显示与吸烟率降至 20% 以下的目标还有较大差距，遑论香港提出的"烟草终局""无烟社会"（吸烟率低于 5%）目标。本报告将集中关注近年来地方控烟执法过程中的困境与难点，并分析影响地方控烟执法成效的因素，从法律层面思考解决之策。

一 地方控烟执法的困境与难点

（一）执法动力和执法积极性不足

在公共资源有限的情况下，政府的政策制定和执法资源配置都会围绕地方政府的执政重点有所倾斜。从《中共中央关于全面深化改革若干重大问题的决定》到《中共中央关于全面推进依法治国若干重大问题的决定》，再到《法治政府建设实施纲要（2021~2025 年）》，对行政执法体制改革重点领域的表述，随着政治、经济和社会发展阶段不同而各有差

---

① MPOWER 是《烟草控制框架公约》最主要的控制需求政策。M：监测；P：立法防止二手烟危害；O：提供戒烟服务；W：警示烟草危害；E：禁止所有形式的烟草广告促销和赞助；R：提高烟草制品税率。

异，但基本能够体现执法资源的配置重点。虽然都包含了公共卫生，但公共卫生领域执法的重点并不是疾病预防，而是传染病防治，以及公共场所卫生、饮用水卫生、学校卫生和医疗领域卫生等。

控烟工作对执法能力和执法资源配置都有较高要求，如果执法不当容易引发社会冲突，但是执法效果不能立即显现。长久以来，控烟无法进入执法"主流领域"，对地方政府而言是"出力不讨好"，难以产生执法动力和积极性。

（二）执法水平参差不齐、效率较低

目前的地方控烟执法模式主要有两种：一种是以北京市为代表的单一执法模式；另一种是占主流的联合执法模式，以卫生部门为主，各部门在职权范围内履行控烟执法责任。联合执法模式协调成本大，执法主体之间权责不清和互相推诿在所难免。由于各部门本身对控烟工作存在较大抵触，认为不属于自己的职权范围，在地方立法过程中对于控烟执法权限的分配存在巨大分歧和争议。地方立法出台后，面对控烟执法量大、执法对象分散、取证较难等问题，执法效率低下、执法效果差等问题出现是必然结果。

（三）控烟执法事实认定和取证难度较大

证据是行政处罚有效实施的基础，在控烟执法过程中，事实认定和证据收集是影响执法效果的重要因素。吸烟的时效性强，证据留存时间短，违规吸烟的证据极易流失而致不可获取。受控烟执法体制的约束，如场所管理人员只能劝阻吸烟者，个人不听劝阻的，等控烟执法部门过来执法时，当事人已经离开现场，或者吸烟已经结束，或者拒绝缴纳罚款或提供个人信息等，都将导致执法难以落地。

二 地方控烟执法难的根源

地方控烟执法难深层次的问题在立法和政策，浅层次的问题在执法本

身。如果短时间内难以改变控烟政策和立法，改善执法方式、提高执法人员执法水平、完善事实查明和证据认定程序也能提高执法效率，但从根本上讲，提高控烟执法效果，有赖于国家从全面公共健康和疾病预防等更高层面来认识控烟的重要性和必要性，也涉及如何在控烟领域适用风险预防原则。

（一）立法层面

1. 国家立法缺失

控烟主要靠地方立法，是控烟领域老生常谈的问题。国家层面的立法缺失，意味着对于烟草管理、税制、控烟的方式、范围和力度等根本问题，无法可依。这些事项基本上都超出了地方立法权，或者与控烟执法相关的执法主体、执法方式、证据规定等缺少针对控烟工作特殊性的考量，导致控烟执法难以有效开展[1]。以控烟场所的规定为例，《框架公约》明确要求室内公共场所[2]、工作场所和一切公共交通工具禁止吸烟，尽管加入公约多年，地方立法对该问题规定不一，多地立法中仍保留了室内吸烟区的设置。虽然《公共场所控制吸烟条例（送审稿）》规定了所有室内公共场所禁烟，但一直未能出台，无法对地方立法形成有效约束。

2. 地方立法内容相对滞后，可操作性差

（1）公共场所设置吸烟区或吸烟室加大执法取证难度

公共场所设置吸烟区或吸烟室是控烟立法先天存在的漏洞，本身就与《框架公约》的理念相左。因为吸烟区域的存在，控烟执法过程中执法人员需要甄别相应的吸烟区和非吸烟区，增加了工作量，加大了控烟执法成本，不利于执法顺利进行[3]。吸烟人数众多，有限的控烟执法人员要应对复杂艰

---

① 邹好婕、张艳：《国家控烟实施的困境与对策研究》，《法制与社会》2020 年第 21 期，第136~138 页。
② 《框架公约》规定："禁止在一切室内公共场所、工作场所和公共交通工具吸烟，保护公众不受烟草烟雾危害。"
③ 任国栋：《我国公共场所控烟法律问题研究》，山东大学硕士学位论文，2019。

巨的监管工作，许多违法吸烟行为往往发生在极短时间内，难以被执法人员实时监控，控烟执法效果不佳。《天津市公共场所禁止吸烟条例》对不同区域进行甄别，在一定程度上加大了执法人员工作量，降低了执法效率。

（2）立法内容欠缺可操作性，影响执法取证

公共场所吸烟的违法行为时效性强，可能在短短几分钟内结束；同时，由于社会观念尚未彻底转变，吸烟行为的多发性特征显著。

比如，《哈尔滨市防止二手烟草烟雾危害条例》第 11 条要求，"有关行政管理部门接到举报、投诉后，应当派执法人员及时到达禁止吸烟场所进行处理，而且，执法人员在执法过程中还不得妨碍禁止吸烟场所的正常工作和生产、经营活动"。鉴于吸烟行为的即时性特征，执法人员难以及时到达现场，同时，鉴于吸烟行为的多发性特征，也不可能有足够的执法人员应对这种状况，包括要求执法人员不得妨碍正常的生产经营活动，这在现实中都不容易做到。《哈尔滨市防止二手烟草烟雾危害条例》第 9 条规定，公共场所的经营者应当对在其经营范围内的吸烟者加以劝阻，对不听劝阻的，有权要求其离开。但是，经营场所以营利为目的，这种要求显然也不够现实[1]。又如，《深圳经济特区控制吸烟条例》规定，对不配合的违法吸烟者可加重处罚，给予 200 元和 500 元的罚款，但是根据修改后的《行政处罚法》规定，超过 200 元的罚款必须经过一般处罚程序，核实处罚对象身份往往需要当事人出示身份证件。然而，卫生执法人员没有查看居民身份信息和限制人身自由的权力，如果当事人现场不愿出示身份证件并离开现场，则很难对吸烟违法行为立案[2]。

（3）违法吸烟成本低，法律缺乏威慑力

各地现有的城市控烟法规对个人违法吸烟的处罚主要是责令停止吸烟、警告和罚款。其中，罚款的数额范围一般为 50 元至 200 元，处罚数额最高

---

[1] 韩冰、赵桂雪：《哈尔滨市控烟执法存在的问题及对策研究》，《黑龙江省政法管理干部学院学报》2013 年第 5 期，第 23~25 页。

[2] 徐敏：《深圳某区卫生监督部门控烟执法情况探析》，《管理观察》2017 年第 17 期，第 186~187 页。

的如深圳、武汉等地也仅为500元，远远少于美国洛杉矶（最高500美元或一个月监禁）、新加坡（最高1000新币）、澳大利亚（最高10500澳元）等国家规定的数额。过于软弱的执法，是对违法者的纵容，也无法起到警示作用。对于单位违法，即对禁止吸烟场所经营者或管理者违反职责行为的罚款金额也存在同样问题。

（二）执法层面

1. 常规取证方式难以满足控烟执法的需要

根据执法的一般流程，执法人员对违法吸烟者开罚单的过程包括：先劝阻非法吸烟者，然后收集违法吸烟行为的证据，做笔录，开出罚单。这个过程很难在短时间内完成，吸烟的时效性强，证据留存时间短，违规吸烟的证据极易流失而致不可获取。而且立法没有明确对吸烟的劝阻程度，有些吸烟者听到劝阻时不立即熄烟，只有抽完一整支烟后才停下来[1]。场所管理人员发现吸烟行为，在劝阻无效的情况下通知执法监督部门，执法人员到达时当事人已经离开现场，或者吸烟已经结束，难以取证违法行为。同时，如果违法者拒绝缴纳罚款或提供个人信息，即使在现场发现吸烟者并被卫生监督执法人员拍照或取证，如果当时在场的人拒绝配合并离开现场，将无法实施控烟处罚。

部分特殊场所，如卫生间、隐蔽的楼梯间、电梯过道，人员进出频繁，隐蔽性较强，实时监管取证较为困难。再比如，对于客渡轮、旅游船上的客人吸烟，只能由船上工作人员劝阻，执法人员无法随船进行监督检查，即使有人举报，执法人员也很难取证、处罚。

2. 执法人员工作积极性和专业性存在较大不足

执法队伍人员少、执法压力大是普遍问题，对于控烟执法尤其如此。吸烟人数众多，控烟执法场所类型众多，涉及的人群复杂、情况多变，没有专门的控烟执法队伍，单纯依靠没有执法权限的场所管理人员，很难达

---

[1] 邹绮:《南京市政府控烟现状和对策研究》，南京师范大学硕士学位论文，2020。

到良好的控烟效果①。在多部门联合执法模式下，各部门对于控烟执法都没有积极性和主动性。同时案件查办人员的业务素质和取证能力是影响控烟取证效果的一大因素。在执法实践中，执法人员对执法过程中出现的难题或是新事物、新情况，需要在调查、取证等环节充分运用其经验与专业能力。

卫生监督执法人员对于个人违例吸烟行为的判定缺乏统一认识，对违法吸烟行为的取证及后续处理只能依赖执法人员的个人素质、执法能力和执法经验，执法效果因人而异，易使违例个人对执法或处罚的合理性、合法性产生质疑，也容易在处罚过程中发生不必要的纠纷②。

3. 执法体制改革和执法权下放带来的新影响

近年来，随着以执法权下沉为主要标志的行政体制改革推动，多数地方的控烟执法权也一并转移至街道，市级没有几个部门还保留行政执法权。执法权下沉对于控烟执法既是机遇又是挑战，在市级和街道共同重视和努力的情况下，可以产生深圳的"无烟马峦"③模式。但是在普遍意义上，控烟如果未列入街道执法的主要"议题"，下放的执法权和执法人员会被安排到街道更看重的执法任务上，导致控烟执法人手不足的问题更加突出。同时，如果涉及辖区内的利税大户，执法是否方便？如果辖区内有军区、高级别的机关企事业单位等，能不能进得了门都成为执法新的挑战。

在控烟政策的执行过程中，目前受到关注较多的是通过行政执法，运用制止或是罚款的方式，对吸烟群体进行规制，但实际上这只是最末端的

---

① 任国栋：《我国公共场所控烟法律问题研究》，山东大学硕士学位论文，2019。
② 陈锐、窦志勇、江森林等：《控烟立法城市卫生监督队伍控烟执法能力培训需求调查报告》，《中国卫生监督杂志》2015年第6期，第532~545页。
③ "无烟马峦"是深圳市重点打造的控烟基层治理模式。马峦街道按照党建共建"规范、融合、共生"三步走的做法，创新"参与+""党员+""戒烟+""执法+""无烟+""评估+"六个"+"模式，整街创建"无烟街道"，政府机关单位全部建成无烟党政机关，禁烟场所和烟草制品（含电子烟）销售场所守法比例提升，辖区内无任何形式的烟草广告、促销和赞助等，各项控烟指标明显高于全市水平。《深圳控烟条例两次修订，执法长效机制逐步形成》，腾讯网，https://new.qq.com/rain/a/20220602A00EU800，最后访问日期：2022年10月5日。

执法。明确产业政策调整、公共卫生政策协调、财政税收手段配合、烟草广告禁止与烟草制品外包装不得美化等，综合运用宣传教育等手段，从立法、执法、司法等法律层面共同完善，多策并举才能真正达到控烟的预期效果。

三 提高控烟执法效果的几点思考

风险预防原则发端于环境保护领域，最近三年来随着新冠疫情席卷全球，风险预防原则被宪法、行政法、环境法等多个学科讨论，对风险预防原则的结构、内涵、子原则以及风险预防原则的适用等进行了更精细的研究。当前的关注点和阐释集中在政府运用风险预防措施采取行动时应当如何避免对公民权利的过度侵害，因此倾向于通过风险的种类、预防的强度等衡量评估预防方案，从而在风险预防原则下倾向于"放松管制"。但是风险预防原则显然不仅仅适用于环保领域，也不仅仅指向行政权力的运用，更不意味着单向度考虑放松规制。"当然，许多地方存在过度管制，它是一个问题，但管制不足同样严重。在许多领域，特别在健康、安全、环境领域，政府监管不可或缺。"① 可见，控烟是国家最应当采取措施进行风险预防的事项，是将控烟作为一项国家义务来看待的。

从这个层面来看，风险预防原则显然不仅是对行政过程的要求和控制，而是对政策选择和利益评估—立法—执法—司法等整个制度的构建和运行提出了要求和指引。《"健康中国2030"规划纲要》以"共建共享、全民健康"为战略主题，针对控烟作出了明确的表述和要求：

> 全面推进控烟履约，加大控烟力度，运用价格、税收、法律等手段提高控烟成效。深入开展控烟宣传教育。积极推进无烟环境建设，强化

---

① 〔美〕凯斯·R. 桑斯坦著《恐惧的规则——超越预防原则》，王爱民译，北京大学出版社，2010，第7页。

公共场所控烟监督执法。推进公共场所禁烟工作，逐步实现室内公共场所全面禁烟。领导干部要带头在公共场所禁烟，把党政机关建成无烟机关。强化戒烟服务。到 2030 年，15 岁以上人群吸烟率降低到 20%。

从规划纲要的表述可以看出，一方面是表明了控烟的态度和目标，另一方面实际上指出控烟效果绝不是仅靠执法能保障的。

（一）国家应当承担起必要的立法义务

预防义务来源于国家保护义务，所以公民可以要求立法者具体化这项义务并产生法律上的请求权[①]。风险预防原则对控烟领域的第一项要求即为国家承担起必要的立法义务。这不仅是对《框架公约》的履约要求，也是进行有效的控烟管制的前提和基础。

1. 有效的监管以立法为依据

目前主要的两种监管模式，无论是"命令—控制"模式还是"激励—诱导"模式都是以立法（规范）为前提的，需要立法明确监管者的风险预防义务，对监管情境进行精细化区分，从而指引执法者依法选择不同的监管模式，并在过度监管或者监管不足时承担相应的责任。例如，《广告法》第22 条规定："禁止在大众传播媒介或者公共场所、公共交通工具、户外发布烟草广告。禁止向未成年人发送任何形式的烟草广告。禁止利用其他商品或者服务的广告、公益广告，宣传烟草制品名称、商标、包装、装潢以及类似内容。烟草制品生产者或者销售者发布的迁址、更名、招聘等启事中，不得含有烟草制品名称、商标、包装、装潢以及类似内容。"随后在第 57 条第 4 款规定了违反第 22 条的发布烟草广告罚则："由市场监督管理部门责令停止发布广告，对广告主处二十万元以上一百万元以下的罚款，情节严重的，并可以吊销营业执照，由广告审查机关撤销广告审查批准文件、一年内不受理其广告审查申请；对广告经营者、广告发布者，由市场监督管理部门没收

---

① 王旭：《论国家在宪法上的风险预防义务》，《法商研究》2019 年第 5 期。

广告费用，处二十万元以上一百万元以下的罚款，情节严重的，并可以吊销营业执照、吊销广告发布登记证件。"属于典型的命令—控制模式的规制方式。

《食品安全法》第113~116条规定的信用制度、约谈制度、公益举报制度等，都可以看作"激励—诱导"模式，通过风险警示、信用约束、信息披露、保险制度、约谈训诫等方面引导消费者的选择，或者对某些选择制造更多障碍，从而达到风险预防的目的。这些方式的选择，也需要国家立法提供依据。

2. 健康规划明确了国家立法的义务和要求

《"健康中国2030"规划纲要》要求坚持政府主导，发挥市场机制作用，加快关键环节改革步伐，冲破思想观念束缚，破除利益固化藩篱，清除体制机制障碍，发挥科技创新和信息化的引领支撑作用，形成具有中国特色、促进全民健康的制度体系。对于公共健康也要求，坚持预防为主、防治结合。这不仅明确了公共健康领域风险预防原则的适用，实际上指出了公共健康领域的体制机制障碍、利益固化掣肘和落后观念影响，才是制约公共健康水平的根本问题，这些问题超越了地方立法权限，只能通过国家立法予以明确和解决。

3. 风险预防原则也需要在立法中予以明确

风险预防原则并不是要求立法者将不确定概念予以明晰，而是要求通过专门立法为该领域的风险预防和监管提供裁量基准和适用框架。针对吸烟对环境和公共健康产生的危害，尤其是从长远来看，对自身和他人造成的健康和生命危害，对公共医疗资源的浪费、给国家经济发展带来的损失等问题，要求监管者必须承担起相应的预防义务和监管责任，避免监管空白，同时也为行政机关和司法机关在适用法律、解释法律和执行法律过程中提供裁量依据。

（二）理顺执法体制，提高执法效果

1. 各地应探索建立符合自身特点的控烟执法模式，避免"一刀切"

执法体制改革过程中，哪些领域适合执法权下放、哪些事项适合下放到哪个层级、哪些地区的基层具备什么程度的承接能力等,更多的是一个实践问题而非理论问题。在中央明确大方向的前提下,需要各个地方作出更加精细化的设计。《行政处罚法》第 24 条规定,"省、自治区、直辖市根据当地实际情况,可以决定将基层管理迫切需要的县级人民政府部门的行政处罚权交由能够有效承接的乡镇人民政府、街道办事处行使,并定期组织评估"。这就意味着,一方面是要根据实际情况,另一方面是基层管理的迫切需求,同时定期评估意味着能下放能回收。

对于控烟来讲,深圳马峦街道的经验是成功的。其实际上具备以下条件:一是具备有承接能力;二是具有强烈的控烟意愿和精神文明社区打造追求,从而控烟执法权下放符合基层管理的迫切需求;三是深圳控烟立法的完备以及市级政府的支持。对于绝大部分基层地方来讲,上述条件并不具备或不完全具备,且对于省会城市或一线城市的部分街道,辖区内高级别单位太多,执法困难远超执法能力。在执法意愿与执法能力皆不具备的情况下,控烟的执法权限不宜下放。

2. 重视控烟执法队伍培训

深圳和北京的控烟执法队伍培训对于提升控烟执法效果具有明显的提升作用。尤其值得借鉴的是,深圳市从 2014 年开始制定统一的《深圳控烟执法工作指南》,并定期开展控烟执法培训,在培训过程中,重点完成以下内容:一是通过培训,使执法人员正确理解控烟立法和控烟执法指南;二是与国内外先进控烟城市展开交流,使执法人员了解最新的控烟理念和执法经验,更加明确烟草危害和控烟的意义,端正执法态度,提升执法积极性;三是对执法过程中的典型案例和执法疑难问题进行交流,这个过程中通常会邀请公安、市监等联合控烟执法部门一起参加,在共同的探讨和分享过程中提升协调配合意识,减少配合阻力,也更容易形成共同执法的理念,避免部门间的相互推诿。更重要的是,培训和交流能够有效地直接提升控烟执法人员的调查取证能力和标准化执法水平。

3. 完善程序制度,提升取证能力

2019 年 8 月,北京市控烟协会等组织发布《24 个"无烟城市"控烟政府

信息公开申请公益行动报告》。报告提到控烟执法过程中遇到的主要困难：缺少专项控烟执法经费或执法人员不足；部分单位或场所不配合，落实控烟举措劝阻不到位；多部门执法职责不清，缺少牵头协调部门；执法力度不够，监督检查覆盖面和批次不足，行政处罚少；还有取证难、执法难等问题[①]。

即使在重点打造的深圳马峦街道，依然存在上述难题。随着最严深圳控烟条例的执行，控烟范围扩大，要求提高。在马峦街道，仅餐饮企业就有600多家，但市场监管部门执法人员只有8名，如果单纯靠执法人员去督查餐厅的控烟情况，很难做到。除了控烟，执法人员还要承担工商、质监、食品安全等工作[②]。同样，北京全市有400多万的吸烟者，而拥有卫生执法证的监督人员才不过1000余人，控烟之外监督员还要负责其他日常监督工作。控烟执法工作的压力，除了取证主要还是集中在人力问题。

因此，提高控烟执法效率和控烟执法效果，一方面要通过国家立法对控烟执法作出针对性的程序规定；另一方面应当借助新技术减轻执法取证压力，提高取证效率。2019年开始，深圳正式试点控烟环境监测器，通过在餐厅、商场、客运站、网吧、学校等禁烟区域安装控烟"电子眼"，实现24小时监控[③]。控烟环境监测器通过短时间内对 PM2.5、PM0.3、PM5 和 TVOC 的检测，每3秒更新一次环境数据，一旦出现"爆表"，数据会即时传送至监控后台。监测器对传统烟草和电子烟同样敏感，后台收到数据后，会通过短信提示场所管理人员有人吸烟，督促场所管理者劝阻，执法人员也可根据数据赴现场执法。监测器对于包间、封闭管理的单位等的执法效果尤其好。监测器本身也对吸烟者具有劝退功能，很多吸烟者在知晓监测器存在

---

① 《24个无烟城市近半年未开罚单，7城市认为缺少全国控烟立法致执法难》，《南方都市报》2019年8月16日，腾讯网，https://page.om.qq.com/page/ODEepUN-R5ZaoYAn lHUCCh0Q0，最后访问日期：2022年10月7日。

② 《全国首创！深圳试点控烟"电子眼"　禁烟场所吸烟瞬间报警》，深圳新闻网，2019年12月10日，https://wxd.sznews.com/BaiDuBaiJia/20191210/content_355255.html，最后访问日期：2022年10月7日。

③ 《全国首创！深圳试点控烟"电子眼"　禁烟场所吸烟瞬间报警》，深圳新闻网，2019年12月10日，https://wxd.sznews.com/BaiDuBaiJia/20191210/content_355255.html，最后访问日期：2022年10月7日。

的情况下更倾向于不吸烟或主动停止吸烟。当前电子取证设备丰富多样，警用无人机、执法记录仪、电子检测设备等取证快，可操作性强，在解决数据和信息安全问题的前提下，可以更多地应用于控烟执法领域。

（三）鼓励推动控烟公益诉讼，发挥司法功能

控烟领域的案件可以分成三类：普通民事诉讼、民事环境公益诉讼、检察建议和行政公益诉讼。

1. 普通民事诉讼

此类案件以"普速列车无烟诉讼第一案"为代表。原告从北京站乘坐列车到天津，因途中多名乘客于车厢中吸烟，且无人劝阻，原告认为二手烟和三手烟对其身体和精神健康带来伤害，起诉列车运营方哈尔滨市铁路局，请求取消该班次列车内的吸烟区，拆除烟具并禁止在该班次列车内吸烟。原告同时提出了赔偿请求。

2018 年 6 月 25 日，北京铁路运输法院对该案作出判决，明确列车应当全车禁烟，设置吸烟区违法。哈尔滨铁路局应当在火车上取消吸烟区并拆除烟具，考虑到拆除成本和可能对列车的影响，30 日内可以先对烟具和吸烟区进行遮挡、封堵、张贴封条等。

该案的判决具有重要意义，从司法层面确认了"民众身体健康不受侵害的权利高于吸烟者的吸烟权益"，同时明确了公共交通工具不应当设置吸烟区，在公共交通工具受到二手烟和三手烟侵害的公民可以对公共交通工具运营方提起民事诉讼。

2. 民事环境公益诉讼

此类案件以中国生物多样性保护与绿色发展基金会（以下简称"绿发会"）提起的"无烟列车案"和"无烟商场案"为代表[①]。

无烟列车案是绿发会对中国国家铁路集团有限公司、中国铁路兰州局集

---

① 《中国绿发会对推荐控烟工作的自我总结》，澎湃新闻，2022 年 9 月 20 日，https://www.tobaccochina.com/html/news/lxky/631641.shtml，最后访问日期：2022 年 10 月 7 日。

团有限公司、中国铁路北京局集团有限公司提起的环境公益诉讼（环境污染责任纠纷案）。该案源自多位乘客反映在乘坐普通列车过程中，吸烟区的烟雾导致车厢空气污染。绿发会在现场调查和检测后向上述三被告提起环境公益诉讼。2021年1月4日北京市第四中级人民法院正式立案受理，并以调解方式结案。2021年7月15日、16日，绿发会控烟团队分别乘坐K41、Y536次北京与张家口之间的普速列车，核验之前绿发会诉国家铁路总公司等"无烟列车"公益诉讼调解协议执行情况。调查发现，三家公司都相应积极推动问题解决。

无烟商场案是绿发会与河南省新乡市环保志愿者协会共同起诉永旺梦乐城（三河）商业管理有限公司等室内控烟环境公益诉讼案。该案源自家长带孩子于永旺梦乐城河北燕郊儿童主题商场购物和玩耍时发现，商场内几十处母婴室的指示标识与吸烟室指示标识在一起，且多处母婴室直接与吸烟室相邻。2018年，绿发会与河南省新乡市环保志愿者协会认为商场设置吸烟室违规，侵害了公众尤其是未成年人和女性的身心健康，因此提起了环境公益诉讼。案件被保定中院受理后，被告向河北省高院提出管辖权争议的上诉，2019年河北省高院作出终局裁定，认定保定中院依法享有管辖权。

2020年11月25日，案件开庭审理，因社会影响重大，庭审采用了七人合议庭，并通知专家证人出庭。新探健康发展研究中心、北京市控烟协会、深圳市控烟协会作为支持起诉人，以出庭或出具书面意见的形式支持起诉。随后一审法院判决原告胜诉，认定被告作为场所管理者，违规设置吸烟室，客观上纵容了公共场所室内吸烟行为，污染室内空气，对公众健康造成危害，应当承担侵权责任。因判决前被告已经关停全部吸烟室，原告要求被告停止侵害、消除危险的诉请已经实现，所以在科学评估的基础上判定被告承担生态环境修复费用、服务功能损失费用共计140万元，并在国家级媒体及河北省省级媒体上向社会公开道歉①。

---

① 《商场违规设立吸烟室被判赔偿140万元，全国首例室内控烟公益诉讼案一审宣判》，光明网，2022年5月5日，https://m.gmw.cn/baijia/2022-05/05/1302931325.html，最后访问日期：2022年10月7日。

一审判决作出后被告向河北省高院提起上诉，目前终审判决还没有作出，上诉的核心争议问题——烟雾侵权是否能够作为环境公益诉讼，对于当前的控烟诉讼和控烟实践都至关重要。

第一，商场等室内公共场所是否属于《环境保护法》中所定义的环境？

第二，吸烟带来的危害是否构成侵害公共利益？

针对这两个问题，多位学者持肯定态度，并且认为对控烟问题提起环境公益诉讼具有开创性意义，一方面原告的证明责任较轻，另一方面参与主体更广，相当于为控烟实践和公共健康保护开辟了一条新路①。在案件审判过程中，一审法官的观点和思路与专家是一致的，针对室内场所是否适用环保法的问题，一审法官认为本案对环境的界定，属于在司法实践中对环境法所确立的环境概念的明确。同时，法院在一审判决中认为原告不需要提供公众身体和健康受到损害的事实证据，已有的《中国吸烟危害健康报告》等大量研究报告和学术观点即可以证明烟草烟雾和二手烟对公众尤其是对未成年人、孕妇等群体的危害和风险，而被告设置吸烟室的行为，导致了室内空气污染，当然属于对公共利益的侵害。

实际上困扰该案的两个问题，也可归因于国家立法欠缺，在控烟领域欠缺国家立法的前提下，只能从相关法律中寻求依据，通过法律解释将控烟纳入环境公益诉讼范畴。必须肯定的是，针对控烟不力或烟草烟雾伤害提起的环境公益诉讼，影响力大、举证责任较低等，对控烟工作的推进和公共健康以及精神文明提升具有重大意义。

3. 检察建议和行政公益诉讼

2020 年 12 月 14 日，最高人民检察院以"检察机关依法履职促进社会治理"为主题，发布第 23 批指导性案例。其中北京市海淀区人民检察院督促落实未成年人禁烟保护案入选。2019 年 5 月 17 日，海淀区人民检察院决定针对未成年人禁烟保护予以行政公益诉讼立案，就海淀区违法向未成年

---

① 《控烟责任追究是否适用环境保护法》，《中国环境报》2019 年 11 月 1 日，中国环境网，http://www.cfej.net/jizhe/jzsl/201911/t20191101_ 740344. shtml，最后访问日期：2022 年 10 月 8 日。

出售烟草制品等明显违法情形，认定海淀区烟草专卖局、海淀区市场监督管理局履职不到位，并向其发出诉前检察建议，督促其积极履行监管职责①。

2020年1月1日《张家口市公共场所控制吸烟条例》正式实施，张家口市怀来县检察院对高铁站台、候车室、妇产医院等地巡查发现仍存在大量吸烟行为，依法进行行政公益诉讼立案，并向管理部门发出督促履职检察建议书②。

民事诉讼和民事公益诉讼明确了烟草烟雾对公民个人和环境的侵权责任，而行政公益诉讼明确了监管部门对控烟、环境保护和公民健康的保护责任和监管义务，三种诉讼实践的顺利开展，将与行政执法一起，成为控烟政策和立法目标实现的有效保障。

结　语

2022年，世界卫生组织首次将"烟草：威胁我们的环境"作为世界无烟日的主题，并发布了《烟草及其对环境的影响：概述》，提示全世界应当认识到烟草与环境之间的深刻关联。烟草产业对环境的损害，远远不止烟雾释放到空气中对公民健康带来的危害和风险。烟草种植、烟草制品的生产及运输，都会对土壤损耗、森林砍伐、二氧化碳排放等带来显著影响，从而危及土壤安全、粮食安全、气候安全和生物安全。2022年7月28日，联合国大会以高票通过决议，明确享有清洁、健康和可持续的环境是一项普遍人权。这对中国尽快履行《框架公约》提出了紧迫要求，应当通过立法、执法和司法提高控烟能力和控烟效果，这不仅是国内法义务，也成为中国需要承担的国际义务。

---

① 《学校周边学生可以轻易买到香烟，两监管部门被认定履职不到位》，红星新闻，2020年12月14日，网易新闻，https://www.163.com/dy/article/FTQJPUHH051492T3.html，最后访问日期：2022年10月8日。

② 《河北怀来：办理张家口市首例公共场所控烟公益诉讼案》，正义网，http://www.jcrb.com/procuratorate/jckx/202001/t20200114_2100509.html，最后访问日期：2022年10月8日。

B.6
中国突发公共卫生事件应对法律体系的完善进路

李广德　李奇修　帅仁策*

摘　要： 在应对新冠疫情实践中，国家对突发公共卫生事件的处置体系和处置能力进一步增强，但突发公共卫生事件应对法律体系也暴露出立法空白、立法重复以及法律冲突等不足，亟须完善突发公共卫生事件应对法律体系。抗疫已经接近尾声，坚持以习近平法治思想为指导，坚持"人民生命健康至上，兼具效率"的价值导向，制定"突发公共卫生事件应对法"势在必行，这是提高国家应急治理能力和保障人民生命健康的必要之举，同时要注重党内法规与地方立法的协同联动，提高公共卫生和应急管理法治化水平。

关键词： 突发公共卫生事件应对法　应急公共事件　新冠疫情　生命健康至上

引　言

进入21世纪以来，突发公共卫生事件层出不穷，从2003年暴发的"非典"肺炎，到2009年由新型H1N1病毒引发的"猪流感"大流行，从2013

---

* 李广德，中国社会科学院法学研究所助理研究员；李奇修，中国社会科学院大学法学院硕士研究生；帅仁策，四川大学法学院博士研究生。

年席卷西非数个国家的"埃博拉"疫情，到 2014 年脊髓灰质炎病毒时隔数十年后的死灰复燃……可以说，每一次突发公共卫生事件都对人类的生命健康、财产安全带来了巨大威胁和损害，每一次突发公共卫生事件都使社会治理遭受严峻挑战。为有效应对突发公共卫生事件，国家寻求各种治理方式。相比其他治理方式，具有稳定性和可预期性等特征的法治显然具有无可比拟的巨大优势①。法治是国家治理的基本方式，也是国家治理体系的基础。

2019 年末以来，新冠疫情席卷全球。抗击新冠疫情是对十八大以来国家应急治理体系和应急治理能力建设的一次严峻的考验。在以习近平同志为核心的党中央的坚强领导下，全国人民众志成城、勠力同心，以令国际社会惊叹的效率取得了疫情防控重大战略成果②，充分展示了党中央的强大领导力和中国特色社会主义制度的优越性。但需要注意的是，在上述成绩背后，应看到新冠疫情相比以往的突发公共卫生事件呈现高度复杂性、长期性等新特点③，中国应急管理机制在这次疫情应对中也暴露出不少短板和不足。习近平总书记指出，我们一定要总结经验、吸取教训，从保护人民健康、保障国家安全、维护国家长治久安的高度，完善疫情防控相关立法，加强配套制度建设，完善处罚程序，强化公共安全保障，全面加强和完善公共卫生领域相关法律法规建设④，构建系统完备、科学规范、运行有效的疫情防控法律体系⑤。

面对突发公共卫生事件，尽管中国已经形成了相对完善的突发事件应对和传染病防治法律体系，但仍存在诸多问题亟待解决。比如，目前建立在

① 参见王红建等《健全国家应急管理法律体系问题研究》，法律出版社，2021，第 1 页。
② 张明：《人民日报思想纵横：在伟大抗疫斗争中感受中国力量》，人民网：http://opinion.people.com.cn/n1/2020/0902/c1003-31845352.html，最后访问日期：2022 年 7 月 23 日。
③ 参见郭晖《公共卫生应急管理法治体系的优化》，《河北法学》2022 年第 2 期，第 131~147 页。
④ 《习近平主持召开中央全面深化改革委员会第十二次会议强调：完善重大疫情防控体制机制　健全国家公共卫生应急管理体系》，中央人民政府网，http://www.gov.cn/xinwen/2020-02/14/content_ 5478896. htm，最后访问日期：2022 年 7 月 23 日。
⑤ 《习近平：全面提高依法防控依法治理能力　为疫情防控提供有力法治保障》，中央人民政府网，http://www.gov.cn/xinwen/2020 - 02/05/content _ 5474875. htm，最后访问日期：2022 年 7 月 23 日。

《传染病防治法》《突发事件应对法》等法律基础上的突发事件应对法律体系、传染病防治法律体系是否能够有效应对突发公共卫生事件？当前形成的突发公共卫生事件预防与控制法律制度是否完备，有无矛盾与衔接挑战？新冠疫情期间显现的社会问题，折射了突发公共卫生事件处置法律体系存在哪些缺陷？新冠疫情凸显的法治冲突问题反映了突发公共卫生事件应对法律体系的哪些不足？又如何从法律制定或法律修改角度，总结新冠疫情防控中的制度创新并发扬下去，或者又要吸取哪些教训以彰显法治价值？

本文拟从突发公共卫生事件应对法律体系的规范文本出发，结合抗击新冠疫情中的实践经验与宝贵教训，针对突发公共卫生事件应对法律体系存在的问题，提出进一步完善法律体系的应然路径，以期对治理体系和治理能力提升有所裨益。

一 突发公共卫生事件相关概念厘清

（一）突发事件的概念与特征

"突发公共卫生事件"包含于"突发事件"，而"突发事件"亦可视为"突发公共事件"之简称，而这一上位概念的形成具有一定中国特色。经学者考证，这一概念的提出主要源于2003年抗击"非典"疫情时相关立法思路的转变。在2003年抗击"非典"疫情之前，理论界常用"危机""紧急事件"等概念来指代突发事件讨论。但在2004年宪法修订将"戒严"改为"紧急状态"，十届全国人大常委会也基于此将制定"紧急状态法"列入立法规划，以法律形式专门调整突发事件应对的法律关系，进一步完善应急法制体系。但随着立法的深入，法律案名称也变更为"突发事件应对法"①。究其原因，其一是"突发事件"的内涵比"紧急状态"更为丰富，

① 参见林鸿潮、孔梁成《论我国紧急状态法制的重构——从反思〈突发事件应对法〉切入》，《上海大学学报》（社会科学版）2020年第5期，第130~140页。

两者在适用范围上是包含与被包含关系。换言之，能让政府宣布进入"紧急状态"的事件一定是"突发事件"，但"突发事件"并不必然宣告为"紧急状态"来应对处理，如突发事件中的自然灾害、事故灾难、生产安全事故等很难导致紧急状态的宣布。其二是宣告进入"紧急状态"从本质上来说只是"突发事件"的应对措施之一[①]。事实上，在突发事件应急行政管理中，一般行政法已经赋予行政机关在比例原则下具有一定自由裁量权以便作应急处置。而宣布进入"紧急状态"是由于裁量空间无法容纳更为严峻的突发事件应对措施，如在疫情期间实施大范围的隔离封控以及个人健康信息强制收集等措施。

从学界讨论来看，所谓突发事件是指"突然发生，对全国或部分地区的国家安全和法律制度、社会安全和公共秩序、公民的生命财产安全已经或可能构成重大威胁和损害，造成巨大的人员伤亡、财产损失和社会影响的，涉及公共安全的紧急公共事件"[②]；或定义为"突然发生，造成或者可能造成严重社会危害，需要立即处置的紧急事件"[③]，以及"人们尚未认识到的在某种必然因素支配下瞬间产生的、给人们和社会造成严重危害、损失且需要立即处理的破坏性事件"[④]。学界对"突发事件"定义的思路一般从危害范围、危害程度、危害速度等方面展开，表述或有不同，但对于突发事件具有突发性、危害性、公共性等特征已取得了一致认识。

从立法看，在《国家突发公共事件总体应急预案》中，将突发公共事件定义为"突然发生，造成或者可能造成重大人员伤亡、财产损失、生态环境破坏和严重社会危害，危及公共安全的紧急事件"，主要是从突发公共事件的危及范围予以界定。《突发事件应对法》第3条第1款将突发事件定义为："突然发生，造成或者可能造成严重社会危害，需要采取应急处置措施予以应

---

① 参见林鸿潮主编《〈突发事件应对法〉修订研究》，中国法制出版社，2021，第3~5页。
② 薛澜、钟开斌：《突发公共事件分类、分级与分期：应急体制的管理基础》，《中国行政管理》2005年第2期，第102~107页。
③ 参见赵颖《突发事件应对法治研究》，中国政法大学博士毕业论文，2006。
④ 参见朱力《突发事件的概念、要素与类型》，《南京社会科学》2007年第11期，第81~88页。

对的自然灾害、事故灾难、公共卫生事件和社会安全事件。"这是从突发公共事件的发生类型范围作出了正向列举规定，二者虽然界定思路存在差别，但都强调了突发公共事件具有突发性、危害性或危害可能性等特点。

（二）突发事件的特征

通过研究突发事件的产生、危害、范围、对策等，学界通常认为其具有如下特征。其一，突发性。这是突发事件与其他一般事件的最大区别。在社会生活中，一般事件的发生概率和走向趋势可经计算和预测，但突发事件无论是发生原因还是发展进程，都令人们难以有效预测和防备。其二，公共性。突发事件因为涉及公共利益才值得被专门立法讨论，法律上的突发事件即为突发公共事件。其三，危害性。从突发事件发生类型来看，不管是自然灾难还是公共卫生事件等，都会对公共安全造成巨大危害，或者可能产生巨大威胁，具体表现为对不特定多数人的健康权益和财产利益造成损害或者威胁。值得强调的是，随着全球化趋势的进一步发展，人员流动和经贸往来更加便捷、频繁，突发事件的危害范围更容易突破地域限制，造成全球性危机[1]。其四，不确定性。突发事件不同于一般事件，其产生与发展难以预测，尤其在当今社会，信息网络的传播让突发事件的发展趋势更为复杂，甚至会同时引发多种社会问题。例如，突发公共卫生事件所引起的网络公共舆情、社会恐慌性心理等[2]。

综上所述，突发事件是一个包含不同种类、不同级别的复合型概念，若想较为周延地解释其概念，需要同时界定其内涵和外延。结合上述解释，本文赞成对突发事件作出如下界定：突然发生于公共领域的自然灾害、事故灾难、公共卫生、社会安全等事件，具备严重的现实危害性或较高危害可能性，需要根据不同等级不同类型采取不同应急处置措施的公共事件，具有突发性、公共性、危害性、不确定性的特点。

---

[1] 参见王红建等《健全国家应急管理法律体系问题研究》，法律出版社，2021，第13页。

[2] 参见陈璟浩《突发公共事件网络舆情演化研究》，武汉大学博士毕业论文，2014。

（三）突发公共卫生事件的概念与特征

突发公共卫生事件是公共危机的主要成因之一，其关涉政府、企事业单位、非营利组织、公民等社会各类主体，并随社会经济发展长期存在①。按照《突发公共卫生事件应急条例》第 2 条的规定，突发公共卫生事件意指"突然发生，造成或者可能造成社会公众健康严重损害的重大传染病疫情、群体性不明原因疾病、重大食物和职业中毒以及其他严重影响公众健康的事件"。

突发公共卫生事件作为突发公共事件的一种类型，主要具有以下特点：一是突发性，二是危害性，三是公共性，四是紧迫性，五是未知性。"突发性"在于，这一公共卫生事件是那些新出现的、尚未被人类有效研究的新发传染病，通过大流行或地震、战争、恐怖袭击、自然灾害等突然进入公众视野，难以预料。"危害性"则表现为，在该公共卫生事件的冲击以及防治过程中，社会正常的生产、生活秩序遭受严重损害或可能面临严重侵害。"公共性"则体现为公共利益，也表明其维持需要有组织的公众参与。"紧迫性"则意味着，突发公共卫生事件在短时间内就会造成或可能致使公众健康和公共安全遭受危害，这也要求相关应对主体和社会公众迅速对突发公共卫生事件作出反应，最大程度维护人民群众生命健康安全与保障社会秩序稳定。"未知性"则是突发公共卫生事件的独有特点，其不仅是一般突发公共事件的不确定性表现，还体现为来源上的未知性和病原上的未知性，来源上的未知性是指公共卫生事件的暴发原因可能来自地震、战争、恐怖袭击、自然灾害，也可能是其他未知的潜在来源；病原上的未知性是指这种导致公共卫生事件的传染病在症状、诊疗方案上都是未有先例的，如当下正在流行的新型冠状病毒。

二 现有突发公共卫生事件应对法律体系检视

在历经"非典"、禽流感等重大疫情考验后，国家关于突发公共卫生事

---

① 周贤日：《社会保障法视域下的突发公共卫生事件应对机制研究》，《法治社会》2020 年第 2 期，第 1~12 页。

件应对立法不断完善，从 1989 年 2 月 21 日颁布的《传染病防治法》，到 1991 年 12 月 6 日颁布的《传染病防治法实施办法》，从 2003 年 5 月 9 日颁布的《突发公共卫生事件应急条例》（以下简称《应急条例》），到 2007 年 8 月 30 日颁布的《突发事件应对法》等，突发公共卫生事件应对法律体系实现了由个别调整向总体规范性的调整过渡，初步完成了体系化的构建。以法律的不同效力来划分，可以将突发公共卫生事件应对法律体系分为宪法和法律、行政法规和部门规章、地方性法规和地方政府规章、党内法规等多个层级、多个方面。

（一）宪法和法律

宪法和法律是国家治理体系的重要依托和国家治理能力的重要体现。宪法在整体公共卫生层面要求国家承担保障人民健康的义务，在具体法律制度上，国家先后制定了《传染病防治法》《突发事件应对法》，两部法律统摄突发公共卫生事件应对机制的建立，这也是宪法要求的具体表现。

《宪法》明确规定人民享有健康权，国家负有保护人民健康的责任①。这也是宪法要求国家构建公共卫生保障制度、保障人民公共健康权益、应对各项公共卫生事件的核心依据，各项公共卫生保障举措也以此展开。

最早关于突发公共卫生事件应对的法律是 1989 年制定的《传染病防治法》，该法出台有深刻的背景。在 20 世纪 80 年代，中国传染病防治工作态势严峻，典型如 1986 年山东鼠害导致的出血热病，1987 年四川省部分地区洪涝灾害引起钩端螺旋体病，1988 年初上海市居民食用被污染的海产品毛蚶引起甲型肝炎暴发流行，等等。尤其是在总结上海甲肝疫情防控工作经验基础上，《传染病防治法》应运而生，确立了对传染病实行分类管理的原则，建立了疫情通报和公布制度，明确对传染病病人特别是甲

① 《宪法》第 21 条第 1 款规定："国家发展医疗卫生事业，发展现代医药和我国传统医药，鼓励和支持农村集体经济组织、国家企业事业组织和街道组织举办各种医疗卫生设施，开展群众性的卫生活动，保护人民健康。"同时，《宪法》第 45 条的物质帮助权规定了医疗内容，被认为可以推导出公民的健康权内容。

类传染病人的管理措施，规定政府卫生行政部门为负有传染病防治管理监督职责的主管部门等①。但从应对 2003 年"非典"疫情的效果来看，该法在应对突发公共卫生事件方面存在诸多弊端，主要问题是规定较为宽泛，将重大传染病和一般传染病统一规定，缺乏针对重大公共卫生事件的专门应急措施。

在总结"非典"疫情给人民群众带来的危害后，国家进一步认识到规范应对突发公共事件的必要性和紧迫性，突发公共卫生事件的法制化建设迎来重要转折点。在法律层面，首先，在 2004 年和 2013 年先后两次完成了对《传染病防治法》的修改，专门强调了法定传染病的分类分级管理职责、程序，对医疗保障和公民权益保障有所细化，使得突发公共卫生事件的应对方式更加科学合理。其次，立法机关在 2007 年 8 月 30 日颁布了《突发事件应对法》，并于 2007 年 11 月 1 日正式施行，该法从整体上确定了行政机关面对突发事件时的应急管理方式②，正式确立了中国强调事前预防的"循环型"应急管理机制③。这标志着突发事件应对工作全面纳入法制化轨道，也意味着依法行政进入更广阔的领域④。在随后的法治化进程中，立法机关制定或者修正《国境卫生检疫法》《动物防疫法》《食品安全法》《疫苗管理法》等法律法规，不断强化各领域突发公共卫生事件相关条款的重要性，推进公共卫生法治建设。

综上，中国在法律层面形成了以宪法为核心，以《突发事件应对法》与《传染病防治法》为基础，包含各类相关法律的突发公共卫生事件应对法律体系，这也为依法开展新冠疫情防控工作提供了法律支撑。

---

① 参见王海冰《传染病防治法制定和修改的疫情背景》，中国人大网：http：//www. npc. gov. cn/npc/2020nrdgzyjhb/202106/6ac3ad474e014a45a1921b89f5f3826d. shtml，最后访问日期：2022 年 8 月 20 日。

② 参见于安《制定〈突发事件应对法〉的理论框架》，《法学杂志》2006 年第 4 期，第 28～31 页。

③ 参见王红建、刘辉《论突发公共卫生事件应对法的法律衔接》，《河南警察学院学报》2021 年第 2 期，第 13～20 页。

④ 参见汪永清《〈突发事件应对法〉的几个问题》，《中国行政管理》2007 年第 12 期，第 8～11 页。

（二）行政法规和部门规章

关于突发公共卫生事件的应对，行政法规和部门规章层面主要形成了以"应急条例"为核心、"应急预案"为基础、"实施办法"为补充的法规和规章体系，是中国突发公共卫生事件应对法律体系的重要组成部分，具体构成如下。

一是在"非典"流行期间，国务院于2003年5月9日紧急公布并施行《突发公共卫生事件应急条例》，这是为指导全国各地有效预防、及时控制和消除"非典"疫情造成的危害，维护社会正常秩序。此后，2005年第58届世界卫生大会通过《国际卫生条例（2005）》，中国作为缔约国之一，按照条约要求，结合中国自然环境和社会环境的变化，全面完善了突发公共卫生事件应对机制。

二是国务院于2006年1月8日颁布《国家突发公共事件总体应急预案》，该预案作为全国应急预案体系的总纲，是国务院指导预防和处置各类突发公共事件的纲领性文件。该预案对突发公共事件的分级分类作出具体规定，同时对国务院应对全国性突发公共事件的工作原则、应急预案体系、组织体系、运行机制、应急保障、监督管理等方面作出系统性安排。

三是国务院于2006年2月26日颁布的《国家突发公共卫生事件应急预案》，该预案主要根据《传染病防治法》《食品卫生法》《突发公共卫生事件应急条例》等法律法规制订，是专门为应对突发公共卫生事件而制订的应急预案，其目的在于预防、控制和消除突发公共卫生事件产生的危害与影响，最大程度保障人民生命健康安全，预案内容更具有专业性，机制设计更加科学完善。

四是经国务院批准，原卫生部于1991年12月6日发布的《传染病防治法实施办法》，该办法主要是对《传染病防治法》的细化，统一指导各级政府卫生部门和军队卫生部门在传染病防治上的行政管理工作。

行政法规和部门规章一般作为基本法律中的细化与延伸，或者先行先试的制度规范，对处理突发公共卫生事件进行了更为具体、更加专业的制度规范。各级政府在具体行政工作中也更加依赖行政法规和部门规章，这与中国"骨骼式立法"的立法实践有关①。

（三）地方性法规和地方政府规章

事实上，所有突发公共卫生事件都是从局部蔓延，从地方扩散至全国范围，而每个地方由于地理、人文等因素各不相同，突发公共卫生事件诱因千差万别，疫情防控管理应对机制也会因地方而异，这就对地方能够因地制宜、依法防控提出较高要求。因此，除了法律、行政法规和部门规章外，地方也有诸多有关突发公共卫生事件应对的规定，主要包括如下方面。

其一，有权制定地方性法规的地方人大及其常委会根据地方情况制定的地方性法规，如依据《应急条例》而制定的《北京市突发公共卫生事件应急条例》《乌鲁木齐市突发公共卫生事件应急条例》。

其二，地方政府为更好地落实国务院制定的《应急条例》，专门制定的地方政府规章，该类规章通常命名为"突发公共卫生事件应急条例实施办法"，如《成都市〈突发公共卫生事件应急条例〉实施办法》《郑州市实施〈突发公共卫生事件应急条例〉办法》。

这些地方性法规和地方政府规章一方面是对法律、行政法规和部门规章等上位法的细化，一方面也是地方立法机构和行政管理部门积极行使职责的重要表现。需要注意的是，对于首先暴发突发公共卫生事件的地方，能够积极针对突发事件的性质制定地方性法规和规章，是遏制传播范围的重要手段，能够为突发公共卫生事件法律体系的完善提供有效样本参考。

（四）其他规范性文件

除了上述法律规定以外，实践中还存在大量与应对突发公共卫生事件相关的其他行政规范性文件，即地方政府机关发布的措施、指示、命令等非立法性文件。有论者认为，这些数量庞大的其他规范性文件因不受司法强制性

---

① 参见童之伟、苏艺《我国配套立法体制的改革构想》，《法学》2015年第12期，第3~14页。

保障和缺乏国家强制力保障，不应当被纳入突发公共卫生事件应对法律体系中，而且其他规范性文件与上述法律法规等相比缺乏稳定性①。但本文认为，尽管其他行政规范性文件可能存在缺乏国家强制力保障实施、稳定性较差等问题，但不可否认的是，在前述法律、法规、规章无具体规定的情形下，这些其他行政规范性文件能够在应对突发公共卫生事件过程中发挥先行先试的重要作用。因此，这些与应对突发公共卫生事件相关的其他行政规范性文件应当作为突发公共卫生事件应对法律体系的重要组成部分对待。

有论者认为，为提升突发公共卫生事件应对制度的稳定性和连贯性，应当减少对其他行政规范性文件的应用。本文认为，突发事件的"突发性"和"不确定性"本身就与法律的"稳定性"存在一定矛盾，而相比前述法律、法规、规章，其他行政规范性文件具有因地制宜、因时制宜的特点，能够更好地应对突发状况中的变化。因此，既要制定好法律、法规、规章，对于重要的原则性问题，坚持"以不变应万变"，肯定其他规范性文件在处理特殊问题中所发挥的制度功能与价值，同时要善于"以万变应不变"，这样才能更好地构建完整、灵活、协调的突发公共卫生事件应对法律体系。

党内法规作为中国特色法治体系的重要组成部分，尽管目前并没有专门的突发公共卫生事件应对条文，但党章作为党的纲领性文件，从党的性质、党员义务、党的组织制度等方面一般性条款要求党必须为了人民利益，积极响应突发公共卫生事件。

三　现有突发公共卫生事件应对法律体系的内部衔接问题

如前文所述，中国已经形成了多层级、广覆盖的突发公共卫生事件应对法律体系。但由于突发公共卫生事件牵涉各方面社会机制运作以及各种社会

---

① 参见王红建、刘辉《论突发公共卫生事件应对法的法律衔接》，《河南警察学院学报》2021年第2期，第13~20页。

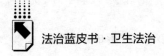

关系的协调，在法律体系内部具体衔接上，仍存在一定缺陷，主要表现为立法空白、立法重复、法律冲突等问题。

（一）立法空白问题

突发公共卫生事件具有"突然性"和"未知性"，而法律本身又具有"稳定性"和"滞后性"，有关突发公共卫生事件应对的法律无法对突发公共卫生事件所出现的所有情况都能作出相应规定。因此，立法空白问题难以避免，在突发公共卫生事件应对法律体系中，立法空白问题有如下表现。

其一，行为人空白。这种情况常常在法律层面的规范中出现。例如，《突发事件应对法》第4条、第5条以及第6条都以"国家"为主体，要求国家建立统一协调的应急管理体制、重大突发事件风险评估体系、有效的社会动员机制等。从整体国家责任角度看，这样的规定从表述上看并无缺陷。问题在于这些规定并未指明相关体制、评估体系具体为哪个部门、哪个机构来履行职责，这就导致具体行政部门在落实相应制度时的权力冲突和责任缺位。此外，《突发事件应对法》第5条所规定的预防为主、预防与应急相结合原则，未细化到哪些部门、哪些机构在突发事件应对工作中实行上述原则。换言之，这些法律规定缺少"行为人"，或使用"国家"这一抽象概念，导致上述规定无法落到实地。从《突发事件应对法》和《传染病防治法》的实施效果看，至少在诉讼方面，即使是因为疫情防控引发的法律纠纷，其判决引用《突发事件应对法》和《传染病防治法》作为依据的也较少，这也从侧面说明这两部法律规定过于原则而虚位。

其二，具体措施空白。这一问题以政府及有关部门可以在突发事件中征用单位和个人财产的规定为例。2007年3月16日通过的《物权法》第42条规定，集体所有的土地和单位、个人的房屋及其他不动产可以因公共利益被征收，且享有相应补偿权。第44条规定，因抢险、救灾等紧急需要，依照法律规定的权限和程序可以征用单位、个人的不动产或者动产。从法律文本出发，《物权法》规定的"依照法律规定的权限和程序"应当指向为《突发事件应对法》第 12 条①，两者是一般规定和特殊规定的关系。但遗憾的是，颁布后的《突发事件应对法》第 12 条内容相较《物权法》而言，并没有规定更加详细的权限，其整体内容也不包含"法律规定的程序"。因此，在这种涉及所有权的重大问题上，《突发事件应对法》未能给出统一的、具体的措施规定，相对于其他法律的特殊性亦是难以体现，而且这一问题在《民法典》中也未得到改善。

其三，常态化防控措施空白②。这一问题的出现，主要是因为法律存在"滞后性"。《传染病防治法》的颁布时间为 1989 年，《突发事件应对法》的颁布时间为 2007 年，尽管历经数次修改，但在此之前的突发公共卫生事件并未遭遇"常态化防控"这一新问题。由于缺乏基本规定，地方政府和社区成为常态化疫情防控的重要主体，在紧急状态下就成为突发公共卫生事件应对规则和标准的制定者与实施者，这样不仅容易导致公权力随意扩张，尤其在地区封控管理过程中，各个地域之间各自为政，管理措施不断加码，进而致使人员疲于应对管理措施、区域流通不畅等民众权利不当受限问题。

（二）立法重复问题

所谓立法重复，一般是指下位法对上位法的抄袭或者复制。立法重复问题在突发公共卫生事件应对法律体系中主要表现为地方性法规、地方政府规章与法律对原则性、概念性规定的重复。很多地方性法规为贯彻落实法律和行政法规的规定，照搬上位法的原则性规定，如《北京市突发公共卫生事件应急条例》第 2 条第 2 款对《突发公共卫生事件应急条例》关于突发公

---

① 《突发事件应对法》第 12 条规定："有关人民政府及其部门为应对突发事件，可以征用单位和个人的财产。被征用的财产在使用完毕或者突发事件应急处置工作结束后，应当及时返还。财产被征用或者征用后毁损、灭失的，应当给予补偿。"这一规定仍然较为原则宽泛，并没有对征用征收机制、补偿标准等作出进一步规定。

② 参见郭晖《公共卫生应急管理法治体系的优化》，《河北法学》2022 年第 2 期，第 131~147 页。

共卫生事件的定义又予以重复规定①。

对于立法重复是否会阻碍法律有效实施，学界存在不同观点，"肯定说"认为："重复和交叉不可避免，只要立法精神保持一致就符合要求。"②"否定说"认为，法律之间如果存在大量的重复和交叉，很容易导致不同部门间相互推诿、扯皮③，使得法律规定落空④。本文认为，这两种观点其实并不矛盾，因为讨论的语境不同：一般情况下，立法上规则间重复和交叉确实大量存在，这是立法的客观规律，立法者无须刻意避免，从积极的一面看，如果该规则是对原则性法律规定的进一步细化，即使包含了对原则性规定的重复也无伤大雅。但问题就在于本文讨论的情况是应对"突发公共卫生事件"的法律法规，多数学者至少在"突发公共卫生事件应对法律体系应当做到有效衔接"这一层面上能够达成共识。

（三）法律冲突问题

在突发公共卫生事件应对法律体系中，法律冲突主要体现在两个方面，一是法律规范之间存在冲突，二是下位法与上位法之间存在冲突。

其一，法律规范冲突主要在于《传染病防治法》与《突发事件应对法》的规定出现矛盾。例如，《传染病防治法》第38条规定国务院卫生行政部门负责向社会公布传染病疫情信息，并可以授权地方政府卫生行政部门负责向社会公布该地区的传染病疫情信息。但是《突发事件应对法》第44条和第55条关于向社会发布警报、建议等信息发布规定，将国务院和县级以上地方人民政府作为突发事件信息发布的责任机关。在涉及突发公共卫生事件

---

① 《北京市突发公共卫生事件应急条例》第2条第2款规定："本条例所称突发公共卫生事件，是指突然发生，造成或者可能造成社会公众健康严重损害的重大传染病疫情、群体性不明原因疾病、重大食物和职业中毒以及其他严重影响公众健康的事件。"
② 莫纪宏：《人大立法中的"法法衔接"问题研究》，《人大研究》2019年第5期，第4~8页。
③ 兰臻：《构建新时代国家综合应急救援体系的思考》，《消防科学与技术》2018年第7期，第958~961页。
④ 参见王红建、刘辉《论突发公共卫生事件应对法的法律衔接》，《河南警察学院学报》2021年第2期，第13~20页。

相关信息的公告发布时，责任主体是地方政府还是经授权的地方行政部门呢？申言之，地方政府是否也需经国务院卫生行政部门的授权才能发布传染病疫情等突发公共卫生事件信息呢？这显然不符合对应的层级管理规定。因此，两法在关于信息发布主体的问题上产生矛盾，进而导致在具体应对突发公共卫生事件信息公告过程中有可能出现行政部门机关的相互推诿、消极履行义务情况，致使疫情信息发布滞后与不透明。

其二，下位法与上位法的法律冲突，主要在于《突发公共卫生事件应急条例》的定位不明。首先该应急条例并未在规定中写明上位法依据，从调整范围看《突发公共卫生事件应急条例》应是《突发事件应对法》的配套立法，但应急条例制定时间又先于《突发事件应对法》，该问题在修订中并未得到改善。此外，《突发公共卫生事件应急条例》与《传染病防治法》在疫情预防与应急准备、信息报告、疫情控制等方面存在大量内容相同的法律规定，但《突发公共卫生事件应急条例》为行政法规，其效力层级又低于作为法律的《传染病防治法》，而《突发公共卫生事件应急条例》又是专门针对突发公共卫生事件的特殊性法规，这就使得这三部法律在同一事项上发生规范冲突时，出现难以准确适用法律规范的可能性。

四　突发公共卫生事件应对法律体系的重构路径

恩格斯曾说："没有哪一次巨大的历史灾难不是以历史的进步为补偿的。"[①] 尽管国家和人民仍在与新冠疫情作斗争，但从初期的恐慌失措到有序防疫，是实践中不断总结的经验，是应急管理能力和信心的提升。为更好地应对将来的突发公共卫生事件，应当坚持以习近平法治思想为指引，坚持"以人民生命健康至上，兼具效率"的价值导向，以制定《突发公共卫生事件应对法》为抓手，做好党内法规与法律的衔接，持续提升地方立法协同作用，重构突发公共卫生事件应对法律体系，完善公共卫生法治建设。

---

① 《马克思恩格斯全集》（第39卷），人民出版社，1974，第149页。

（一）坚持以习近平法治思想为指引

习近平法治思想是顺应中华民族伟大复兴时代要求应运而生的重大理论创新成果，是全面依法治国的根本遵循和行动指南。坚持以习近平法治思想为指引，关键就在于坚持党的领导、人民当家作主、依法治国的有机统一。自疫情发生以来，在以习近平同志为核心的党中央领导下，各级党委以战时姿态坚决打好疫情防卫战，各项政令举措在应对突发公共卫生事件中发挥了重要作用与价值，在最短时间内有效遏制疫情扩散，保障人民生命健康和社会秩序稳定。习近平总书记强调，要强化公共卫生法治保障，改革完善健全疾病预防控制体系、重大疫情防控救治体系、国家公共卫生应急管理体系①。

健康问题事关 14 亿中国人民的基本生存和生活品质，而突发性公共卫生事件更是最为难以预料的风险隐患，这就必然要求以法治作为依归，以习近平法治思想为指引。突发公共卫生事件应对法治实践有深刻的社会基础，尤其在突发公共卫生事件应对法律体系仍存在空白、重复、冲突和滞后的背景下，要始终坚持以习近平法治思想为指引，立足中国实际，重构和完善突发公共卫生事件应对法律体系，在法治轨道上规范权力行使，提高突发公共卫生事件应对能力，保障公共卫生安全，维护人民权益。

（二）坚持"人民生命健康至上，兼具效率"的价值导向

任何法律都是一套立法者根据其价值态度，对多元、冲突和变迁中的价值予以人为选择、人为预设的价值体系，其特点是情感、价值和需要参与其中的制度事实②。与其他突发公共事件相比，突发公共卫生事件直接危害公民生命健康、社会安全有序和国家治理稳定。因此，在突发公共卫生法律制度价值导向抉择中，应当坚持人民生命健康至上，兼具效率。主要原因如下。

---

① 习近平：《全面提高依法防控依法治理能力　健全国家公共卫生应急管理体系》，《求是》2020 年第 5 期。

② 谢晖：《论法律价值与制度修辞》，《河南大学学报》（社会科学版）2017 年第 1 期，第 1~27 页。

首先，坚持人民生命健康至上是贯彻落实"以人民为中心"发展理念的具体表现。"以人民为中心"发展理念是中国特色社会主义新时代的发展理念。"以人民为中心"发展理念在不同时空条件与不同问题面前有不同要求。在严峻的新冠疫情防控关键时期，人民的生命健康安全时刻面临着严重威胁，我们举全国之力，自始至终把人民群众生命安全和身体健康放在首要位置，这是疫情防控中能够取得重大胜利的源泉所在。因此，要坚持这一实践中得来的宝贵价值，这也是执政党坚持发展为了人民、发展依靠人民的又一次伟大实践。

其次，坚持人民生命健康至上是维护公民生命健康权利的必要保障。《宪法》第 21 条明确规定"保护人民健康"，这不仅是宪法对国家要求的公民健康保障责任，也是宪法赋予公民享有健康保障的权利。也正是这种权利以未列举方式展开，才更能表现出其基本权利功能，赋予公民健康权的基本权利地位，进而使公民的健康权益能够参与国家基本权利资源的分配①。以非典、新冠疫情为代表的突发公共卫生事件对公民个人生命健康和公共健康造成了巨大损害，当健康成为公共问题，也就意味着国家对超越个体的群体健康需要承担保障义务。因此，将人民生命健康至上作为首要价值追求正是宪法对公民健康权保障的要求。

最后，坚持人民生命健康至上是突发公共事件应对法律体系建立和完善的根本制度追求。检视目前建立的突发公共卫生事件应对法律体系，以追求效率而设计的体制机制不断科学完善，但始终没有指明对人民生命健康至上的价值追求。诚然，应对突发事件，紧迫性和不确定性决定了应急管理机制要以效率优先。需要注意，突发公共卫生事件与其他突发公共事件相比最大特点就在于人民生命健康遭受直接威胁，在应急管理机制下，为遏制疾病传播的速度以及政令的执行，个体的权益必然面临管制。但这种管制也不可避免地催生了部分地区人民看病难、买药难等乱象。因此，突发公共卫生事件

---

① 参见李广德《公民健康权实证化的困境与出路》，《云南社会科学》2019 年第 6 期，第 112～119 页。

应对法律制度建设要始终以人民生命健康至上，兼顾效率，才能在统一的价值目标中协调突发公共事件应对法律体制和机制，同时又充分保障紧急状态下个人的生命健康权益。

（三）以制定《突发公共卫生事件应对法》为抓手，加强体系建设

2021年的《全国人民代表大会常务委员会工作报告》提出："继续实施强化公共卫生法治保障立法修法工作计划，制定突发公共卫生事件应对法，修改野生动物保护法、传染病防治法、国境卫生检疫法、执业医师法等。"[①]在国家治理现代化背景下，应急处置是多元主体共同参与、多种策略优化运用的过程，确保公共卫生应急秩序和服务效能是突发事件应对的关键因素。在发生重大公共卫生事件的特殊时期，政府、组织和个体的权利、义务关系都会发生相应变化。这种社会关系的总和虽然表现为"政府依法执法，民众依法配合"，但也一定要设置相应规定避免执法过程中的"失序"现象。这也就需要通过法治途径为其提供规范指引，形成应急处置与常态化防治相结合的突发公共卫生事件制度体系[②]。因此，制定一部专门的《突发公共卫生事件应对法》势在必行，只有通过专门法律调整国家应对突发公共卫生事件时各种社会关系的总和，才能有效补足应急卫生法治缺口，统领突发公共卫生事件法律体系，平衡协调各项社会关系，保障人民生命健康。

首先，在法律定位上，制定一部专门的《突发公共卫生事件应对法》，一是标志着突发公共卫生事件治理走上法治化轨道；二是可以与《突发事件应对法》形成"一般法与特殊法"的关系，填补法律调整的空白地带；三是与《传染病防治法》形成"常态与非常态"兼备的公共卫生治理体系。

其次，在制度设计上，总结《突发事件应对法》和《传染病防治法》的实践经验，着重突出其应对突发公共卫生事件的专业性。面对突发公共卫生事件，从事件本身性质出发，坚持党在应对工作中的领导核心地位，构建

---

① 栗战书：《全国人民代表大会常务委员会工作报告》，《人民日报》2021年3月15日，第1版。
② 参见郭晖《公共卫生应急管理法治体系的优化》，《河北法学》2022年第2期，第131~147页。

"干部—财政—物资"一体化保障体系，分级分类管理、各部门协同联动、社会各界共同参与的应急管理体制，明确属地、部门、单位和个人的各方权责和义务，在平时应急准备、事前监测预警、事中应急处置、事中应急保障、事后评估与修复、应急监督与法律责任六个方面形成科学规范的突发公共卫生事件防控流程和责任体系，同时补足紧急状态下征收、征用民事主体的动产或不动产的权限、程序以及补偿标准等法律空白。

再次，在法律内容上，避免立法重复。在构建"常态预备—检测预警—应急救援—民生保障—安稳善后"的突发公共卫生事件应急处理机制上，参照其他法律设置"参照性"条款，保证法律体系内部的协调与统一。此外，要明确在面对突发公共卫生事件时，有权力发布紧急状态决定或者命令的责任主体，对不同等级的紧急状态或者命令加以具体规范，同时对决定或者命令的法律属性作出进一步说明，其能否作为限制公民个人权利的法律依据、限制程度以及时限。

最后，在权责关系上，尤其要处理好中央与地方、部门与部门、上级与下级、地方与地方之间纵与横的法定管理权限，以及政府与公民、政府与市场、平等主体之间在突发公共卫生事件管理状态下，明确规定各法律主体具体受限的内容、受限期间、受限补偿和受限救济等法律关系。

（四）完善突发公共卫生事件应对的党内法规

中国共产党在应对突发公共卫生事件中始终发挥着领导核心作用。在新冠疫情防控中，正是党的集中全面领导在稳定局势、调配资源等方面发挥了重大作用，是疫情得以基本控制的重要领导保障[1]。对于党内法规建设，习近平总书记多次强调，必须坚持依法治国与制度治党、依规治党统筹推进、一体建设。党内法规制度体系和党的政策制度体系是国家治理体系的核心组成部分，是《党章》和党的基本路线具体表现，在推进突发公共卫生事件应对法治化进程中，做好与党内法规的衔接亦是题中应有之义。

---

[1]　参见郭晖《公共卫生应急管理法治体系的优化》，《河北法学》2022年第2期，第131~147页。

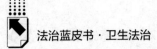

其一，"党法协同"是突发事件应对法治的必由之路。党内法规体系建设是国家法治体系的重要组成部分，是法治国家发展重要的政治保障。以《党章》为核心的统领性党内法规激励和保证了党在领导抗疫中的带头模范作用，但具体关于突发公共事件应对的专门规定仍是空白。因此，要在突发公共卫生事件应对法律体系完善中坚持"党法协同"，通过完善相关党内法规，既能加强"政党法治"与"国家法治"的同频共振，也能将党在领导抗疫过程中积累的宝贵经验适时转化为法律，提升党内法规应有的支撑和保障作用①。完善党内法规，要坚持以党章为根本遵循，坚持思想建党和制度治党相结合，坚持从实际出发，坚持制定和实施并重，改革创新、与时俱进，扎实推进各级党委在应对突发公共卫生事件中的制度化、规范化、程序化，这也有利于提高党的执政能力和领导水平。

其二，抓住党员干部这个关键少数。党的十九大提出了"建设高素质专业化干部队伍""坚持党管干部原则""增强干部队伍适应新时代中国特色社会主义发展要求的能力"等一系列党员干部管理的新主张②。在新时代的命题背景下，新冠疫情毫无疑问是一个深刻的突发公共卫生事件应对考题。在这场抗疫的洗礼下，各级党委负责人也作为各地应对疫情的责任人，坚决高效执行党中央的统一部署。在这种干部工作制度下，抓住干部管理尤为关键，要通过"党内法规和国家法律形成对党组织和党员个人的双重约束"③，新时代干部更要首先做到"心中有法"，牢固树立法治意识和法治思维，严格按照宪法、党章以及法律规定，带头尊法、学法、守法、用法，做到在法治指引下想问题、作决策、办事情。

① 参见孟鸿志《以习近平法治思想推进公共卫生应急法治体系建设》，《南京社会科学》2021年第3期，第1~9页。
② 习近平：《决胜全面建成小康社会 夺取新时代中国特色社会主义伟大胜利——在中国共产党第十九次全国代表大会上的报告》，《党建》2017年第11期，第15~34页。
③ 杨帆：《法治视野下党内法规与国家法律的协同运作》，《福建省社会主义学院学报》2015年第5期，第64~68页。

（五）持续提升地方立法协同作用

从抗击疫情进入常态化阶段以来，呈现"点多、面广、频发"的三大特点[1]，而不同地区人文地理环境差异巨大，中央统一具体部署难度大，地方特殊情况难以综合考虑，这就要求地方在突发公共卫生应对法律制度上发挥特殊作用。需要注意的是，地方立法多有立法重复问题。因此，要发挥地方法协同作用还需注意以下方面。

第一，地方立法要在宪法和法律框架下加以细化。允许地方根据自身情况进行立法，有利于发挥其自主性和创新性，但地方立法活动必须遵循"不抵触原则"。"不抵触原则"是宪法性原则，也即下位法不得与上位法的具体规定相抵触。违反这一宪法性原则，极易造成地方对公民权利的限制层层加码。地方立法也不是对上位法简单的重复粘贴，地方立法活动要根据所在区域地理环境、经济发展状况、民众诉求等因素作出针对性回应。由此，突发公共卫生应对法在制定过程中，也要充分考量地方立法余地，合理划分立法权限，从而保证应急管理法律体系的协调一致。

第二，完善跨区域协同立法机制。随着经济发展，中国形成了诸如京津冀、长三角、珠三角、大湾区等区域经济带。地方立法活动还要充分考虑区域经济依存度，尤其是在应对新冠病毒此类传染度较高的突发公共卫生事件，要在区域协同立法框架下，通过跨区域协同制定相应的突发公共卫生事件应对法。在充分保障各自疫情防控的同时，注重区域应急管理政策的协同，减少因政策隔离所导致的经济代价。

五 结论

随着气候和环境变化，人类面临更加严峻且难以预测的生存条件，公共

---

[1] 《新一轮疫情三大特点》，半月谈网，http://www.banyuetan.org/szjj/detail/20220328/10002000331359916484347471567816791_1.html，最后访问日期：2022年8月20日。

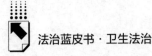
卫生安全是需要全球协作解决的问题，这也是世界各国凝聚的共识。新冠疫情对迈入新时代的中国而言，敲响了突发公共卫生事件应对法治化的警钟。面对社会运行过程中凸显的问题与矛盾，更需要善用法治思维和法治方式提高国家治理能力，化解社会风险。制定《突发公共卫生事件应对法》要始终坚持党的领导，始终秉持人民生命健康至上的理念，注重体系化建设，加强党内法规与地方立法的协同联动，充分发挥制度优越性和强大凝聚力，构建具有中国特色的突发公共卫生事件应对法律体系，在法治轨道上推进常态化疫情防控。制定《突发公共卫生事件应对法》是回应保障人民生命健康的需要，是重构突发公共卫生应对法律体系的应然之举，是进一步完善中国特色社会主义法律体系的必要之举。制定《突发公共卫生事件应对法》是在公共卫生法治和突发事件应对法治两个方面回应社会法治的需求，也是保障人民美好生活的需要。

产业促进

Industrial Promotion

中国医养结合发展调研报告

中国医养结合发展共识课题组*

　2018年，中国首次迎来了老少比的历史转折点，60岁以上老年
人数量首次超过了0~14岁人口数量。全国约90%的老年人选择
居家养老，6%的老年人选择社区养老，4%的老年人选择机构养
老，即"9064"模式，只有不到10%的老人进入养老服务市场，
且对护理需求有不同程度依赖。在国家政策层面，《"健康中国
2030"规划纲要》明确了从"全民治疗到全民健康"的转变，
而老年人对医养结合的需求迫在眉睫。本文结合域外医养结合产
业发展经验，对当前医养结合的现状和存在的问题进行总结分
析，指出医养结合产业存在的业态持续丰富、与旅游产业深度融
合、可穿戴智慧化设备应用日趋广泛、数字化成为市场新增长点
等趋势。

---

* 课题组主持人：唐永新，浙江大学创新院医养结合研究中心。课题组成员：陈晓刚，浙江省
医养结合研究会；殷登科，浙江崇孝乐养科技有限公司。执笔人：许高峰，浙江省医养结合
研究会。

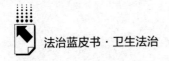
关键词： 医养结合 数字化 机构养老 银发经济

一 推进背景

伴随中国人口老龄化问题的加剧，整个社会面临的养老压力与日俱增。有全球老龄化社会相关调查数据显示，中国处于全球人口老龄化风险严重国家前列。老年人面临的一系列问题，如生活保障、慢病康复、照料服务供给、社会适应性挑战、心理健康维护等，对现行的医疗、养老和社会保障体系造成了巨大压力。

纵观整个养老体系现状，医养分离已成为最大"痛点"，医养结合模式受到广泛关注。在现行体制下，医疗机构与养老机构分属不同的政府部门管理，彼此之间沟通、互动较少，能够达成合作关系并真正开展有效合作的更是罕见，这造成了"如果老年人在养老机构内养老，那么其看病就医将成为一件困难的事情；如果老年人因病住院，那么又无法获得足够专业化的养老服务"困境。在医养结合的理想模式下，"医""康""养""护"这四大老年人刚需将融为一体，养老机构与医疗机构各自的优势功能得到有机结合，能够针对性地解决传统医养分离模式产生的痛点与问题。加快推进医养结合，已经成为各地应对老龄化问题、补齐民生短板、高质量全面建设小康社会的重要工作。

"推进医养结合"是健康中国战略的重要内容之一，"积极应对人口老龄化，构建养老、孝老、敬老政策体系和社会环境，推进医养结合，加快老龄事业和产业发展"，这些都使得医养结合获得更多政策层面的支持。

中国医养结合产业正处于快速发展时期，且市场前景十分广阔。有研究成果表明，中国医养结合产业近年来保持了约18%的高速增长，到2021年，行业市场规模已经突破1万亿元。医养结合产业在政策支持和社会力量的推动下，正成为中国增速最快、发展潜力最大的产业之一。

二 "医养结合"界定及特征

"医养结合"指医疗资源与养老资源相融合，实现社会服务效益最大化，其中："医"为医疗康复保健服务，具体包括医疗服务、健康咨询服务、健康检查服务、疾病治疗和护理服务、大病康复服务以及临终关怀服务等；"养"为养老服务，具体包括生活照护服务、精神心理服务、文化活动服务。医养结合具有以下基本特点：①从保障目的来看，医养结合旨在为老年人提供老年生活全覆盖服务，使老人晚年不失尊严；②从保障对象来看，医养结合适宜处于大病康复期、慢性病、易复发病、高龄孤寡等无法在传统养老模式中得到良好照料的失能、半失能老人；③从参与主体来看，参与医养结合的主体，包括设有老年科的医疗机构、养老院、福利院、政府部分（残联）、企业等，为老年人提供一种比普通养老更高一级的服务；④从服务内容来看，基本养老服务是基础，专业医疗卫生服务是重点；⑤从人性角度来看，医养结合在同一空间满足老年人的养老需求与医疗需求，体现了"以人为本"的现代社会价值取向。

从广义范畴来说，一切将医疗服务与养老服务相结合的养老服务供给活动都属于医养结合。比如，全国2016年启动的"长护险"试点工作。6年来，已经覆盖了1.5亿人，本质上也是将养老服务能力提升，保障失能、半失能老人的生活照料。因此，医养结合是超越之前养老服务只强调单一性为服务而服务，开始注重养老服务与医疗服务的兼得性，注重"养"与"医"的结合，它不但优势明显，而且能提供持续性的老年照顾服务，满足高龄、失能、空巢、患病老人的多重生活料理需求。医养结合也正在开始替代传统意义上的养老服务。

医养结合养老模式与传统养老模式最大的区别在于服务维度截然不同，传统养老模式只能提供基于生存的养老服务，医养结合还为老年人提供专业化的医疗和康复等更为全面的服务。医养结合能够与现有的所有养老模式有机结合，推动养老模式功能升级，同时也可以在居家养老、社区养老等养老

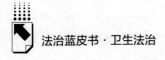

模式中嵌入"医养结合"理念，实现"医养结合"服务的全覆盖。当前，医养结合养老的主要模式见表1。

表1 当前医养结合养老的主要模式

模式	运行方式
医疗机构与养老机构协议合作	一般以全科医生模式实施，通过组织医疗机构与养老机构签订合作协议，将基层医疗机构的医疗资源向辖区内养老机构辐射，以提升医疗资源利用率
养老机构增加医疗服务资质	一般由养老机构将自身医疗服务板块交由专业医疗团队负责，可同时对机构内外提供医疗服务
医养结合进社区	一般依托现有的社区卫生健康体系，通过实行签约家庭医生等模式，为社区内有需求的老人提供上门养老服务
公立医疗机构+公立养老机构	由当地政府进行组织、协调，医疗机构向养老机构派驻医护团队

应当认识到，医养结合绝不仅是政府事业，也具有广阔的市场前景。通过发展医养结合产业，实现经济发展的同时，也为完善医养结合供给主体结构、增强地方医养结合服务能力提供新的力量，正得到越来越多地方政府的重视。自2013年以来，国家及地方政府出台了大量支持医养结合产业发展的政策，吸引了大量投资者，助推医养结合地产、康复器械、智慧化养老终端、适老化食品等产业快速发展。

三 国内医养结合产业发展概况

1. 医养结合产业政策演进

"医养结合"概念正式提出于2013年的《国务院关于加快发展养老服务业的若干意见》，此后中央各部委陆续颁布了各类政策支持医养结合的发展，主要经历顶层设计（2013~2015年）、整体规划（2015~2016年）、实施细则（2017年至今）三个阶段。

可以预见，今后医养结合政策将主要涉及以下方向：①进一步降低养老机构内设医疗服务的门槛；②规范化、标准化老年人健康体检及各类健康评估；③鼓励医疗机构专业医护人员多点执业，优化养老机构内医护人员资格评定和注册管理制度；④持续跟踪、扩大医养结合试点示范，加快"长期照护险"出台，逐步改变中国老人"9064"的现状，让养老服务机构收得到人、赚得到钱，提升并改善养老服务机构的综合服务水平和能力。

2. 医养结合产业概况

中国医养结合产业主要呈现三大趋势：一是医养结合需求全面快速增长，成为消费结构升级的突出亮点；二是医养结合产业正从医疗服务中分离出来，成为一个独立产业，并将超过医疗产业；三是社会资本将逐渐参与并成为本产业发展的主力军。

此外，社区养老服务机构也正获得越来越多的重视与投入。社区养老是指以家庭为核心，以社区为依托，以老年人日间照料、生活护理、家政服务和精神慰藉为主要内容，以上门服务和社区日托为主要形式，并引入养老机构专业化服务方式的居家养老服务体系（见表2）。

表2　社区养老服务机构类型

类型	特点
政府投资建设	一般指由聘请的专业团队提供相应养老服务的社区养老服务机构
政府出资补贴	一般指主要由社会资本投资、运营的社区养老服务机构
家庭式养老服务机构	一般指在社区内，为本社区及周边社区提供老年人基础照料服务的微型或家庭式养老服务机构

四　国外经验与启示

1. 日本的医养结合实践

日本进入老龄社会之初，各种老龄化需求达到峰值。日本制定的1962年《老年人福利法》，以公办推行老人福利政策；1982年的《老年人保健法》规定，政府支出一定费用覆盖老年人医疗费用；1987年修订的《老年人保健法》规范了老年人保健设施；1989年制定"黄金计划"，完善养老设

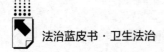

施建设，规范并鼓励居家养老；2000 年实施介护保险，为 65 岁及以上老人以及 40~64 岁疾病患者提供介护保险，老年人只需支付 12.3% 的医疗照护费用，大大降低了老人在医疗健康方面的支出。

以东京新宿榉园综合养老院为例，该院提供从急性医疗到康复护理再到一般养老功能的"三位一体"服务，医疗部分依托附近的医疗机构（三田医院和山王医院），康复护理方面自己培训治疗师和护理员，在养老层面，日本的养老机构普遍设有茶话间、餐厅、健身房、文娱室、会议室等功能场所，有的还有温泉浴室、花房等特殊颐养设施，为老人起居、康养和社交提供便利。

日本的养老机构在人文关怀方面做得比较到位，如室内必须保持清洁干净，做好感染预防；家居布置上适老化元素随处可见；助残车辆均可无障碍通行，其对细节的关注还表现在服务的精细化，持续关注老人饮食、入浴、梳妆、排泄等变化，观察老人身体状况和病情进展，并作详细记录，通过体操、手工、游艺等项目帮助老人康复。

近年来，日本老龄化产业需求增速降低，有很多设计都过时或者被新材料更替，但在制度、功能等方面的诸多创新和实践，仍留下了许多可以借鉴的宝贵经验。

2. 德国的森林康养实践

20 世纪 40 年代德国就有了森林康养，以大自然森林景观、优质富氧空气、绿色健康食品、养生文化等为要素，配制养生休闲及医疗服务设施，开展以修复身心健康、适应生命衰老为目的的森林度假、疗、修、养等服务活动。在中国还未出现类似成功案例，分析原因，中国承担这种项目的主体，几乎清一色为房地产开发公司，在开发商的意识深处，所有的养老、医养、疗休养都是为买房，为销售房屋服务，所以，一旦销售结束，这个项目也就结束了，他们没有理由再为养老服务持续付出，结果自然可想而知。

3. 美国的社区养老实践

美国养老服务的起步，结合了商业保险照护体系，但随着老龄化的加剧，美国医疗型养老机构压力大增，社区养老、居家养老就逐渐成为主流。

美国居家养老资金主要来源于医疗保险，个人储蓄、社会捐助和机构救助都是补充。各州设立照护管理组织，负责管理照护补助资金的使用及长期照护服务，包括家庭照护、社区合居设施和机构照护等，提供不同的服务供参加者选择，但这是建立在机构对需要全方位照护老年人评估的基础上的有限选择。

中国在社区设有"日间照料中心"，但功能定位并不相同，国内定位于居家养老的补充，解决老人白天无人照顾的窘境。

4. 借鉴启示

首先，应完善医养结合相关产业的顶层规划，一张蓝图画到底。对于产业发展所涉及的两大板块，在结合过程中统筹与分配各类资源要素，制订与落实相关标准、制度、细则，不仅要适配两大板块的发展现状，也应保持适度的前瞻性，以发展的眼光看问题。

其次，应加快构建起"旅游+康养"复合型医养产业生态。旅游所具有的休闲度假属性天然就与康养需求完美匹配，不仅本身就是一种自然的康养行为，且目的地通常具有山河湖海林草等丰富的自然风光资源，具备开展康养服务的优越基础条件，能够吸引高消费能力、多消费场景、长停留时间的康养服务需求客群。两者的有机融合还可以带动本地更多的旅游消费。

再次，应将服务对象需求作为第一导向，建设多位一体的医养结合产业发展模式。既要考虑吸引外地客源的康养需求，以大型的医养结合综合体、康养社区等为依托，打造医养结合的试点示范。同时，也应将国内老年人更倾向于居家养老的心理状态纳入考量范畴，建设以小规模的居家康养服务驿站、基层卫生服务中心等网格化服务机构为支撑点的居家养老服务体系。

最后，医养结合产业的快速发展，需要政策层面的有力支持。德国将森林康养纳入医保，不仅减少了国家在医保领域的整体支出，也有效培育起一批知名的森林康养小镇与森林康养产业，拉动就业与经济增长。发展医养结合产业，必须要发挥好体制优势，争取若干先行先试政策，推动符合条件的医疗服务机构纳入社保体系。

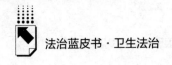
五　医养结合产业未来发展趋势

随着老龄化社会的到来、加剧，以及疾病谱、生态环境、生活习惯、健康理念、消费观念等维度变化所带来的影响，大健康消费将作为消费升级的重要领域，带来巨大的市场需求。同时，科技进步所带来的生命科学领域技术突破，如基因工程、分子诊断、干细胞治疗、3D 打印等一系列重大技术的应用，也为医养产业的快速发展提供强劲动力。

1. 医养结合业态持续丰富

（1）基层医疗机构具备养老服务能力

基层医疗机构所拥有的医疗资源将充分辐射所在社区的老年群体，近年来推行签约家庭医生模式，为区域范围内的老年人提供优质的上门医养结合服务。同时，基层医疗机构依托不断完善的医养结合政策，针对不同消费能力、不同服务需求、不同偏好场景的老年人构建多元化的服务体系。

（2）康养公寓成为养老服务的重要业态

这是一种以医康养护四位一体及类家庭生活为理念，以入住老年人针对性康养服务为特色的持续照料型适老化公寓。不同于传统养老机构的环境、个性化定制的专业服务、全新的机构运营理念赋予了养老以全新内涵。同时，康养公寓的运营方也应加强与医疗机构的合作，将医疗资源引入公寓社区内，更好地服务入住的老年人。目前，国内已经有部分企业尝试进行此类项目的投资与运营，但仍有各自的局限与弊端，市场上缺少真正高端且全方位提供老年人身心呵护的示范型项目，以厘清此类业态的发展思路与路径。

（3）养老机构开始自建医疗板块

就养老市场而言，养老机构仍是老年人的最主要选择，抛开其养老服务品质，具备医疗服务供给能力的只是少部分，能够提供充分、优质医疗服务的更是寥寥无几。在医养结合发展的大趋势下，由养老机构进行自有医疗板块的投资与建设正逐步被市场和社会接受。此外，为了鼓励养老机构自建医疗板块的积极性，政府应当对其建设和运营给予补贴，特别是就税收、土地供给、审核报批等领域出台实施优惠政策，以吸引更多的社会资本入局。在降低门槛、成本的同时，也应同时加强对服务供给团队的监管，规范岗前培训、要求持证上岗，实施常态化职业技能培训等，以保障服务质量。

（4）医疗机构开始提供养老服务

由医疗机构自建自营或受托运营的养老机构，在共享自身充足医疗资源的同时，也应配合分级诊疗、康养联合等制度与标准，建立流畅、合理、科学的转诊、转介、转护、转养制度。根据老年人医疗、养老的实际需求，实现上级医疗机构与基层医疗机构、医疗机构与养老机构的互转互通。

2. 提升基层养老服务供给能力仍是重中之重

县乡两级将成为中国下一步养老服务体系建设的重点。根据相关人口统计数据，随着城镇化进程的加速，流动老人数量已占总流动人口的近10%，他们向城市非中心地区（即县乡两级）的流动比例正在逐年提升。这一现象使得在不远的将来，县乡两级的养老服务将面临一次"大考"。以养老产业发展较为迅速的浙江为例，虽然已基本实现城市内社区型居家养老服务机构的全覆盖，但由于诸多主客观条件的限制，这些机构普遍表现为功能"偏科"，大多着重于文体娱乐等老年人自助功能建设，而康复护理、精神慰藉等需要由专业服务团队支撑的功能则尚显不足。

3. 与旅游产业深度融合发展

老年人已经成为中国旅游产业的重要消费群体之一。受疫情影响，旅游产业发展遭受巨大挫折。但据疫情前调查及统计数据推算，中国每年走出家门旅游的老年人有近10亿人次，旅游市场消费总额超3万亿元，银发人群是旅游产业中不可忽视的群体。相信随着疫情得到更好控制，旅游将逐渐恢复成为老年人精神文化发展的重要组成部分。

4. 可穿戴智慧化设备的应用日益广泛

可穿戴智慧化设备可以通过对佩戴者基础生理指标（如心率、血压、血氧含量、体温等）的采集与特定行为（如跌倒、主动呼救等）的监测，将数据、信息等传输至系统后台，再由后台自动进行预警或按照预设进行处理。可穿戴智慧化设备作为固定式医疗、康养设备的补充与延伸，其发展将催生一个类似移动互联网的移动医疗场景，随着设备的涉老友好化升级，为全时全域养老的实现增添了可能性。

5.数字化成为医养结合市场新增长点

中国推行长期护理保险制度的一大难点在于数据缺失，难以建立起统一的老年人康复护理需求等级认定评判标准，这让长期护理保险的筹资水平与给付标准无法确定。数字化所带来的标准化收集、合理化分析、个性化建议有助于推动长期护理保险制度落地，进而提速医养结合市场的发展。

六 医养结合行业的困境与突围：以浙江为例

康复医院和护理院，相对医疗服务能力较强，大多有能力承担康复、护理的基础需求，但养老院在医疗服务部分的配置就明显不足以承担住院老人对医疗服务的基本需求，这个问题涉及医生难找、成本过大、环评有障碍、医保难通等问题，如仅靠运营机构自身的能力，难以在短期内得到改善。更重要的是，在服务理念和服务水平层面上，几乎所有的医养服务机构均亟待提升，大都以满足生存为基础，还谈不上让老人在服务中适应变老、在变老中不失尊严。

当前的医养服务还缺乏体系建设和规范建设。比如，国家管理机关、行业协会并没有出台更多、更系统的行为准则、行业规范，尤其是护理员、健康管理师等从业人员的技能培训、资格认定、上岗要求等方面，人社部和相关管理部门缺乏有效的协调和统一。被服务对象和服务人员的权利义务关系也有待明确，当前出现的种种矛盾、冲突、纠纷大都是以和稀泥的方式来解决。机构和从业人员的权利、义务和责任，亟待明确规范。

从当前医养结合运营机构的入住率情况看，一床难求的情况非常少，多数入住率并没有达到预期效果。究其原因，包括区域位置不方便、服务对象定位不清晰，服务团队的服务输出未能得到群众认可，也有收费不够合理问题，等等。本报告认为，最重要的是尚未构建起一套科学合理、适合中国国情的养老（医养）支付体系。这也是老人情愿在家里面对种种不方便和困难，不到万不得已不去选择机构护理和养老的重要原因之一。比如，杭州市滨江区政府出台了残疾人补贴政策，一、二、三级残疾人士每月分别可获得3000元、2000元、1000元的助残补贴，但前提是必须入住护理或者养老服务机构才能获得。数年后，这个区的护理院、养老院对比其他区、县，在入住率、规范运营、服务成效、团队信心、护理员稳定性等方面优势明显，既解决了养老压力，又创造了许多护工就业岗位。反观其他区县，也有不少的养老、助残补贴，貌似直接落实到老人头上，但实际上真正落在老人身上的则不得而知，即使落在老人、残疾人士手中，愿意用来改善自己生活环境的更是无法统计。虽然这样简单粗暴的补贴方式值得商榷。在"长期照护险"即将在全国推广的背景下，更需要相关部门科学决策，使"长期照护险"成为大健康产业健康发展的推动力，提升养老机构的运营活力，这也符合国家战略方向。

医养结合的服务模式把慢病管理、大病康复、护理依赖从当前的综合医院体系中慢慢分离出来，综合医院集中最好的医疗资源，做好"医、疗、诊、治"，其他的健康服务交给医养结合机构（护理院、养老院），对于缓解当前医疗体系过度治疗、重复治疗造成的大量人力、国家财力浪费，无疑是一个可以实践的解决方案。探索发展"医养结合"，对于"健康中国"战略有重大意义，其推进实施功在当代、利惠千秋。

B.8
医疗卫生无障碍建设法治报告

曲相霏*

摘　要： 推动医疗卫生领域无障碍建设，在中国具有十分重要的现实意义，也是中国政府应当承担的法律责任。医疗卫生无障碍既包括通用设计，也包括提供合理便利；既包括医疗卫生物质设施方面的无障碍，也包括信息交流等非物质设施方面的无障碍。中国已经制定了一系列涉及无障碍的法律法规和政策标准，其中包括医疗卫生无障碍相关内容，但以医疗卫生无障碍为主题的专门性规范还相对不足。《无障碍环境建设条例》实施10年来，中国在无障碍建设方面有了长足进步，在医疗卫生无障碍方面也取得了一定成就，但总体来看还有明显的改进空间。医疗卫生无障碍建设还存在侧重硬件设施改造、非硬件无障碍保障不足的问题，如盲文、手语等方面的服务不足，提供合理便利的意识缺乏。医疗卫生无障碍建设还需要完善规范形式和内容，并强化落实机制。

关键词： 医疗卫生无障碍建设　信息无障碍　疫情防控　健康权

一　推进医疗卫生无障碍建设的现实需要和重大意义

中国目前有8500多万残疾人，其中重度残疾人2500多万，中度和轻

---

* 曲相霏，中国社会科学院国际法研究所研究员，中国社会科学院大学法学院教授，《国际法研究》编辑部主任。

度残疾人近6000万①。第7次全国人口普查数据显示，中国60岁及以上人口有 2.6 亿人，人口比重达到 18.7%；其中，65 岁及以上人口 1.9 亿人，人口比重达到 13.5%；全国 31 个省份中，有 16 个省份 65 岁及以上人口超过 500 万人，其中有 6 个省份老年人口超过了 1000 万人②。保守推算，残疾人和老年人已经占到全部人口的 25% 以上。未来 5～10 年，随着 20 世纪 60 年代婴儿潮时期出生的人口逐渐进入老龄，中国老龄人口的规模之大、进入老龄社会的速度之快和程度之深，都是世所未见的。残疾人、老年人、病患者和孕产妇等，对医疗卫生无障碍（accessibility）的现实需求非常庞大，推动医疗卫生领域的无障碍建设具有十分重要的现实意义。

"无障碍"是指产品、服务、环境和设施等，能够在最大程度上和最大范围内，被具有不同特征和不同能力的人所利用。追溯历史，20 世纪 30 年代无障碍就作为一种建筑设计理念出现在北欧国家的城市建设规划中，随后在欧美国家得到发展。1974 年联合国残疾人生活环境专家会议正式提出了"无障碍（barrier free）设计"概念，无障碍一词开始在国际社会被广泛使用。随着 1982 年联合国《关于残疾人的世界行动纲领》的通过，无障碍概念逐渐从建筑设计领域扩展到更广泛的社会领域。1993 年联合国大会通过了《残疾人机会均等标准规则》，"无障碍"首次出现在联合国文书中；2006 年通过的联合国《残疾人权利公约》将"无障碍"确立为一项重要权利和基本原则③。2008 年中国批准了联合国《残疾人权利公约》，推行无障碍成为中国政府承担的一项公约责任。

根据《残疾人权利公约》，"无障碍"既包括通用设计（universal design），也包括合理便利（reasonable accommodation）。通用设计是指产品、环境、

---

① 《2010 年末全国残疾人总数及各类、不同残疾等级人数》，中国残联官网，https：//www.cdpf.org.cn/zwgk/zccx/cjrgk/15e9ac67d7124f3fb4a23b7e2ac739aa.htm，最后访问日期：2022 年 9 月 1 日。

② 《国家统计局：60 岁及以上人口比重达 18.7%　老龄化进程明显加快》，人民网，http：//finance.people.com.cn/n1/2021/0511/c1004-32100026.html，最后访问日期：2022 年 9 月 1 日。

③ 参见厉才茂《无障碍概念辨析》，《残疾人研究》2019 年第 4 期，第 64～72 页。

方案和服务设计尽最大可能让所有人都可以使用，而无须作出调整或特别设计。合理便利则是指，"根据具体需要，在不造成过度或不当负担的情况下，进行必要和适当的修改和调整，以确保残疾人在与其他人平等的基础上享有或行使一切人权和基本自由"。可见，通用设计强调在设计时预先考虑所有人的需要，并为此提前做好准备；而合理便利强调在遇到障碍时，根据个体的需要，提供合理的调整。二者相辅相成，共同创造一个无障碍环境①。《残疾人权利公约》的无障碍理念并不局限于专门为残疾人提供专用产品和服务，而是着眼于为所有社会成员消除障碍。实际上，为残疾人消除障碍而提供的产品和服务，在很大程度上也能够为其他社会成员提供方便。

1993 年联合国大会通过的《残疾人机会均等标准规则》中的"无障碍"，已经确认了无障碍在社会各个领域机会均等过程中的作用，要求各国均应实现物质环境无障碍，并提供信息和交流方面的无障碍。《残疾人权利公约》明确了无障碍包括物质、社会、经济和文化环境、医疗卫生和教育以及信息和交流等各个方面和领域。2012 年的《无障碍环境建设条例》也规定，无障碍环境建设"是指为便于残疾人等社会成员自主安全地通行道路、出入相关建筑物、搭乘公共交通工具、交流信息、获得社区服务所进行的建设活动"。实践中，无障碍环境建设的内容已经由单纯的物质设施建设发展到全方位从物质到信息交流到制度到社会心理、公共意识等各个方面，致力于建设一个通用的、包容的社会。

综合上述分析，医疗卫生无障碍是指医疗卫生领域的设施、产品、信息、服务、环境等，能够在最大程度上和最大范围内，被具有不同特征和不同能力的人所利用。这里的医疗卫生，不局限于由医疗机构提供、发生在医疗机构内部的医疗卫生服务，而是一个范围更广的概念，包括健康卫生相关

---

① 参见曲相霏《残疾人权利公约中的合理便利——考量基准与保障手段》，《政法论坛》2016年第 2 期。

信息的获取和交流、药品的采购和使用等所有卫生健康领域①。医疗卫生无障碍既包括医疗卫生领域硬件物质设施建设方面，也包括信息交流等非物质方面；既包括预先的通用设计，也包括针对个体需要提供的合理便利。

近年来国务院政府工作报告中也多次强调无障碍建设，要求无障碍建设要更具包容性和人文关怀。医疗卫生健康对于广大人民群众的重要性不言而喻，加快推进医疗卫生无障碍建设是保障健康权的需要，是党和政府以人民为中心的重要体现，具有十分重要的意义。

二 推进医疗卫生无障碍的相关法律法规

（一）涉及无障碍建设的一般性法律法规

20 世纪 80 年代，无障碍一词开始进入中国，至今已经成为中国残疾人事业、老龄事业、建筑设计、信息化和现代传媒等诸多领域的热词②。中国的无障碍环境建设从城市无障碍环境建设开始，走向包括城市与农村的整体环境无障碍；从消除城市道路和建筑物的有形障碍开始，走向消除有形障碍与无形障碍的全面无障碍。

1990 年通过的《残疾人保障法》第 7 章"环境"中规定，"国家和社

---

① 医疗卫生无障碍与近年来一些医疗机构推进的"无障碍就医工程"中的无障碍并不完全相同。后者的内涵和外延更大，已经超出了法律的要求，超越了平等与不歧视的视角，主要包括一系列便民惠民举措，目的是构建和谐医患关系，破解患者就医的有关痛点、难点问题。例如，青岛大学附属医院为落实国家卫生健康委《关于进一步改善医疗服务行动计划》，在全国率先启动"无障碍就医"工程。该医院采取的措施包括：全面构建患者流无障碍通道；推出调整门诊工作时间、取消科室限号、合理安排错时就诊等多项措施，实行导诊咨询、便民服务、病案复印、证明审核等一体化管理和一站式服务；分时段预约，错时就诊，有序调控"患者流"；推行病房智能化系统，通过实施云医学影像集成视图系统，全院临床医生工作站均可在电脑上进行 CT、MR、PET-CT 等三维成像处理，通过三维云处理任务，可在任意一个工作站查阅；建设互联网医院，有效利用远程会诊平台；等等。参见《让百姓就医更有获得感——青岛大学附属医院推行"无障碍就医"纪实》，《中国医院管理》2020 年第 5 期。

② 参见厉才茂《无障碍概念辨析》，《残疾人研究》2019 年第 4 期，第 64~72 页。

会逐步创造良好的环境，改善残疾人参与社会生活的条件"，"国家和社会逐步实行方便残疾人的城市道路和建筑物设计规范，采取无障碍措施"。2008年中国批准联合国《残疾人权利公约》，同年修订了《残疾人保障法》，将第7章的名称改为"无障碍环境"并扩充相关内容，提出了包括完善无障碍设施、推进信息无障碍、提供考试无障碍、鼓励扶持无障碍研究设计开发、携带导盲犬出入公共场所等诸多方面的规定。无障碍建设也逐渐在更多法律法规中得到规定。

2012年国务院通过了专门性的《无障碍环境建设条例》。在实施《无障碍环境建设条例》过程中，各政府部门、团体行业等又出台了相关的政策标准，制订了相关行动方案，开展了"创建全国无障碍建设城市"等活动，推动各领域的无障碍建设。例如，住房和城乡建设部制定了《无障碍设计规范》《家庭无障碍建设指南》《无障碍设施施工验收及维护规范》《无障碍及适老建筑产品技术要求》《建筑与市政工程无障碍通用规范》等；民政部、中国残联等发布了《城市道路和建筑物无障碍设计规范》行业标准；工业和信息化部制定了《移动终端无障碍技术要求》《互联网应用适老化及无障碍改造专项行动方案》《信息技术 互联网内容无障碍可访问性技术要求与测试方法》等；国家铁路局发布《铁路旅客车站设计规范》（TB 10100-2018）行业标准，2019年《铁道客车及动车组无障碍设施通用技术条件》国家标准发布，中国铁路总公司通过一系列行动加强和提升了无障碍设施建设和服务[①]；中国民航局制定了《残疾人航空运输服务规范》《残疾人航空运输管理办法》《残疾人航空运输评定标准》《民用机场旅客航站区无障碍设施设备配置技术标准》；中国残联与有关部门共同提出了"十四五"期间推进困难重度残疾人家庭无障碍改造工作；中国互联网协会批准发布了《Web信息无障碍通用设计规范》和《可信数据服务 多方数据价

---

① 例如，新建高速、城际铁路和普速铁路较大的客运站均采用高站台和无障碍设施，新造的动车组列车都设置了无障碍厕所、轮椅专用席位等服务设施，既有较大车站和部分普通旅客列车通过改造也配备了无障碍设备。参见《中国无障碍：现在与未来》，《中国青年报》2019年8月1日。

值挖掘体系框架》；等等。

推动无障碍建设系统化、规范化、制度化，需要多方面的法律保障。2020 年 5 月通过的《民法典》第 281 条规定了建筑物及其附属设施的维修资金，可以用于无障碍设施共有部分的"维修、更新和改造"。这一规定使无障碍建设在法律体系中的地位和重要性进一步加强。截至 2022 年 8 月 31 日，中国在中央一级已经发布了 96 个标题中含有"无障碍"的规范性文件，包括 1 部行政法规、1 个司法机关文件（即 2021 年最高人民检察院发布的 10 件无障碍环境建设公益诉讼典型案例）、62 个部门文件、29 个团体规定、4 个行业规定，其中现行有效的 94 个；地方一级的法规文件则达 588 个①。"无障碍环境建设法"也被全国人大常委会列入了 2022 年立法工作计划。

上述这些法律法规和政策标准，尽管没有专门规定医疗卫生无障碍，但是根据法律的目的解释和系统解释，都有助于实现医疗卫生无障碍。例如，《残疾人保障法》和《无障碍环境建设条例》规定，国家和社会要完善无障碍设施、推进信息交流无障碍，新建、改建和扩建建筑物、道路、交通设施等应当符合国家有关无障碍设施工程建设标准，对无障碍设施应当及时维修和保护。公共服务机构和公共场所应当创造条件，为残疾人提供语音和文字提示、手语、盲文等信息交流服务，并提供优先服务和辅助性服务。上述法律规定如果能够得到落实，医疗卫生无障碍必然能够顺利实现。

（二）医疗卫生无障碍专门性规定

《无障碍环境建设条例》特别规定，"医疗卫生等单位的公共服务场所"，政府应当优先推进无障碍设施改造；还规定，"地方各级人民政府应当逐步完善报警、医疗急救等紧急呼叫系统，方便残疾人等社会成员报警、呼救"。

---

① 北大法宝，https：//www.pkulaw.com/law/chl？Keywords＝％e6％97％a0％e9％9a％9c％e7％a2％8d&SearchKeywordType＝Title&MatchType＝Exact，最后访问日期：2022 年 8 月 31 日。

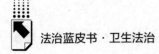

　　住房和城乡建设部制定的《无障碍设计规范》国家标准（GB 50763-2012）第8.4部分专门规定了医疗康复建筑的无障碍设计标准。该标准所规定的医疗康复建筑范围包括所有综合医院、专科医院、疗养院、康复中心、急救中心和其他所有与医疗、康复有关的建筑物。该标准详细地规定了各项设计的无障碍规范要求。例如，在医疗康复建筑中，凡病人、康复人员使用的建筑，步行道和门应满足下列要求。①不应采用力度大的弹簧门，并不宜采用弹簧门、玻璃门；当采用玻璃门时，应有醒目的提示标志。②自动门开启后通行净宽度不应小于1米。③平开门、推拉门、折叠门开启后的通行净宽度不应小于800毫米，有条件时，不宜小于900毫米。④在门扇内外应留有直径不小于1.5米的轮椅回转空间。⑤在单扇平开门、推拉门、折叠门的门把手一侧的墙面，应设宽度不小于400毫米的墙面。⑥平开门、推拉门、折叠门的门扇应设距地900毫米的把手，宜设视线观察玻璃，并宜在距地350毫米范围内安装护门板。⑦门槛高度及门内外地面高差不应大于15毫米，并以斜面过渡。⑧无障碍通道上的门扇应便于开关。⑨宜与周围墙面有一定的色彩反差，方便识别。再如，在医疗康复建筑中，凡病人、康复人员使用的无障碍设施，院区室外的休息座椅旁，应留有轮椅停留空间；主要出入口应为无障碍出入口，宜设置为平坡出入口；室内通道应设置无障碍通道，净宽不应小于1.80米，并按照本规范第3.8节的要求设置扶手；同一建筑内应至少设置1部无障碍楼梯；每组电梯应至少设置1部无障碍电梯；首层应至少设置1处无障碍厕所；各楼层至少有1处公共厕所应满足本规范无障碍有关规定或设置无障碍厕所；病房内的厕所应设置安全抓杆，并符合本规范的有关规定；儿童医院的门、急诊部和医技部，每层宜设置至少1处母婴室，并靠近公共厕所；诊区、病区的护士站、公共电话台、查询处、饮水器、自助售货处、服务台等应设置低位服务设施；无障碍设施应设符合国家标准的无障碍标志，在康复建筑的院区主要出入口处宜设置盲文地图或供视觉障碍者使用的语音导医系统和提示系统、供听力障碍者需要的手语服务及文字提示导医系统。门、急诊部的无障碍设施还应符合下列规定：①挂号、收费、取药处应设置文字显示器以及语言广播装置和低位服务台或窗口；②候诊区应设轮椅停留空间。医技部的无障碍设施应符合下列规定：病人更衣室内应留有直径不小于1.50米的轮椅回转空间，部分更衣箱高度应小于1.40米；等候区应留有轮椅停留空间，取报告处宜设文字显示器和语音提示装置。该国家标准还对住院部病人活动室、理疗用房、办公、科研、餐厅、食堂等的出入口、扶手等作出了设计规定①。

2021年国家卫生健康委组织编制了新的《综合医院建设标准》（建标110-2021），自2021年7月1日起实施。该建设标准适用于综合医院新建、改建和扩建工程项目，其他医院类工程项目可参照执行。该建设标准作为综合医院科学决策、合理确定建设水平的全国统一标准，是编制、评估及审批、核准综合医院建设项目的项目建议书、可行性研究报告和项目申请报告的主要依据，也是审查项目工程初步设计及监督检查工程建设全过程的重要尺度②。该建设标准特别规定，"综合医院的建设应符合国家及当地无障碍设施建设的有关规定"。2012年通过的《康复医院设置基本标准》也特别规定，"医院应有方便残疾人的无障碍通道和设施"。

除了全国性的规定，有的地方也制定了专门性的医疗卫生服务无障碍规范。例如，北京市在全国无障碍环境建设中一直走在前列，自2004年制定《北京市无障碍设施建设和管理条例》开始，已经出台了20多部无障碍标准等指导类文件。2019年《北京市进一步促进无障碍环境建设2019～2021年行动方案》通过，其中规定"本市各类公共服务场所应按照可达性、便利性原则，依据建筑物无障碍设计规范，优化无障碍通道，实施出入口坡化处理，设置低位服务设施、无障碍电梯、无障碍卫生间（无障碍厕位）以及用于无障碍信息交流的语音、字幕、标识等无障碍设施"；"二级以上医疗机构应设置无障碍卫生间，社区医疗机构应设置无障碍厕位，各类医疗机构的室内通道应设置无障碍扶手"；"鼓励有条件的医疗机构配备手语导医

---

① 参见住房和城乡建设部《无障碍设计规范》国家标准（GB 50763-2012）。
② 参见国家卫生健康委《综合医院建设标准》（建标110-2021）。

服务"；"全面实施政府网站以及公共服务应用程序的信息无障碍建设和改造"；"市广播电视台在播出电视节目时应逐步增加配播字幕，在播出新闻节目时应逐步增加配播手语翻译的时间"；鼓励医疗卫生等公共服务类网站及相关电商平台实施无障碍改造①。为切实解决医疗机构的无障碍环境建设突出问题，2019 年底北京市卫生健康委编制了《北京市医疗机构无障碍环境建设专项行动工作标准》，以指导相关单位进行无障碍设施整改②。

2022 年 2 月发布的《国务院关于加快推进政务服务标准化规范化便利化的指导意见》指出，医疗卫生领域"依申请办理的公共服务事项纳入政务服务事项范围"，"推进各级政府网站、政务服务平台适老化、无障碍改造"，医疗卫生等领域"群众经常办理且基层能有效承接的政务服务事项以委托受理、授权办理、帮办代办等方式下沉至便民服务中心（站）办理"，"各类政务服务场所要加强无障碍环境建设和改造，为老年人、残疾人等特殊群体提供便利服务"。

三 推动医疗卫生无障碍建设的实践情况与未来展望

（一）实践情况

推行无障碍建设 30 年来，尤其是《无障碍环境建设条例》实施 10 年来，中国在无障碍建设方面有了长足进步，医疗卫生无障碍建设也取得了一定成就。例如，在 2022 年北京冬奥会召开之前，北京市卫生健康委推进北京各医疗机构开展了无障碍设施建设、管理等方面的整改，包括对各院区医疗建筑内公共区域的无障碍卫生间、扶手、停车位、盲道及洗手盆等现状进

---

① 参见北京市人民政府办公厅《北京市进一步促进无障碍环境建设 2019~2021 年行动方案》。
② 参见王凤奇、李思童《无障碍设施改造实践之北大医院模式》，《中国医院院长》2021 年第 10 期。

行实地调研，对不满足标准要求的进行改造。通过无障碍设施改造，北京主要医疗机构现有的无障碍设施可以基本满足使用对象的需求[1]。浙江省杭州市卫生健康委以迎接杭州亚运会、亚残运会召开为契机，全面开展医疗机构信息交流无障碍建设，杭州市西溪医院在杭州市属医院中率先启用了信息无障碍应用场景[2]。在实践中，有的医疗机构根据数字化时代的特点，提供便捷的线上租借轮椅、在线预约、扫码支付、报告查询、胶片打印等服务并配置志愿者现场支持；医院内各处通道无障碍，拐角及斜坡处设置清晰、明确的标识标志；门诊各楼层均设无障碍卫生间，内有足够空间可供轮椅推动及转弯，配备把手及紧急呼叫设备，防止意外发生；每层病房都有规划好的轮椅存放点，护士台装配有时钟、日历和提示板等供患者参考；病房家具颜色与环境颜色对比明显，台桌角均为弧度设计，防止患者碰撞受伤[3]。

但是，总体来看，当前中国各级医疗机构的无障碍建设还有较大改进空间。2018年3~10月，根据《国际功能、残疾和健康分类》（ICF）提出的环境因素限定值和分级，针对广州市区30所医院的10项无障碍设施（出入口、通道及门、扶手、楼梯及台阶、电梯、盲道、停车位、厕所、低位服务设施和标识系统）的一项调查评定显示：三级医院介于轻度障碍和中度障碍之间；二级医院介于中度障碍和重度障碍之间，偏向于中度障碍；一级医院介于中度障碍和重度障碍之间，偏向于重度障碍；结论是各级医院的无障碍环境状况介于轻度障碍和重度障碍之间，都存在改进空间[4]。与大城市大医院的无障碍设施建设相比，广大农村卫生室的无障碍环境建设总体情况更不容乐观，盲道、无障碍厕所、无障碍停车位、无障碍标识系统等都有待改善[5]。

---

[1] 参见王凤奇、李思童《无障碍设施改造实践之北大医院模式》，《中国医院院长》2021年第10期。

[2] 杭文：《杭州市：医疗机构无障碍服务"有智慧"》，《中国人口报》2021年11月18日。

[3] 参见田卓平、王洁婷《扣紧为老服务关键一环》，《中国卫生》2022年第4期。

[4] 参见陈欢、艾旺宪、叶长青《广州市各级医院无障碍环境现状调查》，《中国康复理论与实践》2020年第8期。

[5] 参见吕海源等《山东省某市村卫生室无障碍环境建设现状及其影响因素》，《医学与社会》2022年第7期，第35页；周立芳等：《老龄化背景下某市村卫生室建筑无障碍水平分析》，《中华医院管理杂志》2022年第2期，第38页。

另外，目前的医疗卫生无障碍建设还存在重硬件设施改造而非硬件无障碍保障不足的问题，如盲文、手语等方面的服务不足，意识缺乏。据调查，在新冠疫情防控初期，由于无障碍环境不完善，许多残疾人以及有类似需求的老年人、孕妇、病人等不能及时了解疫情防控基本状况，在获得生活防疫物资和就医等方面面临困难。例如，在疫情初期，一项针对178名湖北残疾人的需求评估调研表明，有14%的人（主要是盲人和聋人群体）在了解疫情信息上存在障碍①。

为更好地提供无障碍疫情信息等医疗卫生服务，中国残联、相关政府机关及民间机构做了大量工作。2020年1月26日，中国残联办公厅印发通知，要求各级残联加强疫情防治知识的宣传教育工作，特别是要有针对性地做好面向残疾人的宣传教育。2020年2月，中国盲人协会与中国盲文出版社、中国视障文化资讯服务中心把《新型冠状病毒感染的肺炎公众防护指南》有声书内容嵌入呼叫中心的语音服务中，增加了不会使用智能手机和不能上网的盲人及时获得疫情防控知识的途径，该有声书已在有关网站和全国各地近400个盲人微信管理群广泛转发。盲人只要拨打中国视障文化资讯服务中心的热线电话4006107868，根据语音提示选择疫情防护，就能通过电话收听包括疫情要闻、防护知识、抗疫宣传、盲协抗疫和新冠病毒实时动态新闻等内容。中国聋协手语研究委员会制作了《预防新型冠状病毒感染的肺炎从个人防护做起》短视频，向手语使用者解释如何正确佩戴口罩、要勤洗手、应尽量居家等关键信息。各地聋协还对政府部门等发布的权威信息进行二次整理，用通用手语拍摄疫情防控短视频，加配字幕，在微信公众号、微信群等社交媒体广泛发布②。2020年2月4日起，国务院联防联控机制、北京市政府、上海市政府举办的疫情防控新闻发布会均配备手语翻译，有的翻译员还佩戴透明口罩，以提升翻译效果。地方残联、图书馆、特殊教

---

① 参见张万洪、丁鹏《新冠肺炎疫情防控中的残疾人权利保障》，《中国人权事业发展报告（2021）》，社会科学文献出版社，2021，第417页。

② 《信息无障碍助力盲人聋人抗击疫情》，中国日报网，2020年2月18日，https://cn.chinadaily.com.cn/a/202002/18/WS5e4ba648a3107bb6b57a08b5.html。

育学校、助残组织等在推动信息无障碍方面发挥了积极作用，如发布相关防疫指南的手语版。湖北省残联和助残社会组织积极整合线上线下手语翻译资源，为感染入院的聋人及医护人员提供交流无障碍支持。还有社会组织通过手语视频、无障碍网页等，为残障人士提供药品代购代送服务[①]。

（二）展望

在不同层面、不同区域、不同环节提升通用无障碍水平，需要有充分的立法保障，有对行动主体的适当赋能，有及时的监督、检查、评估，有在遵守相关政策和法律前提下的合作和交流，"通用无障碍是所有人的福祉，所以需要所有人的积极投入"[②]。

第一，完善医疗卫生无障碍规范。如上所述，全国人大常委会已经将"无障碍环境建设法"列入 2022 年立法工作计划，这将成为中国无障碍环境建设的一部基本法律，极大推动中国无障碍环境建设法律法规的完善和实施。另外，若干行业和团体，如住房和建设部门、铁路和民航部门，都已经制订了无障碍政策标准，而医疗卫生领域专门的无障碍建设标准和规范还相对缺乏，国家卫生健康委可以参照住房和建设部门、铁路和民航部门等，制定医疗卫生领域的无障碍行业规范。

第二，完善医疗卫生无障碍内容。医疗卫生领域要在两个方面落实好无障碍建设。一方面，继续加强和完善硬件设施的无障碍建设。例如，在医疗机构中，各类通道的宽度应能满足病床和轮椅相向或并行移动；候诊区应设置轮椅停留空间；各类服务窗口，如咨询台、挂号收费台、取药台、分诊台、护士站等，应设置为无障碍服务台；卫生间除安排无障碍洗手盆、大小便器外，还应留有轮椅回旋空间；等等[③]。另一方面，未来医疗卫生应当补

---

① 参见张万洪、丁鹏《新冠肺炎疫情防控中的残疾人权利保障》，《中国人权事业发展报告（2021）》，社会科学文献出版社，2021，第 152 页。

② 参见 2018 年 10 月 14 日全国无障碍机构第一次联席会议发表的《通用无障碍发展北京宣言》。

③ 刘俊丽、高淑君、刘鹏：《康复医院基本建设实践与思考》，《中国医院建筑与装备》2020年第 10 期。

充和加强非物质形式的无障碍,如语音文本转换、视频字幕、手语服务等等,并且特别强调为有需要的个体提供合理便利,因为按照《残疾人权利公约》的规定,拒绝提供合理便利将构成歧视。

第三,强化医疗卫生无障碍落实机制。落实无障碍法律法规是无障碍建设的关键,需要强化落实机制,做好执法检查,在缩小地区差异和城乡差距、做好硬件建设的同时,特别需要落实信息交流无障碍,并提高全社会医疗卫生服务提供者的无障碍意识水平。

中国药品知识产权法治发展报告

张浩然*

摘 要： 药品是保障健康权实现的必需品，药品创新是提升全民健康水平
的根本推动力，知识产权是激励和调整医药产业持续创新的基本
制度。本文分析了改革开放以来中国药品知识产权法治发展历程
及最新进展。在经历了被动接受、调整适应而后主动选择过程之
后，中国已建立起了现代化药品知识产权制度框架，其分为保护
药品创新和保障公共健康需求两方面，即以专利权保护、药品专
利链接制度、药品专利期限补偿制度、药品试验数据保护制度激
励药品创新，通过专利权保护例外、强制许可制度、专利豁免和
反垄断制度保障公共健康需求。相关配套制度有待进一步完善，
未来需明确国家药品产业定位和基本政策取向，构建适应制药产
业发展、以公共健康为根本出发点的药品知识产权法治。

关键词： 药品创新 知识产权 药品专利 公共健康

一 中国药品知识产权制度发展概述

健康权是一项基本人权和宪法基本权利，药品是预防、治疗、控制疾病
从而保障健康权实现的必需品，持续不断的药品创新则是人类战胜一系列威
胁生命健康重大、根本性挑战的关键。此次新冠疫情防控尤其体现了科学技

---

* 张浩然，中国社会科学院法学研究所助理研究员，中国社会科学院知识产权中心研究员。

术的重要作用, 2020 年 6 月 2 日, 习近平总书记主持召开专家学者座谈会时强调指出: "科学技术是人类同疾病斗争的锐利武器, 人类战胜大灾大疫离不开科学发展和技术创新。"① 知识产权是激励和调整医药产业持续创新的基本制度, 需要在激励创新和药物可及性两方面加以保障和平衡: 一方面, 创新药物研发具有"高投入、高风险、长周期"的特点, 新药成分披露之后极易被竞争对手模仿, 为保护研发投资和激励创新, 需要通过知识产权制度赋予创新者在一定期限内对创新成果的垄断权, 使得创新药在独占期内可以收回研发成本、获取利润; 另一方面, 药品作为公共健康必需品, 法律保护应当在鼓励药品创新与保障公共健康和实现药品可及性之间建立恰当平衡。一般而言, 专利药(或称原研药)在专利独占期内价格较高, 社会公众较难负担, 允许其他厂商生产与原研药具有相同活性成分、剂量、给药途径、剂型、适应证的药物(即仿制药)是保障药品可及性和公共健康的重要手段。因此, 需要构建原研药与仿制药厂商的合理竞争秩序, 以确保公众有安全、有效、可支付的药品供应。

为实现这两方面的目标, 按照对科技创新活动的一般调整范式, 传统知识产权制度主要通过专利权保护企业研发投资, 以专利制度内部的权利保护例外、限制机制和市场竞争执法保障公共利益。然而, 药品领域的创新和竞争有其特殊性, 这也催生了药品领域知识产权特殊制度的产生。具体而言, 药品知识产权特殊制度最早源自美国法, 由于药品上市销售涉及公共健康问题, 在欧洲"反应停"事件后②, 1962 年美国颁布了《卡法尔—哈里斯修正案》, 对《联邦食品、药品和化妆品法案》进行了修改, 要求所有药品上市之前都要进行严格的安全性、有效性试验并经过行政审批, 未经审批不得上市。这保障了上市药品的安全性, 同时严重限制了仿制药发展, 因为所有

---

① 习近平: 《为打赢疫情防控阻击战提供强大科技支撑》, 《求是》2020 年第 6 期。
② "反应停"指的是 20 世纪 50 年代, 德国药厂格兰泰公司生产了一种孕妇止吐药物"反应停"(沙利窦迈), 该药物在欧洲、加拿大、澳大利亚、日本等上市后, 多名孕妇在服用反应停后产下先天四肢残缺的畸形儿。1961 年 11 月起, "反应停"陆续在各国被强制撤回。在美国, 由于食品药品管理局阻止了该药物上市, 类似悲剧没有在美国上演, 也导致美国此后对上市药品进行严格的安全性、有效性审查。

仿制药上市之前都需要进行临床试验证明其安全性、有效性。这一方面使得仿制药研发成本提高；另一方面，仿制药厂商在专利有效期内进行临床试验面临侵犯他人专利权的风险，专利有效期过后再进行临床试验将严重延缓仿制药的上市时间，这导致了上市仿制药数量大大减少，仿制药成本急剧升高，药价居高不下。1984 年，美国针对性地颁布了《药品价格竞争和专利期补偿法案》（Hatch-Waxman 法案），改革了仿制药审批程序，并围绕审批程序构建起了平衡创新药和仿制药厂商的特殊知识产权制度，具体包括：①仿制药简化审批程序，仿制药申请上市时，不需要再重复提交安全性和有效性数据，可引用原研药上市审批时的安全性、有效性数据，仿制药仅需证明其与原研药具有生物等效性，即可被批准上市；②安全港条款（Bolar）例外制度，为保证仿制药能够及时提交申请，在药品专利保护期限届满后及时上市，法案给予了仿制药专利侵权豁免，即仿制药厂商为申请上市使用专利的行为，不视为侵犯专利权；③试验数据专有权制度，虽然仿制药申请上市时可依赖原研药的安全性、有效性数据，但原研药厂商在试验过程中付出了投资而对其数据具有财产性利益，因此新化学实体自上市许可后可获得 5 年的药品数据独占期，在此期限内仿制药不得依赖原研药的试验数据申请上市；④药品专利期限延长制度，原研药在获得专利授权后，再进行临床试验并申请上市审批仍需要较长周期，由此导致原研药实际获得的市场独占期较短，因此法案规定原研药在上市之后可申请专利保护期延长，药品专利延长期等于临床试验阶段的一半加上新药审批时间，专利期限最长可延期 5 年，从产品上市许可之日起最长不超过 14 年；⑤药品专利链接制度（Patent Linkage），也称为药品上市前纠纷解决机制。药品上市审批制度的存在提供了专利权人与实施人上市前解决侵权纠纷、防范侵权风险的可能，专利链接制度要求行政机关在批准化学仿制药上市的过程中，除审查仿制药有效性和安全性外，还应当考虑仿制药是否侵犯了原研药的相关专利权，如果仿制药侵犯他人专利权，则停止批准仿制药上市，具体包括拟制侵权制度、桔皮书制度、仿制药专利声明、仿制药审批中止期、首仿药市场独占期。《药品价格竞争与专利期补偿法》（Hatch-Waxman 法案）在全球范围内开启了药品知识产权保护的新范式，美国为在全球贸易中保护其国内企业利益，积极向外输出其药品知识产权保护规则，极大地影响了国际规则的形成。

在国际层面，作为全球范围内最为广泛接受的知识产权多边条约，1994年世界贸易组织（WTO）《与贸易有关的知识产权协定》（TRIPs）规定了包括药品在内专利权保护的最低标准以及对药品试验数据排除他人不正当商业利用的保护。伴随着全球公共健康危机的出现，相关国际组织和成员方开始推动利用 TRIPs 下的灵活条款限制专利权行使以解决公共健康问题，包括明确 Bolar 例外并不违反 TRIPs，通过《TRIPs 与公共健康多哈宣言》（多哈宣言）、《关于 TRIPs 协议和公共健康多哈宣言第 6 段的执行决议》确认成员方有实施专利强制许可和平行进口的权利，从而增强发展中国家的药品可及性①。此外，虽然美国法上的药品专利期限延长、药品专利链接、试验数据专有权等制度并未被纳入 TRIPs，但美国积极通过双边、多边自由贸易协定形式向其贸易伙伴输出制度规则②，相关制度在欧盟、日本、韩国等诸多国家和地区被广泛接受。

在中国，药品知识产权制度系作为知识产权制度体系的一部分而确立并不断完善，相关制度建立缘起于对外开放需求，成熟于加入世界贸易组织与国际接轨之际，并在建设创新型国家进程中实现了以我为主的发展完善，经历了一个被动接受、调整并自我完善的过程③。具体而言，中国药品知识产权保护相对较晚，1984 年新中国通过了第一部《专利法》，当时考虑到药品是关乎国民健康的必需品以及中国制药产业相对落后的客观情况，1984 年《专利法》明确将用化学方法获得的药品排除在专利权客体之外，只对制药方法加以保护。此后由于中美经贸摩擦，1992 年中美签署了《中美政府关于知识产权保护的谅解备忘录》，参照当时已经基本形成的 TRIPs 框架，双

---

① 参见何隽《迈向卫生公平：WTO 中的药品知识产权》，《清华法治论衡》2015 年第 21 辑，第 101~116 页。
② 参见梁志文《美国自由贸易协定中药品 TRIPS-Plus 保护》，《比较法研究》2014 年第 1 期。
③ 参见吴汉东《中国知识产权法制建设的评价与反思》，《中国法学》2009 年第 1 期。

方约定对包括药品在内的所有化学物质发明授予专利[1]。执行该协议，1992年《专利法》第一次修改扩大了专利权的保护范围，对药品相关方法和产品专利均提供保护，此后药品专利数量迅速增长，药品专利保护事业蓬勃发展。2000年后，为加入世界贸易组织与国际规则接轨，中国在加入WTO时承诺提供6年的药品试验数据保护期，为履行该承诺和TRIPs第39条第3款要求，2002年国务院《药品管理法实施条例》建立了药品试验数据制度。由于国际层面对公共健康问题的关注，2008年《专利法》修改对药品专利权增加了Bolar例外等限制，并在《多哈宣言》之后进一步完善了药品专利强制许可制度。近年来，伴随着国家知识产权战略和创新驱动发展战略的实施，制药产业发展定位由解决缺医少药问题转变为发展创新型制药产业，要求加强药品创新的制度激励，在中美经贸摩擦中《中美第一阶段经贸协议》也对中国药品知识产权制度完善提出了明确要求，2020年《专利法》第四次修改规定了药品专利期限补偿制度和药品专利链接制度。

因此，经历改革开放40多年的发展，中国药品知识产权立法已经与国际规则、通行实践相一致，主要从两方面为中国药品供应提供支撑：一是为药品创新提供法律保护，包括药品专利权保护、药品试验数据保护、药品专利期限补偿制度、药品专利链接制度；二是公共健康需求的法律保障，包括药品专利保护例外、强制许可及反垄断制度。现结合制度发展历程以及近年来的最新发展情况，介绍如下。

二 药品创新的法律保护

（一）药品创新的专利权保护

专利制度是药品创新的主要保护制度形式，1984年《专利法》建立了新中国的专利制度，当时出于公共健康考虑，《专利法》明确将用化学方法

---

[1] 参见尹新天《中国专利法详解》，知识产权出版社，2011，第336页。

获得的药品排除在专利权客体之外。1992 年《专利法》第一次修改删除了该规定，将药品纳入专利权的保护范围。根据现行《专利法》规定，除存在违反法律、社会公德或者妨害公共利益等情形，任何具有新颖性、创造性、实用性的技术方案都可以获得专利权保护。药品活性成分等通常可以获得产品发明专利保护，保护期限为 20 年，权利人可排除他人未经许可制造、使用、许诺销售、销售、进口其专利产品的行为。针对专利侵权行为，权利人可以申请行政执法或司法保护。

《专利法》将药品纳入保护之后，大量国内外申请人就其创新药品申请专利保护，2015 年以后，中国药品专利年申请数量在 5 万件左右，如 2016 年全国药品专利申请量近 5 万件，包括化学药物专利近 2 万件，生物制药专利近 1 万件，中药专利申请量约 2.5 万件。其中，除了在中药领域中国企业占据绝对优势，在化学制药、生物制药领域，虽然国内外企业研究热点趋势基本一致，但国外企业专利申请布局优势明显，中国企业相对起步较晚，近年来也实现了较快增长[1]。尽管相关企业重视专利布局申请了大量专利，实践中却较少产生专利侵权纠纷。例如，自 2014 年 11 月建立至 2020 年 2 月五年多来，北京知识产权法院仅受理药品专利侵权纠纷 77 件[2]；作为对比，至 2019 年 9 月共受理专利案件 9279 件，其中药品专利侵权案件仅占了很小的比例，司法实践中主要是专利复审和无效的行政案件。这也说明了中国药品专利保护水平相对较高。

（二）药品试验数据保护

在国际条约层面，受美国法影响，TRIPs 第 39 条第 3 款首次规定了药品试验数据的保护，要求成员方"应保护该数据，以防止不正当的商业利用"。与美国法不同的是，TRIPs 作为最低保护标准，并未将之规定为专有

---

① 参见潘晓娇《医疗健康产业的技术创新与专利发展态势》，https：//www.cnipa.gov.cn/ 2019-04/20190411164702664915.pdf，最后访问日期：2022 年 8 月 8 日。

② 参见北京知识产权法院化学药品专利案件通报会图文直播，https：//www.chinacourt.org/ chat/chat/2020/04/id/52396.shtml，最后访问日期：2022 年 8 月 8 日。

权利，而仅禁止"不正当的商业利用"。因此，有的发展中国家仅为药品试验数据提供反不正当竞争法保护，药品审批机构依赖原研药的试验数据作为仿制药上市审批的依据并不构成"不正当的商业利用"①。与之不同的是，2001年中国为积极申请加入世界贸易组织，提出了高于TRIPs的保护标准和承诺，将药品试验数据作为一项专有权利加以保护，提供6年的药品试验数据保护期②。2002年国务院制定的《药品管理法实施条例》首次规定了药品试验数据保护制度③，2007年国家食品药品监督管理局制定的《药品注册管理办法》第20条重申了该制度④。虽然立法对药品试验数据保护作出了规定，但由于中国仿制药上市的特殊审批体制，药品试验数据保护制度并未有效实施⑤。因为过去国内仿制药上市审批并非依赖创新药的安全性、有效性数据，而是审查其是否与国家技术标准相一致后进行审批，由此也导致原研药申请人的试验数据投资和利益难以得到保护。这一现象在近年来才得

---

① Carlos Maria Correa, "Unfair Competition under the TRIPs Agreement: Protection of Data Submitted for the Registration of Pharmaceuticals", 3 *Chicago Journal of International Law* 69 (2002).

② 《中国加入工作组报告书》第284条中承诺：为遵守TRIPS协定第39条第3款，中国将对为申请使用新化学成分的药品或农业化学品的销售许可而按要求提交中国主管机关的未披露试验数据或其他数据提供有效保护，以防止不正当商业利用，但披露这些数据是保护公共利益所必需的或已采取保护措施防止该数据受到不正当商业利用的情况除外。这种保护包括：采用并制定法律和法规，以保证自中国政府向数据提供者授予销售许可之日起至少6年内，除数据提供者外，未经数据提供者允许，任何人不得以该数据为基础申请产品销售许可。在此期间，对于任何第二个申请销售许可的人，只有当其提交自己的数据时方可被授予销售许可。所有使用新化学成分的药品或农业化学物质均可受到此种数据保护，无论其是否受专利保护。

③ 《药品管理法实施条例》（2002年）第35条规定："自药品生产者或者销售者获得生产、销售新型化学成分药品的许可证明文件之日起6年内，对其他申请人未经已获得许可的申请人同意，使用前款数据申请生产、销售新型化学成分药品许可的，药品监督管理部门不予许可。"

④ 《药品注册管理办法》（2007年，已废止）第20条规定："按照《药品管理法实施条例》第三十五条的规定，对获得生产或者销售含有新型化学成分药品许可的生产者或者销售者提交的自行取得且未披露的试验数据和其他数据，国家食品药品监督管理局自批准该许可之日起6年内，对未经已获得许可的申请人同意，使用其未披露数据的申请不予批准；但是申请人提交自行取得数据的除外。"

⑤ 参见袁志明等《我国药品知识产权保护历程和现状简述》，https://www.lexology.com/library/detail.aspx? g=4b2d7a66-e946-4535-9f36-70f26fdcdb32，最后访问日期：2022年8月8日。

到改变，为鼓励医药产业创新，2017 年中共中央办公厅、国务院办公厅联合印发了《关于深化审评审批制度改革 鼓励药品医疗器械创新的意见》（以下简称《创新意见》），提出"完善和落实药品试验数据保护制度"，"数据保护期内，不批准其他申请人同品种上市申请，申请人自行取得的数据或获得上市许可的申请人同意的除外。"为落实该意见，2018 年 4 月，国家药品监督管理局公布了《药品试验数据保护实施办法（暂行）（征求意见稿）》，拟进一步细化药品试验数据的保护条件和程序，并参考美国、欧盟、日本等的经验，针对创新药、儿童药、罕见病药、创新生物药等不同类型药物设定不同保护期限，进一步发挥试验数据制度激励创新的政策杠杆作用。然而，该征求意见稿自 2018 年 4 月公布之后，相关文件并未出台，影响到药品试验数据保护制度的进一步落地实施。此外，现行立法仅规定了化学药的试验数据保护，并未对中药和生物药数据保护制度作出明确规定，有待进一步完善。

（三）药品专利纠纷早期解决机制

如前所述，药品上市前审批制度的存在为专利权人和仿制药申请人在上市前解决侵权纠纷提供了可能。因此，美国法最早建立了药品专利链接制度，要求行政机关在审批仿制药上市时，除了考虑生物等效性，还应当考虑其是否侵犯了原研药的专利权。中国过去并未建立药品专利链接法律制度，但受美国法影响，2002 年制定、2005 年和 2007 年两次修改的《药品注册管理办法》曾构建起类似于美国的形式上的药品专利链接制度，即申请人在申请药品上市时应提供申请人或他人在中国的专利及其权属状态说明，并提交对他人专利不构成侵权的声明。对存在专利侵权纠纷的情形，即如果专利权人主张上市药品存在专利侵权，早期国家食品药品监督管理局会要求申请人作不侵权声明，并判断其是否存在侵权，如果拒绝声明或构成侵权的将不予审批[①]。此后，国家食品药

---

① US-China Joint Commission on Commerce and Trade Medical Device and Pharmaceutical Subgroup Pharmaceutical Task Force Meeting（April 11 - 12, 2005 Washington, DC），https://2016. trade. gov/td/health/jcctpharma2005. pdf，最后访问日期：2022 年 8 月 8 日。

品监督管理局的立场发生一定变化，即认为药品注册的条件是安全、有效和质量可控，并不要求对注册药品进行专利审查，对潜在的专利纠纷仅向申请人"提示其关注专利问题"，不再进行实质审查和处理①。针对药品上市审批过程中专利权人主张专利侵权的情形，国家食品药品监督管理局将暂停药品上市审批程序，建议双方当事人通过法定程序解决专利权纠纷，直至纠纷解决再恢复审批程序。因此，《药品注册管理办法》相关制度虽具有专利链接制度之"形"，却并未发挥其事前解决纠纷的实质功能，反而在实践中成为专利权人阻止竞争药品上市而限制、排除竞争的工具②。

为更加充分地保护创新和调整原研药与仿制药的竞争秩序，2017 年中办、国办联合印发的《关于深化审评审批制度改革　鼓励药品医疗器械创新的意见》提出，"探索建立药品专利链接制度"，2020 年中美签署的《中美第一阶段经贸协议》第 1.11 条也规定了"专利纠纷早期解决的有效机制"。基于此，2020 年《专利法》第四次修改第 76 条规定了药品专利纠纷早期解决机制，即药品上市审评审批过程中因申请注册药品相关的专利权产生纠纷的，当事人可以向人民法院起诉或者向国务院专利行政部门请求行政裁决，"国务院药品监督管理部门在规定的期限内，可以根据人民法院生效裁判作出是否暂停批准相关药品上市的决定"。2021 年 7 月，国家药监局、国家知识产权局共同制定了《药品专利纠纷早期解决机制实施办法（试行）》，明确了药品上市审批与专利权纠纷解决的具体衔接办法；最高人民法院发布了《关于审理申请注册的药品相关的专利权纠纷民事案件适用法律若干问题的规定》，国家知识产权局发布了《药品专利纠纷早期解决机制行政裁决办法》，规定了专利权纠纷解决的司法程序和行政程序。药品专利纠纷早期解决机制投入运行之后，截至 2022 年 8 月 7 日，中国上市药品专利信息登记平台上，化学药品、中药、生物制品专利信息公示分别为 669 条、326 条、104 条。2021 年 11 月，北京知识产权法院受理了首例药品专

①　国家食品药品监督管理局：《关于甘露聚糖肽有关知识产权问题的意见》（国食药监注〔2006〕252 号），2006 年 6 月 13 日。
②　参见张浩然《竞争视野下中国药品专利链接制度的继受与调适》，《知识产权》2019 年第 4 期。

利链接纠纷案；2021年10月，国家知识产权局收到了首批药品专利纠纷行政裁决案23件，截至2022年4月，其共收到行政裁决请求59件，对符合受理条件的39件请求予以立案，审结3件案件，认定仿制药未落入涉案专利权保护范围而专利挑战成功①。

（四）专利期限补偿制度

药品专利的特殊性在于，从实现技术创新申请专利到产品正式上市中间往往需要经历较长的临床试验和审批过程，这个过程往往需要十年左右甚至更久，导致药品在上市之后剩余专利保护期限较短，创新药厂商难以在短期内回收投资。因此，美国、欧盟、日本、韩国等均建立了药品专利期延长制度，补偿新药上市审评审批占用的时间。过去《专利法》一直未规定相关制度，在2008年《专利法》第三次修改中，曾有外国药企建议规定专利期限补偿制度，当时立法机关认为时机尚不成熟而未作修改。伴随着医药创新改革不断深化，2017年中办、国办联合印发的《创新意见》提出，"要开展药品专利期限补偿制度试点"；2020年中美签署的《中美第一阶段经贸协议》第1.12条也规定了"专利有效期的延长"。在此推动下，2020年《专利法》第四次修改正式引入了药品专利期限补偿制度，明确了药品专利期限补偿制度的基本框架②，但具体实施条件和程序仍不明确，尤其是药品专利期限补偿的适用对象，即其仅适用于《专利法》修改实施后上市的新药，还是所有在此之前上市的新药，理论和实务界仍存在较大争议③。这些仍有待正在修改的《专利法实施细则》加以细化规定。自修改后的《专利法》

---

① 任晓兰、蔡健炜：《国家知识产权局审结首批药品专利纠纷早期解决机制行政裁决案件》，https://www.cnipa.gov.cn/art/2022/4/25/art_ 53_ 175126.html，最后访问日期：2022年8月8日。

② 第四次修改后的《专利法》第42条第3款规定："为补偿新药上市审评审批占用的时间，对在中国获得上市许可的新药相关发明专利，国务院专利行政部门应专利权人的请求给予专利权期限补偿；补偿期限不超过五年，新药批准上市后总有效专利权期限不超过十四年。"

③ 参见程永顺《探讨我国药品专利期补偿制度溯及力》，http://test.health-china.com/c/2022-06-10/828048.shtml，最近访问日期：2022年8月8日。

于 2021 年 6 月 1 日起施行，国家知识产权局已开始受理专利权人的专利期限补偿申请，然而相关申请将被搁置，有待新修改的《专利法实施细则》施行后再对相关申请进行审查和批准①。

三 公共健康需求的法律保障

（一）药品专利保护例外

除对创新投资予以必要保护，为保障药品的充分供应，《专利法》还为专利权保护设置了一定例外，药品领域主要是权利用尽和 Bolar 例外。①权利用尽。由于国内药企创新能力相对薄弱，国外药企基于其销售策略在中国上市药品时间晚、数量少②，国内原研药和仿制药都存在供应不足问题，因此，从国外平行进口替代性药品或者低价药品是满足公共健康需求的重要方式，但专利权人依据《专利法》第 11 条拥有排除他人未经许可进口其专利产品的权利。对此，《专利法》第 75 条明确了专利权的国际用尽原则③，即相关专利产品由专利权人等合法售出后，其他人可从国外进口相关产品而不侵犯其专利权，据此，相关经营者可以在药品已上市地区进口相关药品满足公共需求。②Bolar 例外。如前所述，药品专利到期之后仿制药上市可以有力降低药价、提升药品可及性，依照《药品管理法》《药品管理法实施条

① 2021 年 5 月 24 日，国家知识产权局发布《关于施行修改后专利法的相关审查业务处理暂行办法》，其中第 6 条规定："专利权人自 2021 年 6 月 1 日起，可以依照修改后的专利法第四十二条第三款，自新药上市许可请求获得批准之日起三个月内，通过纸件形式提出专利权期限补偿请求，后续再按照国家知识产权局发出的缴费通知要求缴纳相关费用。国家知识产权局将在新修改的专利法实施细则施行后对上述申请进行审查。"

② 创新药物在我国获批上市的时间与其在美国、欧洲或日本的最早上市时间相比平均晚 7 年左右，2001~2016 年美国 FDA 共批准的 433 个新药中，仅 133 个在中国上市。参见中国医药企业管理协会等《构建可持续发展的中国医药创新生态系统》，http://cnadmin.rdpac.org/upload/upload_file/1577871825.pdf，最后访问日期：2022 年 8 月 8 日。

③ 《专利法》第 75 条规定，"专利产品或者依照专利方法直接获得的产品，由专利权人或者经其许可的单位、个人售出后，使用、许诺销售、销售、进口该产品的"，"不视为侵犯专利权"。

例》《药品注册管理办法》等相关药品管理法律、法规、部门规章的规定，在药品公司生产一种其以前所未生产过的药品之前，必须经过国家药品监督管理部门的审批。如果不允许其他厂商在专利权保护期届满之前为行政审批而实施专利权，在专利权终止后的相当长时期内，将没有仿制产品进入市场，这等于变相地延长了专利权的保护期，不利于维护公众利益。对此，WTO 争端解决小组在 2000 年加拿大"存储例外"案中明确，类似于美国法上的 Bolar 例外制度并不违反 TRIPs 协定。借鉴该制度，2008 年《专利法》第二次修改引入了 Bolar 例外规则，即为提供行政审批所需要的信息制造、使用、进口专利药品等行为"不视为侵犯专利权"，以此便于公众在药品专利权保护期届满后及时获得价格较低的药品。

（二）专利强制许可

专利强制许可制度是 TRIPs 为解决公共健康危机保留的重要灵活性空间。在全球范围内，如泰国、巴西等在艾滋病防治中就通过强制许可抗反转录病毒药物专利，为艾滋病患者提供相对价格低廉的仿制药。《专利法》也规定了强制许可制度，1984 年《专利法》已有规定，但仅针对权利人不实施专利以及从属专利给予强制许可的情形；1992 年《专利法》第一次修改时在第 52 条（现行《专利法》第 54 条）增加了因公共利益强制许可专利的情形①，但该条款一直未得到实施。2003 年"非典"疫情发生后，面对公共健康危机，专利强制许可制度进一步得到重视，国家知识产权局颁布了《专利实施强制许可办法》，细化规定了申请强制许可的条件和程序。2005 年《多哈宣言》通过后，国家知识产权局颁布了《涉及公共健康问题的专利实施强制许可办法》，2008 年《专利法》第三次修改增加了为出口专利药品的强制许可情形。2015 年，国家知识产权局又修订了《专利实施强制许可办法》。尽管强制许可制度和程序机制不断完善，自 1984 年专利制度建立以来，

---

① 《专利法》第 54 条规定："在国家出现紧急状态或者非常情况时，或者为了公共利益的目的，国务院专利行政部门可以给予实施发明专利或者实用新型专利的强制许可。"

中国尚未审批过一例强制许可申请，很大程度上这与强制许可制度实施体制有关。2018 年 4 月，国务院办公厅发布《关于改革完善仿制药供应保障及使用政策的意见》（国办发〔2018〕20 号），提出"明确药品专利实施强制许可路径"，相关单位或者个人可直接向国家知识产权局提出强制许可请求，在突发公共健康危机时，可由国家卫生健康委会同工业和信息化部、国家药品监督管理局等部门进行评估论证，向国家知识产权局提出实施强制许可的建议。即使如此，强制许可制度在中国仍未真正付诸实施。

新冠疫情的出现再次对专利强制许可制度应对公共健康危机的功能提出了要求。此次疫情可谓新中国成立以来发生的传播速度最快、感染范围最广、防控难度最大的重大突发公共卫生事件[1]。目前，国内药企尚未开发出有效的新冠特效药，美国辉瑞公司的 Paxlovid 是已被验证疗效最为显著的特效药。然而，一方面，其价格高昂，普通消费者难以负担；另一方面，其产能有限，辉瑞公司将优先供给欧美市场，包括中国在内的其他市场将难以得到充分供应。为弥补要价高昂、供应不足的缺陷，虽然辉瑞公司已通过国际公共卫生组织"药品专利池"（Medicines Patent Pool，MPP）授权 35 家企业生产仿制药并向 95 个中低收入国家供应，但中国、巴西等中等收入国家并不在其列。为保障本国新冠特效药的充分供应，智利、多米尼加等被排除在供应名单之外的国家已对辉瑞公司 Paxlovid 药物专利进行强制许可审查。在国内，也有企业对其专利向国家知识产权局提出了强制许可申请，但并未获得实质推进。在专利权人辉瑞公司无法充分供应中国市场的情况下，如果对其专利强制许可由国内企业进行仿制，将有效提高国家防疫抗疫的物质保障水平、减轻防疫抗疫成本，促进和实现公共利益，未来也需要相关部门积极探索强制许可实践，在新冠疫情防控中有所作为。

（三）专利权保护豁免

面对新冠疫情这一全球性公共健康危机，药品专利强制许可制度提供了

---

[1] 习近平：《为打赢疫情防控阻击战提供强大科技支撑》，《求是》2020 年第 6 期。

一种解决的制度可能。然而，由于强制许可制度程序相对烦琐，并且实施强制许可会受到发达国家的阻挠甚至产生摩擦，各国在实施专利强制许可时普遍持谨慎态度，导致强制许可制度在全球范围内效果都不理想。为尽快扩大药品供应防治新冠疫情，可采用另一种制度方案——WTO 下的豁免制度。TRIPs 协定规定了专利权保护的最低标准，原则上包括中国在内的 TRIPs 各成员方必须对新冠肺炎防治药物提供平等的专利权保护。在 WTO 框架下，《世界贸易组织协定》第 9 条第 3 款为各成员方提供了例外情况下的灵活处置空间，即在"特殊情况"下，WTO 部长级会议可决定豁免"任何其他多边贸易协定"对 WTO 成员施加的义务。据此，2020 年 10 月，印度和南非最早向 WTO 提出提案，要求在预防、遏制、治疗新冠肺炎方面，一定期限内豁免成员方在 TRIPs 下的相关知识产权保护义务，提案提出后得到了包括中国在内的众多国家支持。经多方协商和妥协，2022 年 6 月 16 日，WTO 第 12 届部长级会议达成了《关于〈与贸易有关的知识产权协定〉的部长决定》，大部分成员方就新冠疫苗专利豁免达成一致协议，规定发展中国家成员可不经专利权人许可，以 TRIPs 第 31 条强制许可的形式授权他人生产、销售新冠疫苗，向其他发展中国家出口，豁免的期限为 5 年。该豁免协议的达成可以使更多企业免除侵权担忧，投入到新冠疫苗的研发生产中，在制度层面为应对全球公共健康危机提供了新的工具。然而，此次豁免仅包括新冠疫苗专利，豁免能否扩展到其他新冠诊断、治疗相关专利仍有待未来 6 个月内讨论决定；同时，TRIPs 相关义务豁免到疫苗实际产能增加还有很长的过程，尤其为推动决定的达成，中国承诺自愿放弃了适用该豁免决定，其他大部分发展中国家缺乏实施相关专利投入生产的能力，中国则只能依据 TRIPs 第 31 条规定的强制许可制度一事一议地判断是否要强制实施相关专利来保障公共健康需求，这反过来要求中国应进一步完善和实施专利强制许可制度。

（四）药品知识产权竞争执法

专利权保护虽然是激励创新的有效工具，而伴随着市场上新进入者和仿制药竞争的加剧以及创新速度的减缓，原研药公司可能不仅仅将专利权保护作为收回研发投资的一种手段，也可能滥用专利权，将之作为延长市场独占期的一种手段，包括在相关领域不断申请新专利甚至虚假专利形成"专利集群"（Patent Clustering），延长药品专利保护期限，在专利纠纷中与仿制药申请人达成反向支付协议（Reverse Payment Agreement），延缓仿制药进入市场。相关行为不正当地增加了仿制药的市场进入壁垒，在欧盟和美国可通过反垄断执法规制①。中国的《反垄断法》2008年才正式颁布，知识产权领域反垄断执法案件较少，伴随着知识经济中垄断问题日益突出，2015年国家工商总局出台《关于禁止滥用知识产权排除、限制竞争行为的规定》、2019年国家反垄断委员会出台《关于知识产权领域的反垄断指南》，对相关执法标准进行了细化和明确，但并未专门涉及药品知识产权领域。近年来，司法实践已对相关问题加以关注和探索，如在"沙格列汀片剂"药品专利侵权申请撤回上诉案中，原告阿斯利康公司与奥赛康公司达成和解协议，由后者撤回无效宣告请求，不再挑战其专利权的有效性，最高人民法院知识产权法庭审查认为，该协议构成"药品专利反向支付协议"而存在垄断风险，因此对其进行了反垄断审查，并提出了审查考量的基本要素②。结合欧盟和美国实践经验来看，伴随着药品专利链接制度和药品专利期限补偿制度的实施，药品领域垄断问题将逐步突出，未来有必要进一步明确反垄断执法标准，加强执法力度。

四　总结和展望

整体而言，中国药品知识产权事业发展与知识产权发展的整体历程和趋势相一致，在对外开放过程中以国际规则和通行惯例为起点，经历了一个被动接受、适应调整而后主动选择的过程，在缺医少药的产业发展早期，法律注重保障公共健康需求，对药品知识产权拒绝保护进而到有限保护，伴随着

---

① 参见〔德〕约瑟夫·德雷克斯、〔荷〕纳里·李《药物创新、竞争与专利法》，马秋娟等译，知识产权出版社，2020，第173~230页。

② 参见最高人民法院民事裁定书〔2021〕最高法知民终388号。

医药产业自主创新需求不断凸显，中国积极主动地升级药品知识产权保护规则，建立起了现代化的药品知识产权制度框架，包括完善的专利保护制度、药品专利链接制度、药品专利期限补偿制度、药品试验数据保护制度，并通过专利权例外、强制许可制度、专利豁免和反垄断制度守卫公共健康需求。

目前诸多制度尚处于初步继受或创建阶段，立法仅作出了原则性的规定，配套制度仍有待进一步完善，如药品专利链接制度、药品专利期限补偿制度、药品试验数据保护制度等。配套制度完善并非简单的制度借鉴和移植，更需要明确自身产业发展的基本政策取向而进行适应性改造。具体而言，相关制度落地实施需要实现短期利益、中期利益和长期利益的协调。短期来看，新冠疫情是当前公共健康面临的最大挑战，国内医药企业与国外企业客观上存在较大的创新能力差距，需要用好强制许可、专利豁免等国际条约中的灵活制度空间，最大限度为国内疫情防控提供物质和技术支持。从长期来看，强化医药产业自主创新是保障公民健康权实现的最根本手段，但这不应当成为中国药品知识产权制度发展完善的首要目标。中国医药产业与欧美发达国家当下尚处于不同的发展阶段，尽管近年来国内企业在药物化合物、生物药领域创新能力迅速提升，但整体上国内企业研发投入较少、创新能力弱的基本局面并未扭转，创新药市场供应难以满足健康需求，仿制药低水平重复现象突出，国内创新药市场和高端仿制药市场主要由跨国药企主导。在此背景下，过于严格的知识产权保护反而将阻碍国内资本涉足医药产业实现自主创新。因此，在未来很长一段时间内，解决公共健康需求仍应作为中国药品知识产权制度发展的首要目标，即为创新投资提供适度保护的同时，在药品专利链接等制度完善和实施中更加突出公平竞争的价值取向，适度限制药品专利权，加强反垄断执法遏制专利权滥用，为国家科技专项和社会资本进入仿制药市场清除障碍，确保原研药与仿制药共同发展，构建适应制药产业发展、以公共健康为根本出发点的药品知识产权制度。

中 医 药

Traditional Chinese Medicine

B.10
中医药法治建设研究

霍增辉 *

摘 要： 中医药法治建设与中医药事业一样，经历了由小到大、由弱到强的发展历程。本文分阶段研究新中国成立以来中医药法治建设情况，重点研究党的十八大以来尤其是《中医药法》颁行以来中医药法律体系建设情况。中医药法创新制度实施及中医药法律的实施，促进了中医药法法治体系的初步形成，实施机制基本建成，相关卫生法律的修订体现了中医药特色，但关于传统医药知识保护、中医养生保健等规定仍相对笼统，需要进一步完善。中医医疗服务保障措施尚需落实，体现中医药特点的纠纷化解和损害处理机制有待完善，有必要适时启动《中医药法》修订，并考虑配套实施细则和地方立法，为中医药事业发展提供更好的法治保障。

---

* 霍增辉，北京中医药大学法律系教授、国家中医药战略发展研究院特聘研究员。

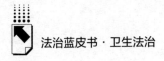
关键词: 中医药　法治建设　《中医药法》

中医药学是中华民族的伟大创造,是中国古代科学的瑰宝,也是打开中华文明宝库的钥匙,为中华民族繁衍生息作出了巨大贡献,对世界文明进步产生了积极影响。传承创新发展中医药是新时代中国特色社会主义事业的重要内容,是中华民族伟大复兴的大事①。中医药的理论体系不同于现代医学,在传承创新发展的过程中,良好且适合中医药特点的法律制度能更好地促进中医药事业的传承创新与发展。新中国成立以来,党和国家高度重视中医药事业发展,制定出台了多项重要政策。改革开放以来,随着法治建设的不断深入,中医药法律制度建设取得了较大进展,尤其是随着《中医药法》的颁布实施,中医药事业发展基本步入法治化、规范化发展阶段。

一　新中国成立至1977年中医药法制建设

中医药立法的初创期。新中国成立初期,党和政府对中医药事业给予了高度重视,毛泽东同志提出了"中西医结合"原则,号召"西医学中医",重视中医药的保护与发展,将"团结中西医"列为新中国卫生工作方针②。原卫生部颁布了有关中医管理的部门规章、规范性文件,主要有:1951年5月1日颁布的《中医师暂行条例》和《中医师暂行条例实施细则》,1951年11月30日颁布的《中医诊所管理暂行条例》和《中医诊所管理暂行条例实施细则》,1952年10月14日颁布的《医师、中医师、牙医师、药师考试暂行办法》。这些规章由于不符合当时中医药工作实际情况,原卫生部又于1956年废止了上述规章。其后,多通过政策、文件对中医药工作进行管

---

① 参见《中共中央国务院关于促进中医药传承创新发展的意见》。
② 参见刘雪松《毛泽东与新中国医疗卫生工作》,《党史博览》2016年第5期,第8页。

理。这一阶段中医药立法的特点是中医药立法刚刚起步，立法覆盖面小，主要集中在教育管理和综合管理类，且均属于中医药①。

中医药立法的停滞期。"文化大革命"期间，中医药事业和其他各项事业一样受到冲击、制约、破坏，停滞不前。刚刚起步的中医药法制不但没有发展，而且被破坏殆尽，没有新的立法，有关中医药的立法处于停滞状态。

二　1977年至2012年中医药法制建设

党的十一届三中全会确立改革开放的总方针，1982 年《宪法》第 21 条明确规定，"国家发展医药卫生事业，发展现代医药和我国传统医药"。《宪法》规定明确了中医药的法律地位，为中医药事业的发展提供了根本大法依据。1983 年，董建华等全国人大代表提出了中医药立法议案，原卫生部即开展了中医药立法工作，于 1984～1986 年相继起草了 6 次"中医药法"草拟稿②。由于当时的条件不成熟，最终未能出台。此后，国家制定了一系列与中医药有关的法律法规规章，法律层面有《药品管理法》《执业医师法》，行政法规层面有《医疗机构管理条例》《中医药条例》《野生药材资源保护管理条例》《中药品种保护条例》《乡村医生从业管理条例》等，规章层面有《医疗机构管理条例实施细则》《医师执业注册暂行办法》《师承人员和确有专长人员医师资格考核考试办法》等，这些法律、行政法规、部门规章的出台、施行，为中医药事业的保护、发展奠定了法律基础，中医药法制建设走上新台阶。

2003 年 4 月 7 日颁布的《中医药条例》，是中国第一部专门的中医药行政法规，对促进中医药事业发展发挥了重要作用，为中医药法的制定提供了重要支撑，是中医药法制建设的里程碑。

各省、自治区、直辖市也重视中医药立法工作，各地结合本地区实际情

---

① 参见许志仁《建国以来我国中医药立法的内容分布分析》，《中国中医药信息杂志》1999 年第 7 期，第 3 页。

② 参见于文明《我国中医药立法的进展》，《前进论坛》2011 年第 10 期，第 35 页。

况，陆续制定了中医药地方性法规。云南省第八届人民代表大会常务委员会第十四次会议于 1995 年 7 月 21 日通过了《云南省发展中医条例》，其后，四川、浙江、河南、重庆、上海、北京、广西、贵州等 26 个省、自治区、直辖市制定了地方中医药法规，对规范、保护、促进当地中医药事业发展提供了法制保障。

相关规章、规范性法律文件、技术标准也是中医药法制体系的重要组成部分。这一时期，国务院中医药管理部门独自或与其他部门共同制定和颁布了有关中医机构、医疗保健、人才培养、科学技术、对外交流与合作等方面的部门规章、规范性文件 200 余项。据初步统计，国家有关部门及行业组织颁布了中医药标准规范 130 余项，涉及医疗、教育、科研、中药、管理等各个方面。其中制定《经穴部位》《耳穴名称与部位》《中医病症诊断疗效标准》《中医临床诊疗术语》《中医病证分类与代码》《中药分类与代码》等多项国家和行业标准①。

在这一时期，中医药法律体系粗具雏形。一是中医药方面的专门法律法规，如《中医药条例》《中药品种保护条例》；二是也适用于中医药的卫生法律、法规、规章，如《药品管理法》《执业医师法》等；三是适用于中医药的相关法律规范，如《价格法》《专利法》等；四是各地有关中医药的地方法规；五是有关中医药的技术标准和行业标准。从效力层级看，中医药法律体系包括宪法、法律、行政法规、地方法规、规章、规范性文件和技术标准。

在这一时期，中医药法制建设尚不完备，党和政府也十分重视中医药事业的保护和发展，制定了一系列扶持、保护、促进中医药发展的方针政策文件，对中医药事业的规范、发展起到了积极的推动和促进作用。从一般意义上说，方针政策文件不是法制的组成部分，但在中医药法制领域，党和国家重要方针政策文件对中医药的地位、发展提供了有力保障；虽在形式上不属于法律规范的范畴，但在实践中发挥的事实规范作用，也促进了中医药法制

---

① 参见桑滨生《略论我国中医药法制建设》，《中医药管理杂志》2006 年第 12 期，第 1~2 页。

的形成、发展和完善。

这一时期的方针政策文件主要有：1978 年 9 月 24 日，中共中央以转批《关于认真贯彻党的中医政策，解决中医队伍后继乏人问题的报告》的形式发布了中共中央〔1978〕56 号文件①。邓小平于 1978 年 9 月 7 日批示："这个问题应该重视，特别是要为中医创造良好的发展与提高的物质条件。建议以中央名义加一批语转发下去。"② 1985 年中央书记处在《关于卫生工作的决定》中指出：根据《宪法》"发展现代医药和我国传统医药"的规定，要把中医和西医摆在同等重要的地位。1991 年，全国人大在《国民经济和社会发展十年规划和第八个五年计划纲要》中，将"中西医并重"列为卫生工作的基本方针之一。1997 年 1 月《中共中央　国务院关于卫生改革与发展的决定》将"中西医并重"列为新时期卫生工作方针之一。2006 年 10 月党的十六届六中全会提出，要"大力扶持中医药和民族医药发展"。2009 年的《中共中央　国务院关于深化医药卫生体制改革的意见》（中发〔2009〕6 号）和《国务院关于扶持和促进中医药事业发展的若干意见》（国发〔2009〕22 号）明确要求，加快中医药立法工作，提出了中医药事业发展的目标任务。

综上，这一时期是中医药法制建设的重新起步期和初步发展期，中医药法制建设还存在一些问题：一是没有专门法，法规、规章层面的中医药规范难以发挥应有作用，不能完全适应中医药事业保护和发展的需要；二是涉及中医药内容的立法较多，多项单行法律法规规章均涉及中医药相关内容，但多不能完全体现中医药自身发展规律和管理特点；三是现行与中医药有关的法律法规分散在相关法律法规中，不完整、不系统，在有些方面还存在空白，甚至相互之间存在冲突和不衔接；四是《中医药条例》仅为行政法规，未能明确统一中医药主管主体，中医药行政管理主体多、职能分散，对中医药的扶持、保护、促进体现不够；五是方针政策文件数量多、比重大；六是

---

① 参见陈滢滢等《我国中医药立法历程简述》，《中国医药科学》2020 年第 8 期，第 283 页。
② 参见张大庆《医学史》，北京大学医学出版社，2003，第 239 页。

与国外传统医药立法相比，中国相对滞后。据 WHO 统计，目前世界上有 54 个国家制定了传统医学相关法案，92 个国家颁布了草药相关法案①。这一时期中医药法制的系统化、体系化还未形成，全面依法有效保护和促进中医药事业发展的力度还不够。

三　2012~2017年中医药法制建设

2012 年至 2014 年，制定中医药法被连续三年列入全国人大立法工作计划，2014 年底国务院完成了《中医药法（征求意见稿）》，2015 年 12 月国务院第 115 次常务会议讨论并原则通过《中医药法（草案）》，并提交全国人大常委会审议②。2015 年 12 月 21 日全国人大常委会第十八次会议进行了第一次审议。争议也比较集中，主要是法律名称、中医诊所、民间中医管理、中药资源等方面。经过一审后，《中医药法》进行了较大幅度的修订，增加了"科学研究"一章，建议在县级以上人民政府"建立健全中医药管理体系""保护中医药知识产权""发展中医养生保健服务""合理确定中医医疗服务收费项目和标准"等重要内容，最终形成了 9 章 58 条的二审稿③。

2016 年 8 月底，十二届全国人大常委会第二十二次会议召开了《中医药法》的第二次审议会。二审稿经过不断完善和认真修订，形成了 9 章 61 条的三审稿。全国人大法制委员会也邀请部分人大代表和有关方面的专家就三审稿中主要制度规范的可行性和实施的社会效果进行了有效评估。代表们对三审稿进行了充分认真的讨论，对相关内容和文字提出修改意见。2016 年 12 月 25 日，全国人大常委会第二十五次会议以 144 票赞成、3 票反对、3 票弃权通过了中国历史上的首部《中医药法》。国家主席习近平正式签署了

---

① 参见于文明《我国中医药立法的进展》，《前进论坛》2011 年第 10 期，第 36 页。
② 参见陈滢滢等《我国中医药立法历程简述》，《中国医药科学》2020 年第 8 期，第 285 页。
③ 参见张伯礼、张俊华《三审中医药法历程与感悟》，《天津中医药》2017 年第 4 期，第 217~218 页。

59 号主席令，公布了法律全文①。《中医药法》是中国历史上第一部关于中医药的全局性、基础性法律，不仅为促进中医药传承创新发展提供了坚实的法律保障，而且是一部具有鲜明中国特色、中国风格、体现深厚历史底蕴和文化自信的重要法律，也完善了卫生健康法律制度体系。

四 《中医药法》颁布以来中医药法治建设

（一）中医药法法治体系初步形成并形成良好实施机制

随着《中医药法》的施行，中国初步形成了以《中医药法》为基础，包括《中药品种保护条例》《野生药材资源保护条例》《中医诊所备案管理暂行办法》《中医医术确有专长人员医师资格考核注册管理暂行办法》等行政法规、规章，以及地方中医药条例等地方法规构成的中医药法律体系，为中医药事业的健康发展提供了坚实的法律保障，中医药行业治理的法治能力和法治水平进一步提升。

《中医药法》实施以来，各级党委政府全面履行法定职责，对中医药事业的推进力度空前加大，26 个省（自治区、直辖市）颁布新制定修订的地方中医药法规，很多省份加强了中医药事业的支持力度，增加了财政投入，中医药事业取得了更好发展。卫生健康委、中医药局、药监局制定实施《中医诊所备案管理暂行办法》《古代经典明方目录（第一批）》等六项配套制度，提升了基层中医药服务能力，促进了中药新药研发，有效增加了中医药服务供给。国家发展改革委、财政部加大资金保障力度，医保局出台支持中医药发展的医保倾斜政策，教育部、科技部、农业农村部在加强中医药师承教育、推动中医药科技体系建设、提升中药材质量等方面，推出一系列政策和举措，为中医药事业的传承创新发展提供了政策支持和条件保障。各地各部门积极开展普法宣传，《中医药法》的社会关注度和群众认可度显著提

---

① 参见张伯礼《我经历的中医药法草案的三次审议》，《中国人大》2017 年第 4 期，第 31 页。

升，为《中医药法》的贯彻落实营造了良好的社会氛围。各级人大充分履行法治实施监督职责，对《中医药法》开展执法检查，督促各级政府及有关部门贯彻实施《中医药法》主体责任，确保法律有效实施，为中医药事业发展提供了更为有力的保障。

（二）相关卫生法律的修订体现了中医药特色

《中医药法》增加了体现传统医学特点的创新性规定，如中医医师资格考核制、中医诊所备案制、院内中药制剂备案、师承教育、中医药传统知识保护等。这些新的规定，一方面需要出台配套的法规、规章予以细化落实，另一方面需要和现有的卫生法律相衔接。国家中医药主管部门积极参与《医师法》《突发公共卫生事件应对法》《医疗保障法》等法律的制定、修订，力求体现中医药规律和特点，促进中医药传承发展创新。

1.《医师法》的修改体现了中医药特色

2021年修订的《医师法》在执业类别、执业范围、中西医协同机制、中西医相互学习等方面的制度安排，体现了中医药规律和特点，实现了与《中医药法》的有效衔接，有利于发挥中医的特长和优势。主要体现在以下方面。

《医师法》增加了中西医协同机制、中西医相互学习等中西医结合的条款。一是中西医互相学习的教育制度、培养提供中西医结合服务的全科医生。二是经过培训考核的中医使用西医技术和西医使用中医药技术，有利于中西医相互学习，互相汲取长处，促进中西医结合。三是在新冠疫情防控中，形成了以中医药为特色、中西医结合救治患者的系统经验和做法，《医师法》总结了中医药参与新冠疫情防控的经验，并固化为法律条文，为中西医协同防治疾病提供了有力的法律保障。医师准入和执业范围的主要体现如下：一是中医、中西医结合医师可以在医疗机构中的中医科、中西医结合科或者其他临床科室按照注册的执业类别、执业范围执业①；二是《医师法》进一步完善了以师承方式学习中医满三年或者经多年实践医术确有专长人员参加中医医师

---

① 参见霍增辉《〈医师法〉中的中医药特色》，《中国中医药报》2021年9月13日。

资格考试的规定。针对中医医师独特的培养方式，增设这样的规定，有利于进一步发掘中医药人才，规范中医师执业行为，促进中医药事业的发展。同时，与《中医药法》保持一致，体现了法律的协调统一①。

2.《药品管理法》体现了对中药的保护与发展

2019 年修订后的《药品管理法》，增加了中药材、中药饮片、中药制剂、中药研制注册等方面的规定，实现了与《中医药法》的有效衔接。一是规定国家保护野生药材资源和中药品种，鼓励培育道地中药材；中药材种植、采集和饲养的管理，依照有关法律、法规的规定执行②。二是明确对中药饮片生产、销售实行全过程管理，建立中药饮片追溯体系，保证中药饮片安全、有效、可追溯③。三是明确医疗机构配制的制剂应当经所在地省、自治区、直辖市人民政府药品监督管理部门批准，法律对配制中药制剂另有规定的除外④。四是明确国家鼓励运用现代科学技术和传统中药研究方法开展中药科学技术研究和药物开发，建立和完善符合中药特点的技术评价体系，促进中药传承创新⑤。

在具体实施上，2020 年 7 月施行的《药品注册管理办法》提出：支持中药传承和创新，建立和完善符合中药特点的注册管理制度和技术评价体系，鼓励运用现代科学技术和传统研究方法研制中药。同时进一步规定：中药注册按照中药创新药、中药改良型新药、古代经典名方中药复方制剂、同名同方等进行分类。这些明确的法律规定实现了和《中医药法》的有效衔接，实现了社会主义法治的统一，也利于中药制度创新的落实。

（三）地方中医药法规体系不断完善

截至 2022 年 6 月底，全国有 26 个省（自治区、直辖市）根据《中医

① 参见霍增辉《〈医师法〉中的中医药特色》，《中国中医药报》2021 年 9 月 13 日。
② 参见《药品管理法》第 4 条、152 条。
③ 参见《药品管理法》第 39 条。
④ 参见《药品管理法》第 76 条。
⑤ 参见《药品管理法》第 16 条第 2 款。

药法》并结合当地实际情况完成了中医药地方性法规的制定修订，为《中医药法》实施提供了更为有力的支撑。各地中医药法规结合各地实际情况，针对各地中医药事业发展中的问题作出了有地域特色的规定，主要涵盖中医医疗机构和服务能力建设、中药规范管理、中医药在疾病预防控制中的作用、中医药人才培养与科学研究、中医药文化传承与文化传播、中医药事业的保障等方面。

在中医医疗机构和服务能力建设方面，主要是县级以上人民政府应当将中医医疗机构建设纳入医疗机构设置规划，加强中医药服务能力建设。有12个省（自治区、直辖市）的地方中医药法规明确规定，县（市）人民政府应当举办一所具有中医药特色的综合性中医医院或独立的公立中医医院①。为发挥中医药的疾病预防作用，《北京中医药条例》规定，将中医药防治纳入本市突发公共卫生事件应急机制；中医药专业人才纳入应急救援队伍，发生突发公共卫生事件时，实行中西医联合救治②。

在中药规范管理方面，主要是人民政府应当制定中药材保护和发展规划，建设中药材绿色种植养殖、质量追溯制度，鼓励中药材规模化、规范化、标准化发展，制订道地中药材保护目录等。例如，《安徽省中医药条例》规定，支持皖产道地中药材开发和利用，严格中药材绿色种植养殖，推动建设质量追溯制度③。《北京市中医药条例》第29条规定了医疗机构代煎、配送中药质量管理要求。

在中医药人才培养方面，注重中医药经典理论和中医药临床实践，突出中医药思维能力培养。《北京市中医药条例》第33条规定：本市开设中医药相关专业的高等学校和职业学校，应当优化中医药专业课程结构，提高中医类专业经典课程比重，将中医药经典融入中医基础与临床课程，强化中医思维培养，建立早跟师、早临床学习制度。

在科学研究方面，支持开展中医药理论研究，支持中药新药研发，支持

---

① 参见《浙江省中医药条例》第9条。
② 参见《北京市中医药条例》第16条。
③ 参见《安徽省中医药条例》第29、30条。

重大疑难疾病、急危重症和新发突发传染病的临床研究。

在中医药文化传承与传播方面，将中医药文化和知识纳入中小学相关课程，普及中医药常识。《浙江省中医药条例》第 35 条第 2 款规定：省教育主管部门应当将中医药文化和知识纳入中小学相关课程，普及中医药常识。

在中医药事业保障方面，将适宜的中医药服务纳入基本公共卫生服务项目，将符合条件的中医医疗机构纳入基本医疗保险定点医疗机构，将符合条件的中医诊疗项目、中成药、中药饮片和医疗机构中药制剂纳入基本医疗保险基金支付范围等①。

这些中医药地方性法规的颁行为各地中医药事业高质量发展奠定了法治基础，也为《中医药法》的实施提供了有力支撑。

（四）《中医药法》创新制度的实施情况

《中医药法》的原则性规定、创新制度，需要法规、规章予以细化方能落实。相关部门制定完善配套制度，陆续出台了《中医诊所备案管理暂行办法》《中医医术确有专长人员医师资格考核注册管理暂行办法》《古代经典名方目录（第一批）》《古代经典名方中药复方制剂简化注册审批管理规定》《关于对医疗机构应用传统工艺配制中药制剂实施备案管理的公告》《促进中药传承创新发展的实施意见》等配套规定，并持续推进落实。

中医诊所备案制。《中医药法》第 14 条第 2 款规定了中医诊所备案制，原国家卫生和计划生育委员会颁布了《中医诊所备案管理暂行办法》（14 号令），细化、落实了《中医药法》的创新性规定。各地中医药管理部门积极采取措施将制度创新落到实处，发布了《做好中医诊所备案管理工作的通知》，细化了要求，明确了职责。截至 2022 年 4 月，共有备案制中医诊所 27622 个②。

中医医术确有专长人员医师资格考核注册管理制度。《中医药法》规定，"以师承方式学习中医或者经多年实践，医术确有专长人员"经省级中

---

① 参见《甘肃省中医药条例》第 14 条、50 条。
② 数据来源：国家中医药管理局政策法规与监督司。

医药主管部门组织实践技能和效果考核合格后，即可取得中医医师资格。这是中医医师资格准入和注册制度的重大创新，有利于完善中医人才培养模式，有效促进中医药服务供给。原国家卫生和计划生育委员会颁布了《中医医术确有专长人员医师资格考核注册管理暂行办法》（15 号令），落实了《中医药法》的重大制度创新；31 个省（自治区、直辖市）卫生行政部门（中医药管理部门）先后制定了实施细则，进一步细化 15 号令的规定，组织了确有专长人员医师资格考核、注册。据统计，截至 2022 年 2 月，31 个省（自治区、直辖市）均已组织开展考核工作，累计考核合格 6381 人。

中药制剂备案管理。《中医药法》规定，对仅应用传统工艺配制的中药制剂品种实施备案制，提升了医疗机构配制中药制剂的积极性。各地药品监管部门结合本地实际制定了实施细则并推动有效落实。

简化古代经典名方上市审批。2018 年国家药监局印发《古代经典名方中药复方制剂简化注册审批管理规定》，国家中医局会同国家药监局制定《古代经典名方目录（第一批）》。在中药注册分类中新增"古代经典名方中药复方制剂"注册分类，丰富古代经典名方中药复方制剂范围，开辟了纯中医视角的注册申报路径①。

《中医药法》设定的创新制度，激活了中医药服务活力，提升了中医药服务供给，为中医药传承创新发展提供了良好的制度基础和发展环境，但在制度具体实施中，也出现了一些问题。比如，有些地方培训机构开办各类中医医术确有专长培训班，以达到符合申请确有专长人员医师资格报名条件的要求，有悖专长制度设计的初衷和目的。针对这种现象，省级中医药管理部门细化了报名要求，如《广西壮族自治区中医医术确有专长人员医师资格考核注册管理实施细则补充规定》（桂中医药规〔2020〕3 号）规定：非传统师承方式（如参加各类中医确有专长培训班等）的学习经历及证书不能作为申请参加中医医术确有专长人员考核的报名依据。有些中医师对申请参加确有专长医师考核的人员并不了解，或为人情推荐或为牟利而做虚假推

---

① 参见《坚守药品安全底线促进中药高质量发展》，《中国中医药报》2018 年 6 月 30 日，第 2 版。

荐，卫生健康部门对发现的提供虚假推荐的中医师予以相应的处罚①，切实保障中医专长医师考核制度的依法实施。

（五）行政复议提升了中医药行业的法治水平

国家中医药管理局法制部门受理以省级中医药管理部门为被申请人的行政复议案件 2019 年为 34 起，2020 年为 8 起，2021 年受理 4 起②，通过对这些复议案件的审理，指导、规范、纠正了中医药事业管理中偏离依法行政、依法管理的行为，切实落实了《中医药法》及其相关法律法规的规定，切实提高了中医药行业的法治水准，推进了中医药事业的健康发展。

（六）中医药技术规范和标准构成中医药法治体系的组成部分

国家中医药主管部门加强重点领域标准的制定修订，持续深化中医药标准化工作。近两年，完成《中医病证分类与代码》《中医临床诊疗术语》等 4 项国家标准修订，与国家卫生健康委员会联合印发，推进 4 项国家标准修订的报批工作。完成 52 项中医药行业推荐性国家标准计划项目再评估，继续有效 7 项，整合 30 项，终止 15 项。

此外，中共中央、国务院印发的《中共中央　国务院关于促进中医药传承创新发展的意见》、国务院印发的《中医药发展战略规划纲要（2016～2030）》、国务院办公厅印发的《关于加快中医药特色发展的若干政策措施》、《"十四五"中医药发展规划》等重要政策文件，对中医药法律体系的构建、发展、完善起到了极为重要的支撑作用，极大地促进了中医药法治建设和完善。

五　《中医药法》实施中的问题与完善

任何法律都不会完美，都有需要改进与完善之处，在施行中也会有这样

---

① 参见刘旺《杭州市卫生健康委员会二审行政判决书》（2020）浙 01 行终字 844 号。
② 数据来源：国家中医药管理局政策法规与监督司。

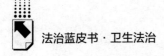

那样的问题。所谓天下之事，不难于立法，而难于法之必行，《中医药法》也一样。

（一）《中医药法》原则性的规定需要完善

《中医药法》中原则性的规定需要进一步完善，突出表现在以下方面。

1. 传统知识保护

《中医药法》第 43 条第 1 款规定：国家建立中医药传统知识保护数据库、保护名录和保护制度。这需要明确主体、责任及具体的下位法规范方能落到实处。《中医药法》第 43 条第 2 款规定：中医药传统知识持有人对其持有的中医药传统知识享有传承使用的权利，对他人获取、利用其持有的中医药传统知识产权享有知情同意和利益分享等权利。这和现行的知识产权制度之间存在冲突、不一致，需要法律间的有效衔接。国家相关部门已经完成《中医药传统知识保护条例（送审稿）》，期望能尽快颁行，将这一制度落到实处。

2. 中医养生保健

《中医药法》第 44 条规定：国家发展中医养生保健服务，支持社会力量举办规范的中医养生保健机构。中医养生保健服务规范、标准由国务院中医药主管部门制定。何为中医养生保健？中医养生保健机构的性质为何？《中医药法》并未界定，在此情形下，中医药主管部门很难制定服务规范、标准。在中医养生保健服务业发达地区，地方中医药条例对中医养生保健机构的性质作出了界定，如《北京市中医药条例》第 31 条明确规定：中医养生保健服务企业，登记经营范围为"中医养生保健服务（非医疗）不得开展医疗活动，不得进行带有医疗性质的宣传。

（二）尚需进一步完善的问题

《中医药法》的施行，极大促进了中医药事业的发展，中医药在保护和提高人民健康水平中的独特作用越发明显。但在实施中还存在一些问题，如中西医并重方针落实不够、中医药服务体系和服务能力建设有待进一步加强、中医药人员技术劳务价值未能充分体现、《中医药法》的一些制度规定未完全落实到位等。

1. 中医医疗服务的保障措施尚需落实

《中医药法》第 48 规定：县级以上人民政府及其有关部门应当按照法定价格管理权限，合理确定中医医疗服务的收费项目和标准，体现中医医疗服务成本和专业技术价值。现实中，中医药服务价格与价值不对等客观存在，如有的地方规定的三级医疗机构的中医及民族医药诊疗类的所有收费项目平均价格明显低于非中医医疗机构的平均价格，难以体现中医医疗服务的专业价值，中医医疗机构和中医医师收支难以平衡，服务的质量和疗效必然会受到影响。

2. 体现中医药特点的医疗纠纷和医疗损害处理制度尚未建立

中医医疗纠纷及医疗损害责任频发，关注度高，但其责任认定主要依据《医疗纠纷预防和处理条例》《民法典》等法律法规的规定，并未体现中医药自身的特点。中医医务人员面临相对更高的医疗风险，使中医师倾向更多地使用西医治疗手段、方法措施，结果必然使中西医并重的方针难以落到实处，在事实上变为西医为主、中医为辅。

3.《中医药法》的创新制度有待完善

《中医诊所备案管理暂行办法》《中医医术确有专长人员医师资格考核注册管理暂行办法》存在有些条文原则性强、术语未界定、操作性不够等问题，而省级的实施细则增加了限制性规定等，这些均影响了创新制度的实际效果，影响了《中医药法》的实施效果。

建议适时启动《中医药法》的修订。如时机不成熟，可先行制定中医药法实施条例，将中医药法的原则性规定细化，实现立法之目的、达成立法之效果。与此同时，还应进一步完善中医药法配套法规规章，修订现有规章、规范性文件在实施中发现的问题，加强地方立法，为中医药事业的发展提供更好的法治保障，进而促进中医药事业的发展。

B.11
中医药监管法治状况调研报告

李 静 姜黎黎*

摘 要: 中医药是中华民族的传统瑰宝，国家高度重视中医药发展的传承
与创新，不断出台法律法规、全国性及地方性政策文件，促进中
医药在现代健康领域继续发扬光大。发展至今，中医药监管法律
法规基本健全，配套政策文件不断完善，各地贯彻落实全面有
力。监管实践层面，《中医药法》得到较好落实，服务体系不断
强化，中药保护与发展显著改善，队伍建设逐步壮大。与此同
时，中医药监管还存在中西医并重方针落实不到位、中医药服务
体系和服务能力建设不够匹配、制度机制落实差强人意等问题。
为此，今后应当从法律实施、管理体制、中医药药材质量监管、
人才培养、知识产权保护等方面进一步提升和完善。

关键词: 《中医药法》 中医药传承创新 中医药特色发展 中西医并重
方针

一 背景

(一) 中医药监管步入新阶段

中医药是包括中国汉族和少数民族医药在内的各民族医药的统称，是中

---

* 李静、姜黎黎，均为北京市炜衡律师事务所律师。

华民族悠久的历史孕育出的具有中国本土特色的医药体系。中医药事业一直是中国医药卫生事业的重要组成部分。国家重视中医药发展，实行中西医并重的方针。中医药管理具有特殊性，建立符合其特殊性的管理制度，是医药卫生事业制度完善的重要环节。1997 年成立的国家新药领导小组，由国家科技部牵头，原卫生部、国家食品药品监督管理局、国家中医药管理局等部门参与，该领导小组组织全国百余名专家提出了中药现代化发展规划，自此启动了中药现代化监管工作。

党的十八大以来，中医药事业走向了新的阶段。党中央、国务院把中医药发展摆在了突出位置，同时国家也针对中医药的特殊性作出了一系列重大政策部署，使中医药的传承与创新找到了新的发展方向。为推动中医药发展，国家不断完善政策体系，颁布监管规范，为新时代中医药的传承创新提供助力，对经济发展作出重大贡献，推进中医药现代化、产业化的发展步伐。

（二）中医药对新型冠状病毒性肺炎疫情的贡献

2020 年新型冠状病毒性肺炎疫情（以下简称"新冠疫情"）发生以来，中医药全程参与，通过采用中西医结合、中西药并用模式，从众多的方剂中选出更加适合患者的"清肺排毒汤"，并且从中药典籍中选出了更加适合新冠患者的药剂，这些中药方药在新冠病毒性肺炎的治疗中展现出了中医药的独特性。与此同时，将古籍中的药剂转化为治疗新冠患者的良药，也是对中医传统的继承与弘扬。挑选出合适的中药方剂来治疗患者，在传统西医诊疗的同时引入中医，这使得新冠治疗方案更加具有本国特色。

国家中医药局与国家卫生健康委员会迅速组建了疫情处置常备工作组。工作组在国务院领导下，将中医药治疗方案贯穿于各地新冠患者的诊治过程中，同时也对各个区域的中医力量进行了整合调配。在治疗新冠患者的定点医院以及集中收治新冠患者的方舱医院都配备了中医药专业人员，在治疗患者过程中加入中医治疗，使得中医药在新冠病毒的预防、治疗、患者康复全过程都发挥了重要作用。在 2020 年初，国家派出了专业的中医医疗团队赶赴武汉进行抗疫，共有 5000 人左右的中医医师来到武汉为患者提供治疗，全国近 100 家中医医疗机构参与了新冠患者救治工作①。中医药使用在确诊患者治疗中超过了九成，成为疫情防控方案中具有中国特色的亮点，是中医药传承创新的体现。

二 中医药监管法律制度现状

（一）国家法律法规基本健全

2017 年 7 月 1 日，《中医药法》开始实施，在法律层面国家第一次对中医药监管作出规定。针对中医药的特点，《中医药法》从中医药从业行为、医疗安全、中药管理等层面作出了改进性规定，在保持和发挥中医药特色和优势的同时，促进中医药事业健康发展。该法的实施对中医药发展有举足轻重的意义，国家采用立法形式对中医药的传承与保护作出规定，用法律手段为中医药发展保驾护航。

国务院有关部门加强协调配合，以问题为切入点制订配套措施，2017年出台了《中医诊所备案管理暂行办法》，针对民间一些具有较高医学素养的老中医尚需考试才能获得医师资格的问题，出台了《中医医术确有专长人员医师资格考核注册管理暂行办法》，同步对中医古籍也进行了整理，梳理出实践中广为使用的经典名方，发布了《古代经典名方目录（第一批）》，亦发布了简化审批流程的《古代经典名方中药复方制剂简化注册审批管理规定》。最后，对于中药传统的配置流程也进行了规范，发布了《关于对医疗机构应用传统工艺配制中药制剂实施备案管理的公告》。

（二）配套政策文件不断完善

相关政策的陆续出台完善了中医药体系建设。国务院对培养中医药专业

---

① https://www.cn-healthcare.com/article/20200304/content-531965.html.

人才、中医药管理制度创新以及中医药与现代科技结合给予高度重视，通过医保体系对中医药进行支持。

2019 年 10 月 26 日发布的《中医药传承创新发展意见》① 将中医药提升到新高度，向世界展示中国发展中医药的政策方针和取得的成就。2021 年 2 月 9 日，国家为应对新形势下中医药行业发展，也为推进中医药行业快速发展，印发了《关于加快中医药特色发展的若干政策措施》（以下简称《政策措施》）②。《政策措施》从加强中医药人才基础能力教育、提高中医药产业发展活力、增强中医药发展动力、推进中西医结合、实施中医药发展重大工程、提高中医药发展效益、营造中医药发展的良好环境七个方面、28 项细分举措对中医药发展提供指导思想。

2022 年 1 月 15 日，为推进"一带一路"建设更好地体现中国特色，国家印发了《推进中医药高质量融入共建"一带一路"发展规划（2021～2025 年）》③，为中医药行业参与共建"一带一路"、中医药行业向外推广提供了指导性规划。

（三）各地贯彻落实全面有力

《中医药法》实施后，全国多数省份制定了具有本地特色的中医药地方性法规。全国各地、各层级政府也落实党中央决策部署，公布了《中医药传承创新发展意见》，采取地方特色落实措施。比如，2021 年 12 月 1 日起《四川省中医药条例（修订）》正式实施④，条例明确提出中医医疗机构的中医药人员占比不得低于 60%，推进中医药人员普及，鼓励高等、中等中医药院（校）毕业生、取得中医类别执业医（药）师资格的人员，到基层和艰苦边远地区从事中医药工作。2019 年 11 月 27 日，江西印发的《江西

---

① http：//www. gov. cn/zhengce/2019-10/26/content_ 5445336. htm.

② http：//www. gov. cn/zhengce/content/2021-02/09/content_ 5586278. htm.

③ http：//ghs. satcm. gov. cn/zhengcewenjian/2022-01-15/24182. html.

④ http：//sctcm. sc. gov. cn/sctcm/flfg/2019/12/2/a78a4060e6a14b2c8e1e7180e4b9e03f. shtml.

南城"建昌帮"中医药振兴发展实施方案》①指出，江西省将实施六项工程，完成26项重点任务，通过10年时间，把南城打造成为国家级中医药产业聚集区，在十年内，江西省内将传统中医与科技相结合，推出更加高效便捷的互联网中医诊疗系统，实现传统与现代相融合。2021年12月2日，《甘肃省中医药健康扶贫行动计划实施方案（2019~2020年）》由甘肃卫健委发布②，提出中医基础设施建设是亟须加强的重点领域，增加中医馆数量，满足患者对中医诊治的需求，在乡镇和社区也都配备中医药诊治人员。

三 中医药监管实践成效与不足

（一）中国中医药监管的实践成效

1.《中医药法》有效落实

《中医药法》的实施，对中医药未来发展产生了积极深远的影响③。该法加大了中医药人才的培养力度，更加重视中医药教学，中医药的发展后继有人。同时国家对于中药材的保护也逐渐步入正轨，对与中医有关的科学研究、中医药文化传承和对外推广也作出了规定。为依法保障中医药传承与创新发展提供了有序基础，同时对于长久以来中医药事业发展过程中遇到的重点问题也作出了回应。将审批制改为备案制，将单一考试制改为考试与考核相结合，解决了一些具有很高水平的医师难以取得行医资质的问题。

2.中医药服务体系不断强化

国务院建立国家中医药工作部际联席会议制度，对中医药管理及政策落实提供指导。2019年10月25日，全国中医药大会在北京召开，构建集国家中医医学中心、区域中医医疗中心、各级中医医疗机构于一体的中医药服

---

① http://www.jiangxi.gov.cn/art/2019/12/5/art_4975_1093246.html.
② http://cnlongxi.gov.cn/art/2019/12/6/art_9253_1245601.html.
③ http://www.npc.gov.cn/npc/zyyfzfjc009/202106/942c61039b384cfd92eee5e2848564e2.shtml.

务体系,以网格化形式划分区域,将中医资源合理配置到网格中。全国各地不断发扬中医药优势,发挥中医药监管的独特作用,持续落实分级诊疗制度。在此基础上,继续推动中医药诊疗医保报销政策,16个省份发布了中医优势病种目录①。

3. 中药保护与发展显著改善

针对中药药材特点,农业农村部、国家药品监督管理局、国家中医药管理局制定实施了《全国道地药材生产基地建设规划(2018~2025年)》,对于中药材的保护也进行了长远规划,发布了《中药材保护和发展规划(2015~2020年)》,确定七大道地药材优势区域,优势区域的确立使得中药材得到更好保护,也可以更加科学、系统地对中药材的数量、质量进行监测。不断加强中药资源普查和保护,完成了全国第四次中药资源普查工作,覆盖全国2564个县(市)。同时在全国建立了将近30个种苗繁育基地,为中药材提供优质的种子与种苗,建立了两个中药材资源库。针对中医药注册审评,制定《中药注册分类及申报资料要求》。此外,在中医诊疗过程中,中成药的规格也各有不同,没有形成统一的标准,为解决这一问题,发布了《中成药规格表述技术指导原则》,这些政策、指导意见的发布,使得中药注册更加科学规范,也统一了中成药的规格表述。在2020年《中国药典》最新版本中,收载中药标准2711个,占药典收载药品品种的一半左右。中药材、中药饮片等产品上市后,国家对其质量也进行了监测,2018年至2020年,国家每年抽检这些药品的质量,平均一年抽检五万批次,抽检样品总体合格率较高,分别为88%、91%和98%②,助力中药产品保持高品质。

4. 中医药人才培养和队伍建设逐步壮大

持续加大中医药人才培养力度,提升中医思维和实践能力,通过院校教育、职业教育完善中医药人才培养体系。截至"十三五"末,中医药医师

---

① http://www.npc.gov.cn/npc/zyyfzfjc009/202106/942c61039b384cfd92eee5e2848564e2.shtml.

② http://www.npc.gov.cn/npc/zyyfzfjc009/202106/942c61039b384cfd92eee5e2848564e2.shtml.

数量达到了新高，全国大概有 76 万人从事中医药行业，中医药医师数量的增加也扩大了中医药人才队伍，有三名中药名师当选了两院院士。30 名国医大师受到了国家表彰，全国名中医也达到了百人。

（二）中医药监管存在的问题

在中医药监管领域，各地各部门做了大量工作，尤其是《中医药法》实施以来，取得了显著成效。但中医药监管还存在一些问题，需要引起重视并着力解决。

1. 中西医并重方针落实不到位

《中医药法》的规定体现了国家更加重视中医药事业，对中医和西医都持同等的重视态度。但实践中对中医药文化自信还不够，对中医药科学性认识不到位，中西医并重方针落实并不充分，缺乏对中医药工作的长期规划和有力开展的自信。在建设中医医疗机构、中医医疗机构设备购置及能力提升等方面，存在投入不足的情况。中医药从业人员为医疗诊治投入的大量心血并没有得到应有的重视，一些中医药服务项目数量较少，不能满足患者的诊疗需要，同时一些中医药服务收费也不能体现医务人员的劳动成果。有些地方在医保政策实施过程中，对院内制剂的中医药支持力度尚需加强。

2. 中医药服务体系和服务能力建设不够匹配

总体而言，优质中医医疗资源总量不足，各地域优质资源分布不均，中医药在治疗重大疾病、疾病康复、治未病中的作用并不明显，人们更多依赖西医治疗，且在综合性医疗机构、专科医疗机构中，中医药服务水平也呈现下降趋势。部分中医医院并没有独具特色的中医治疗方案，也没有十分明晰的中医药擅长领域。本次新冠疫情的发生，让人们意识到中医医疗机构在具体科室布局、体系化设置、人才储备等方面并不能全面应对传染性疾病。同时，基层中医药机构服务能力也稍显欠缺，县级中医医疗机构的基础设施、诊疗条件明显低于同级综合性医疗机构的相应配置。部分县级中医医院在医疗人员、与诊疗相关的器械设备等未达到国家标准，这些问题亟待解决。

3. 制度机制落实差强人意

《中医药法》及其他相关规定对从事中医行业的人员应当具备何种资质、如何给予中医人员从业资格、古代经典名方应当采取何种高效便捷的措施进行审批、中医院采用传统工艺制成的中药制剂审批备案流程等作出了创新性的规定，但实践中很难落实相关改革措施，中医体制改革较为缓慢。对于基层具有较高中医素养的医师采取考核制方式授予医师资格的改革进展尤为缓慢，在全国开展该项改革的省份中，仅有一次考核完成的记录，其他省份仍处于报名审核阶段①。古代经典名方简化审批方面，虽然已发布第一批名方目录，但对方剂的考证却数量稀少。对于名方的简化审批还需要进一步拓展。用传统工艺配制中药院内制剂的备案制管理，执行过程中得到了很多反馈结果，反馈的问题大多集中于程序规定烦琐，按照流程完成备案花费的时间较多，同时费用也较为高昂。《中医药法》同时规定了中医药在突发公共卫生事件中应发挥的作用，但法律实施过程中，中医药应急工作协调机制尚不完善，难以在第一时间处理突发事件，该事项尚需更具体的制度落实安排。

四　中医药监管法律制度展望及建议

《中医药法》的贯彻落实，要推动中医药行业适应时代发展，真正实现中医药保障人民健康，需要从以下方面进一步完善。

（一）全面推进《中医药法》有效实施

中医药工作的各个方面需要继续强化法治思维与理念，从各层面提高依法办事意识与能力，充分落实法律所规定的制度机制。将中医和西医同等对待，制定发挥中医药特色优势的方针政策，在执行中切实贯彻《中医药法》。

---

① http：//www.npc.gov.cn/npc/zyyfzfjc009/202106/942c61039b384cfd92eee5e2848564e2.shtml.

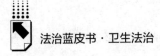

加强对《中医药法》的宣传和普及力度，将中医药理念融入群众的日常生活，如开展中医药科学知识普及工作，弘扬中医药文化。不断创新普及与宣传方式，通过具体中医药案例的解说，增强人民群众对中医药文化的自信，让人民群众切实体会到中医药知识的重要作用。

（二）继续推动中西医结合方针

中医与西医在诊疗过程中都发挥着不可替代的作用。应当将中医与西医同等重视。国家卫生健康委发布了《关于进一步加强综合医院中医药工作推动中西医协同发展的意见》（以下简称《中西医协同发展意见》），在综合性医疗机构、传染病医疗机构、专科医疗机构完善中西医结合相关制度，应当保证具有中西医诊疗资格的医师能够在其专业范围内执业。

在医学教学体系中，应将中医列为必修课程。在执业考试中，应允许中医专业学生参加中西医结合医师资格执业考试和中医医师规范化培训内容。

（三）完善中医药管理体制体系

中医药管理体系的完善，需要明确省、市、县等各级地方政府的职责，各地方政府应当为中医药管理制度完善提供支持。合理配置人员力量，落实管理体系。各级政府及相关部门在"十四五"规划期间，应健全中医药监管体制，填补中医药监管中存在的漏洞。在公立中医医院中，应当加强基础办公条件配备、必要设备购置、重点学科推进、人才培养等各方面工作。此外，国家支持中医药产业发展综合试验区建设，并将试验区作为中医药产业的标杆，地方支持政策也应当结合本地实际情况，灵活运用，不断提高中医临床竞争力，打造中医药产业综合性、高质量集聚区。

（四）健全中医药服务体系与能力

在统筹规划层面，不断完善医药监管体系，将不同中医医疗机构与西医医疗机构进行区域资源调配、优势互补，合理规划布局，弥补传统诊疗过程中存在的缺陷。同时加强与中医院校科研机构的合作，组建各级医联体，充分发挥不同方向专科医院的特色优势，共同发展。推进基层落实，采取有效举措，将发达地区的优质中医医疗资源向欠发达地区传送，进一步带动社区卫生服务中心、乡镇卫生院的服务提升。

（五）严格把控中药药材质量监管

中药药材是中医药发挥作用的基础，但在中药药材监管方面，存在中药药材质量水平不一、优质药材与劣质药材混杂问题。药材种子种苗发展混乱、中药材种植过程中添加了大量农药，超出了合理的标准。同时医药行业对中药材有很大需求，中药也有很高的利润，这就使得中药种植商在种植过程中难以遵守科学的种植方式，中药材没有到年限就进行收集，导致市场上以次充好、以假乱真的情况时有发生。同时，由于中药药材的特殊性，不易达成药材质量与稳定性控制的标准化规范，这也导致中药药材辨识更多基于从业者认知，导致中药材市场优质不优价，有待建立适合中药特点的质量控制体系，使得药材的质量足够稳定。虽然中药产业已形成一定规模，但总体而言，存在中医药企业数量多、规模小的现实问题，未出现体量较大的中医药品种。与西药、生物药等品种相比，中药材产业产值还相对较低，亟须统一中药材的质量认定标准，也应当借鉴现代公司企业制度，大规模批量化生产中药材。中药材实现规模化、产业化后也需要进一步更新中药评价制度，以适应中药行业的变化，推动中医药产业健康发展。

中药材作为特殊农产品，本身即具有农产品、药品等多重属性，然而中医药又有与农产品不同的药用功能。监管部门不能将中药材与农产品同等对待，县级以上政府部门应当根据中药材产业发展特点，结合乡村振兴、农业农村现代化建设规划，采用科学有效的方法推进中药材规范化种植、养殖，确保中药材符合药用标准，具有较高的质量。根据道地药材，遴选出全国和各省市范围内的专业种植基地，推进中药材生产基地建设，采取多种措施保障中药材的种植，使得中药材的种植与现代化接轨，用现代化的工厂与技术提高中药材质量。

（六）着力消除中医药人才培养痛点堵点

中医院校对学生的培养方式存在不足，一些院校缺乏对中医经典书籍、著作的教学，学生缺乏对中医传统理论的学习，难以将中医理论转化到实践诊疗，学生缺乏临床动手能力。中医药人才培养更多依靠师承教育，但中医药理论功底扎实、临床经验丰富的优秀教师较为短缺，且这种师承教育方式有待改进和加强，师承教育长效机制和制度体系尚不完善，师徒制的传统中医教学模式难以适应时代发展需要，一些老中医传统技艺面临失传。此外，现代化培养体系还有待完善，以适应不同类别中医药特色人才培养需求，增强中医人才培养的针对性，在中西医结合和科研创新等方面都应当有针对性地培养中医人才。

人才培养需要提高中医类专业课程比重，同时注重临床实践，中医药人才需要熟练掌握传统医学诊疗方法，加强"望、闻、问、切"能力训练。同时，优化发展中医药师徒传承教育，完善师承教育资质、师徒中医教育形式、考核标准等制度机制，同时要探索新形式，增加师徒教育培养人数。在师徒传承全过程落实，全面提升中医药教学的理论与实践效果。

中国的体制优势是能够集中各行各业的力量办理复杂艰巨的大事。应加强中医药领域科技创新平台建设，在肿瘤治疗、老年痴呆及抑制抗生素耐药等领域，提升中医药领域科研能力，建设重点实验室，推进中医药标准化建设。应将现代化的科技与最新科研成果、中医传统理念相融合，强化中医药基础研究，唯此才能推动医药传统理论的传承与创新、突破中医药诊治过程中的难题等。同时还应加强中医药资源和知识产权保护工作，通过专利、技术秘密保护等制度完善中医药资源保护，研究制订符合中医药特点的专利审查标准。对中医药处方要加强知识产权保护，对于中医稀缺技术及资源、中医药老字号也应当采取针对性保护措施，使中国传统医药资源继续发挥重要作用。

结　语

中医药的传承和创新注定是一个长期探索的课题。《中医药法》为中医药监管体系建设奠定了扎实基础、提供了坚强保障。未来，应在坚持《中医药法》及各项法律法规的基础上，全面推动中医药事业发展，推动中医药事业传承创新发展。

实 证 研 究
Empirical Study

B.12
三明医改经验的法制化研究

郑雪倩　薛海宁*

摘　要： 深化医改实践中形成的可推广可复制经验，经过制度化梳理总结上升为法律规范，对于进一步凝聚改革共识，引领改革进程，推动改革全面深化和可持续发展具有重要意义。福建省三明市在改革中形成了改革整体联动、完善医改经济政策、建立激励约束机制、推动资源下沉等典型经验，但同时也存在推广范围不够、力度不大、示范引领作用发挥不明显等问题，亟待纳入制度化、法制化轨道加以解决。本文介绍了福建省三明市深化医改的实践探索和主要经验，探讨将改革的成熟经验上升为立法的必要性、迫切性和可行性，并就立法目的、适用范围和主要内容等方面提出建议。

关键词： 深化医改　三明经验　立法

* 郑雪倩，中国卫生法学会副会长，北京市华卫律师事务所创始合伙人、主任。薛海宁，国家卫生健康委员会体制改革司副司长。

改革与法治如"鸟之两翼、车之两轮"。对改革重点领域和关键环节实践探索形成可推广可复制的经验，经过制度化梳理总结上升为法律规范，是中国立法实践的一条重要有效途径。在深化医改实践中，福建省三明市形成了很多好的经验和做法，既值得各地因地制宜借鉴，也迫切需要通过立法将其探索形成的好的经验做法转化为顶层设计，以法治凝聚改革共识，引领改革进程，推动改革全面深化和可持续发展。本文拟从三明医改经验入手，分析将改革实践经验上升为立法的必要性、紧迫性和可行性，并提出立法规范的主要内容建议。

一 三明医改经验的形成背景和主要内容

医改是世界性难题，是重大民生工程。涉及利益主体众多，调整的利益关系更加复杂，面临的深层次体制机制性矛盾日益凸显，集中体现为群众反映强烈的看病难、看病贵问题。2009 年新一轮医改启动以来，随着改革持续深入推进，医改顶层设计进一步完善，各地围绕分级诊疗、现代医院管理、全民医保、药品供应保障、综合监管等五项基本医疗卫生制度建设①，探索了很多做法。福建省三明市在改革过程中，坚持以人民健康为中心，坚持政府主导、公益性主导、公立医院主导②，规范医疗、医保、医药各方权责利关系，解决群众看病就医问题。2021 年 3 月习近平总书记在三明调研时指出，"三明医改体现了人民至上、敢为人先，其经验值得各地因地制宜借鉴"③。

（一）三明医改的主要做法成效

三明医改体现了改革的问题导向，由问题倒逼而来。2010 年，三明市

---

① 习近平总书记在 2016 年全国卫生与健康大会上的讲话："着力推进基本医疗卫生制度建设，努力在分级诊疗制度、现代医院管理制度、全民医保制度、药品供应保障制度、综合监管制度五项基本医疗卫生制度上取得突破。"
② 《国务院办公厅关于推动公立医院高质量发展的意见》（国办发〔2021〕18 号）。
③ 2021 年 3 月 23 日习近平总书记在福建省三明市考察医改工作时的讲话，引自人民网。

职工医保统筹基金亏损 1.4 亿多元，到 2011 年，实际亏损量达到 2 亿多元，还欠付全市 22 家公立医院医药费 1700 多万元①。在分析主要问题的基础上，2012 年以来，三明市启动了公立医院综合改革。一是在所有 22 家县级（含）以上公立医院全部取消药品耗材加成，斩断药品流通利益链条，破除医院逐利机制。二是提高医疗服务价格，建立动态调整机制。三是大胆突破事业单位分配制度，改革工资总量核定办法，实行全员岗位目标年薪制。四是建立以健康为中心的医保支付制度和健康管护组织及相应的监督评价考核体系②。

三明公立医院综合改革取得显著成效。公立医院收入结构日趋优化，医疗机构医疗服务性收入比重从改革前的 18.37% 提高到 41.46%，真正实现了"腾笼换鸟"。公立医院人均收入大幅提高，二级及以上公立医院人员经费占医疗费用比重由 25.15% 提高到 45.98%。医院实现可持续发展，医疗水平得到提高，改革后微创手术、腔镜手术成倍增长，医疗护理质量显著提高，人才队伍保持稳定，为医院发展增强了后劲③，推动公立医院建立起维护公益性、调动积极性、保障可持续的运行新机制。

（二）基本经验

三明市从本地面临的实际情况出发，在十多年来大胆实践、探索创新的基础上，持续优化政策体系，打出了一套医改政策"组合拳"，主要体现在改革的整体联动、完善医改外部经济政策、健全内部激励约束机制和推动医疗资源下沉等方面④，为各地因地制宜推广医改积累了非常好的经验。

一是建立高位推动的组织领导体制和工作机制。三明市委、市政府高度

① 《一切为了人民健康——新医改十年"再出发"》，新华网，2019 年 12 月 20 日。
② 詹积富：《以人民至上的理念推进公立医院改革——以三明医改为例》，《行政管理改革》2021 年第 12 期。
③ 詹积富：《以人民至上的理念推进公立医院改革——以三明医改为例》，《行政管理改革》2021 年第 12 期。
④ 2021 年 7 月 6 日国务院医改领导小组秘书处、国家卫生健康委在福建省三明市召开推广三明医改经验新闻发布会的发布内容。

重视医改工作，坚持人民至上、敢为人先。在领导体制上，一直由市委书记担任医改领导小组组长，市长担任第一副组长，建立起"一把手亲自抓医改、一抓到底"的组织领导体制。"市委、市政府为三明市医改领导小组和三明医改团队提供坚强后盾，这是医改能否取得成功的第一关键因素。"①在工作机制上，明确由一位副市长统一分管医疗、医保、医药工作，统筹协调"三医"联动改革，避免了政策形成过程中各部门各自为政导致的政策碎片化、政策互相打架等问题弊端，形成了各部门协调联动的工作机制。

二是探索形成"腾笼换鸟"的改革路径。三明医改最重要的改革经验就是整体联动。从药品流通领域改革入手，开展带量采购，降低药品耗材价格，为进一步深化价格改革和医务人员薪酬制度改革腾出空间、挤出水分。腾出的空间在使患者受益的同时，主要用于调整医疗服务价格。三明市建立了医疗服务价格动态调整机制，先后9次调整医疗服务价格，达数千项次，更好地体现了医务人员医疗技术劳动价值②。实行按疾病诊断相关分组收付费改革，结余资金补偿给医院。公立医院收入结构得到了优化，解决了"钱从哪里来"的问题。

三是健全医院内部激励和约束机制。在"腾笼换鸟"的同时，同步跟进医保支付、人事薪酬、绩效考核等综合改革举措，这是三明医改的精髓之所在。如果说"腾笼换鸟"改的是外部的经济政策，那么推动医务人员薪酬改革，实行全员目标薪酬制、年薪计算工分制，实行党委书记、院长和总会计师年薪制，强化对医疗机构的考核监督管理，就是从医院内部运营管理机制入手，建立健全内部激励约束机制。这是改革取得成功的必要条件。通过改革，切断了医务人员收入和药品耗材收入的关系，切断了个人薪酬与科室收入之间的联系；同时，院长年薪由政府财政预算安排，根据考核结果发放，解决了维护公益性和调动积极性、公平与效率的问题。

---

① 《对话三明市副市长张元明：医改核心在于坚持三医联动》，每日经济新闻，2021年5月8日，三明市政府网站。

② 2021年7月6日国务院医改领导小组秘书处、国家卫生健康委在福建省三明市召开推广三明医改经验新闻发布会，体改司司长许树强发言。

四是推动以治病为中心转向以人民健康为中心。三明市在每个县都组建了"总医院",整合县、乡、村各级医疗卫生资源,通过县级医院发挥县域内"龙头"作用,将医疗卫生资源向基层下沉。发挥基层全科医生健康"守门人"作用。在运行机制上,将医保基金、基本公共卫生服务经费和政府补助经费,打包给总医院,结余留用,合理超支分担①,这一医保支付机制对于引导资源下沉、促进从"以治病为中心"转向"以健康为中心"发挥了重要作用。

二 三明医改经验法制化的必要性和紧迫性

从政策层面看,全国正在深入贯彻落实习近平总书记视察三明讲话精神,因地制宜推广三明经验。国务院办公厅关于印发的《深化医药卫生体制改革2021年重点工作任务》,第一项任务就是"进一步推广三明市医改经验,加快推进医疗、医保、医药联动改革",《深化医药卫生体制改革2022年重点工作任务》明确提出,"加大三明医改经验推广力度"②。国务院医改领导小组总结提炼出11条普遍推广的经验和10条因地制宜试点探索的改革经验③,并建立考核评价机制,在三明市建设全国深化医改经验推广基地,加大经验推广力度④。但总的来看,去三明调研学习的多,落地复制改革经验的地方少;一些改革典型地区在点上改革多,全面系统推广不够,经验推广学习效果有待进一步深化。为打造培育更多像三明一样的医改样本,迫切需要将三明成熟的经验加以制度化、法制化,为更深层次、更大范围推广三明经验、深化医改、解决群众的看病就医问题提供法律保障。

---

① 2021年7月6日国务院医改领导小组秘书处、国家卫生健康委在福建省三明市召开推广三明医改经验新闻发布会,体改司司长许树强的发言。

② 《深化医药卫生体制改革2021年重点工作任务》《深化医药卫生体制改革2022年重点工作任务》。

③ 《国务院医改领导小组关于深入推广福建省三明市医改经验 深化医药卫生体制改革的实施意见》(国医改发〔2021〕2号)。

④ 《国务院医改领导小组秘书处关于认定福建省三明市为全国深化医药卫生体制改革经验推广基地的函》(国医改秘函〔2021〕7号)。

（一）三明医改经验法制化的必要性

一是落实习近平总书记重要指示的有力举措。习近平总书记多次听取三明市医改工作汇报。2021年3月，赴福建省三明市调研时指出，"健康是幸福生活最重要的指标，健康是1，其他是后面的0，没有1，再多的0也没有意义"①。要均衡布局优质医疗资源，做到大病重病在本省就能解决，一般的病在市县解决，头疼脑热在乡镇、村里解决，这个工作在"十四五"时期要大大加强②。同时指出，"三明医改效果是好的，改革经验是有价值的，值得各地因地制宜借鉴"③。总书记重要指示为推动卫生健康事业高质量发展和深化医药卫生体制改革指明了方向，提供了遵循。将推广三明经验要求进一步制度化、法制化，将成熟经验以法律形式加以固化，是落实总书记指示精神、深化医改解决好群众看病就医问题的必然要求，也是使命所在。

二是推进全面依法治国的重要内容。改革越深入，越要强调法治。习近平总书记要求，凡属重大改革要于法有据，确保在法治轨道上推进改革。深化医改是推进国家治理体系和治理能力现代化的重要内容。医改是从政策调整开始的，从政策调整到制度创新形成的一系列制度成果，只有通过立法才能加以固化，才能以法律的强制力、执行力，保证已经出台的政策得到有效实施。在医改的重大理论和实践问题上，社会上始终存在一些不同的看法，如医疗卫生领域的政府和市场关系问题，基本医疗保障的"基本"和非基本问题，维护公益性和调动积极性问题等。对于在改革中已经形成共识和需要普遍推广的经验，迫切需要通过立法加以确定和规范，对于改革中尚未达成共识但实践已经证明方向正确、效果显著的，亟须立法加以明确和完善巩固，对于改革中的前瞻性、探索性举措，更需要立法加以引领推动。将推广

---

① 《我们的事业，就是总书记说的那个"1"》，《人民日报》（海外版）2022年2月9日，第1版。

② 《我们的事业，就是总书记说的那个"1"》，《人民日报》（海外版）2022年2月9日，第1版。

③ 《我们的事业，就是总书记说的那个"1"》，《人民日报》（海外版）2022年2月9日，第1版。

三明医改经验法制化，本质上是运用法治思维和法治方式推进社会领域的制度变革，从而保证医改的正确方向不变道、不走样，确保深化医改的各项制度创新能够在法治的轨道上稳步推进，这是全面依法治国的重要内容，更是题中应有之义。

三是进一步深化医改的必然要求。改革只有进行时，没有完成时。当前，医改进入深水区攻坚期，调整的利益关系更加复杂，改革面临的两难或者多难选择问题更加突出。从组织领导来看，需要进一步强化各级党委政府对卫生事业的投入、保障、监管责任；从医疗卫生行业发展来看，需要适应人民健康需求，构建以人为本、以人民健康为中心的优质高效的整合型医疗卫生服务体系；从制度保障来看，需要巩固完善管用高效的医保支付制度、科学合理的运行机制、符合行业特点的薪酬制度，等等。三明改革探索解决了实践中的一些重大问题，但是在改革的整体性、系统性、协同性方面还需要进一步加强，相关的制度建设需要进一步完善，迫切需要发挥法治的引领和推动作用，通过立法确认、巩固和扩大改革成果，为进一步深化改革提供必要的法律保障和制度支撑。

（二）三明医改经验法制化的迫切性

从推广三明医改经验的实践来看，在认识上、路径上、方法上、效果上还存在不少问题，与改革的系统性、平衡性要求还有较大差距，一定程度上影响改革的进程，充分彰显了立法的紧迫性。

据三明市医改领导小组统计，2013年至2019年全国各地共有1300多批次、包括省级、地市、县区调研团队近2万人次到三明学习交流医改经验。国务院医改领导小组秘书处也在三明组织多场现场培训。但是，这些调研团队回到当地后，有的复制了部分经验，但缺乏整体、系统的改革推进，医改成效不明显；有的地方只是来看了看，回去后却没了下文。分析其主要原因如下。

一是缺乏改革的决心和勇气。当前医改进入了深水区、攻坚期，进入高质量发展的新阶段，对加强改革系统集成、落地见效提出了更高的要求。三明医改探索最重要的是体现了改革的决心和勇气，体现了系统集成、落地见效的总的要求①。实践中，部分地方党委政府和一些领导干部缺乏责任担当意识，缺乏改革的政治决心和勇气，因而没有把推广复制三明医改经验放到党委政府重要议事日程上。

二是缺乏改革的共识。获得利益相关方的理解、支持和参与，是改革的重要基础和推进前提。由于部门职责调整、人员变动等因素，一些前期改革形成的共识在逐渐减弱，一些重点领域和关键环节缺乏必要的共识。例如，通过降低药品耗材费用腾出的空间，主要用来调整医疗服务价格，还是应该主要用于扩大药品报销范围；对紧密型县域医共体实行医保资金、基本卫生经费打包支付、结余留用，结余资金能否用于医务人员激励等一些操作上的问题，难以形成高度共识，一些地方政策制定难以形成合力，甚至互相掣肘，影响了经验的推广力度和改革的进一步深化。

三是缺乏示范性引领。中国经济社会已经进入高质量发展新阶段，满足人民群众日益增长的对美好生活的需要，对深化医改也提出了新要求、新期待。"十四五"时期，中国将进入中度老龄化阶段②，对医疗服务体系重构、医疗保险保障能力和水平以及康复护理服务供给等方面都带来了新的挑战。应对这些新期盼、新要求、新挑战，需要形成更多可推广可复制的经验，打造更多的"改革明星"，形成"星火燎原"之势，不断推动改革向纵深发展。但是目前的改革试点地区，总体上系统性、协同性不够，示范性、引领性不足，迫切需要通过立法规范制度建设，为各地推动改革提出强制性、规范性、统一性要求，推动改革进一步拓展，推动各方面制度更加成熟定型。

（三）三明医改经验法制化的可行性

一是改革多年实践探索形成了很多可推广可复制的经验做法，医药卫生

---

① 《国务院医改领导小组关于深入推广福建省三明市医改经验　深化医药卫生体制改革的实施意见》（国医改发〔2021〕2号）。

② 2022年9月20日，国家卫生健康委就党的十八大以来老龄工作进展与成效举行新闻发布会。国家卫生健康委老龄司司长王海东表示，据测算，预计"十四五"时期，中国社会进入中度老龄化阶段。

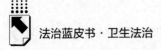

体制改革的制度体系逐步完备，顶层设计进一步健全，各方面制度也更加成熟定型，具备了从政策推动改革转变为法治引领改革的相应有利条件。

二是国内卫生健康立法为三明医改经验的法制化提供了立法遵循。2019年12月28日十三届全国人大常委会第十五次会议审议通过的《基本医疗卫生与健康促进法》，明确了改革发展的基本原则思路，将改革中实践证明行之有效的措施上升为法律制度，强化三医联动形成制度合力，为三明经验法制化提供了上位法依据。

三是地方立法实践为三明经验法制化提供了实践参考。山西、浙江等省份坚持立法先行，对县域医共体等改革探索实践经验制定地方性法规、规章，使改革方案获得合法性、权威性基础，为三明经验法制化提供了地方立法参考。

三　三明医改经验立法的主要建议

（一）立法目的

充分发挥法治对改革的确立、规范、引领、约束作用，将三明医改形成的经验做法上升到制度化、法制化层面加以推进，为进一步深化医改、解决群众看病难、看病贵问题奠定制度基础、提供法制保障，为推动实施健康中国、乡村振兴等国家战略，实现全体人民共同富裕奠定卫生健康基础。

（二）适用范围

改革涉及的利益相关方，包括但不限于对政府及相关部门、医疗卫生机构和医疗卫生人员、药品生产流通企业以及社会群众等在推进改革中的责任、权利、义务作出规范，划定权力责任边界。

（三）基本原则

一是坚持政府主导、公益性主导、公立医院主导。二是坚持维护公益性、调动积极性、保障可持续。三是坚持高位推进，提升改革的整体性、系统性、协同性。四是坚持立足实际、因地制宜、分类施策。五是坚持正向激励、有效约束。

（四）拟规范的具体内容

一是明确各级政府的改革主体责任。各级党委政府要切实承担推动医改的主体责任，建立起高位推动的治理体系和协调联动的工作推进机制，由主要负责同志主管医改工作，同时改革的权力责任适当集中，明确一位分管同志统筹协调医疗、医保、医药相关部门，减少政府内部协调成本，提高协调效率，同时增强改革的整体性、系统性、协同性。

二是坚持公立医院公益性定位。落实政府办医管医的责任，切实承担公立医院的投入保障监管责任。落实六项投入责任，"基本建设、大型设备配置、重点学科发展、人才培养、离退休人员经费、政策性亏损"（包括公共卫生经费等）落实对公共卫生、中医等机构的倾斜政策，政府对公立医院投入占医院支出的比例从现在的10%左右提高到20%以上，切实增强公益性的基础保障。强化监管，加强公益性为核心的公立医院绩效考核评价机制，完善考核评价体系。

三是完善医疗卫生服务体系。立足解决群众健康需求，围绕不同层级、不同类别医疗卫生机构的功能定位，按照"大病重病在本省解决、一般病在市县解决、常见病小病在乡镇村里解决"的目标，建立整合型优质高效服务体系。纵向上，按照区域统一规划，以城市医联体、县域医共体建设形式，进一步完善医疗卫生服务体系，推动医疗卫生资源合理科学配置，推动建立有序就医和分级诊疗的新格局。横向上，加大康复、护理、老年、临终关怀等延续性医疗服务的供给，实现公立医院与延续性医疗机构的功能互补有效衔接。机制上，统筹医保资金和基本公共卫生经费以及政府投入等各方资源，实行医保资金打包付费、结余留用、合理超支分担的机制，推动实现城乡一体、乡村一体、医防融合、防治结合。模式上，督促各级各类医疗卫生机构积极转变医疗服务模式，实现从以治病为中心转向以人民健康为中心。

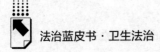

四是加强制度建设。将实践中推进三医联动的成功经验做法予以固化，围绕分级诊疗、现代医院管理、药品供应保障、全民医保、综合监管等方面，将建立公益导向的公立医院补偿机制、体现价值的医疗服务价格动态调整机制、高效管用的医保支付制度、体现行业特点调动积极性的人事薪酬制度等进一步细化、实化、具体化，为进一步全面深化改革提供基本遵循。

五是明确改革的方法路径。一个行之有效的改革方案必须具有系统性，不同措施之间应该是一环扣一环的。如果改革只是参考一部分或者零星几项三明的改革措施，那么改革依然无法摆脱过去10年"按下葫芦浮起瓢"的困境①。因此，宜通过法律制度明确改革思路和实施步骤，使其具备系统性、科学性和可操作性。

六是建立改革的激励约束机制。对推广三明经验、深化医改作出显著成效的予以表彰奖励，建立唯改革者上的用人导向，激发改革者的改革动力。

---

① 萧庆伦：《制度建设是决定中国医改成效的关键》《完善制度建设确保医改成效》，人民网、中国网。

B.13
法治视野下医疗损害鉴定
制度的完善路径

福建省司法厅课题组*

摘　要： 近年来，随着社会主要矛盾的变化，人们对医疗质量的要求不断提高，维权意识日益增强。医疗纠纷解决，因其独具的专业性壁垒，虽有诉讼与诉讼外多元化解的制度构建，但其终极路径仍在于通过医疗损害鉴定明确当事人的责任。按此思路，完善医疗损害鉴定制度是解决医疗纠纷、缓和医患关系的关键节点。"十四五"时期，应以习近平法治思想为指导，通过对医疗损害鉴定制度的完善，健全卫生法治体制，在法治轨道上推进国家公共卫生治理体系与治理能力现代化。

关键词： 医疗损害鉴定　医疗纠纷　卫生法治

　　正确处理医疗损害责任纠纷是卫生法治建设的重要组成部分。医疗损害鉴定是明确医疗损害范围与责任分配的重要手段，是帮助医疗纠纷妥善化解、缓和医患矛盾的重要环节。由于与医患双方直接利益密切相关，医疗损害鉴定制度也是医患双方重点关注的对象。中国已探索出具有中国特色的医疗损害鉴定模式，有效应对日渐频发的医疗纠纷。但是由于新旧制度更替、实体程序衔接等问题，医疗损害鉴定制度还需要进一步调整完善。医疗损害

---

* 课题组成员：林玫瑰、柯南木、杨春治、林鸿川、黄世华。执笔人，杨春治，福建中医药大学副教授。

鉴定制度的完善，是妥善解决医疗纠纷、缓和医患关系的关键，有利于社会稳定，具有重大理论和实践意义。

一 中国医疗损害鉴定制度概述

（一）医疗损害鉴定制度的立法沿革

中国现行的医疗鉴定制度演化与几个标志性的法律文件密切相关，现就医疗损害鉴定制度的逐步确立和法律分野进行简要梳理。

1. 卫生行政部门进行医疗事故鉴定阶段

1987 年《医疗事故处理办法》（以下简称《办法》）的颁布，统一了理论界和实务界对医疗事故技术鉴定的认识，明确医疗事故技术鉴定工作由卫生行政部门组织。直到此时，具有时代特征的医疗事故鉴定理论体系和法律制度初步建立。客观而言，《办法》时代的医疗损害鉴定制度是现代医疗损害鉴定制度的先行者，但它同时也是过渡性的、具有较多缺陷的制度。行政参与和同行评价是该时期鉴定的主要特点。

2. 医学会进行医疗事故鉴定与司法鉴定机构进行医疗损害鉴定二元并行阶段

饱受质疑的《办法》步履蹒跚 15 余年，于 2002 年被国务院《医疗事故处理条例》（以下简称《条例》）确立的新制度所取代。《条例》确立了由医学会组织实施医疗事故技术鉴定的制度。但由于实体法上对于医疗事故与非医疗事故的区别，此后医疗鉴定出现医学会医疗事故鉴定与司法鉴定机构医疗损害鉴定二元结构并行的情况。相比《办法》时代，《条例》所确立的赔偿标准明显提高，能够更好地保护受害患者的切身利益；通过一系列规章确立了较为完善成熟的管理体系，运作更为规范；与此同时，还确立了司法鉴定管理体制的基本原则和运行框架。

3. 《侵权责任法》实施后医疗损害鉴定在实体法上趋向一元

2010 年《侵权责任法》颁布实施，有学者认为，《侵权责任法》的施行有利于消除医疗损害鉴定中的"二元化"现象，因为其统一了医疗损害纠纷的法律适用问题，医疗纠纷的赔偿不再区分医疗事故和非医疗事故。有学者指出：《医疗事故处理条例》将自动废止，医疗鉴定委员会将会逐渐成为历史①。同年，最高人民法院颁布了《关于适用〈中华人民共和国侵权责任法〉若干问题的通知》，原卫生部等部门颁布的有关适用《侵权责任法》的配套文件，也囊括了许多关于医疗损害鉴定的内容。梳理之后不难发现，以《侵权责任法》为核心的系列法律文件在法律上肯定了司法鉴定运用于医疗损害的合理性。2017 年，最高人民法院颁布《最高人民法院关于审理医疗损害责任纠纷案件适用法律若干问题的解释》，对医疗损害鉴定的申请、受理、鉴定内容、鉴定人等作出更详细规定。同时，医学会也在进行医疗事故鉴定以外医疗损害鉴定的探索转型。2018 年国务院《医疗纠纷预防和处理条例》正式颁布实施，明确医学会具有在医疗事故鉴定之外进行医疗损害鉴定的职能。同年，司法部发布《医疗损害鉴定管理办法（征求意见稿）》，对医疗损害鉴定的主体、委托、受理、实施、责任作出进一步细化。2020 年《民法典》颁布出台，对医疗损害侵权纠纷的规定，很大程度上延续了《侵权责任法》的相关规定。

在这一系列立法进程中，医疗损害鉴定制度日臻清晰、成熟。一方面，整体制度的调整变革，打破了医学会等行政色彩浓厚的组织对于医疗损害鉴定的垄断，消除医疗事故与非医疗事故区分，全方位、平等保障患者的合法权益；同时，承认并重视独立于行政序列之外的社会司法鉴定机构的重要作用。一破一立，实现了医疗损害鉴定的程序正义，也为医疗纠纷的高效化解提供了制度支撑。在此基础上，对于鉴定规则的细化与改进，如鉴定人资质要求、专家库的建立、鉴定专家署名、回避、鉴定材料需经质证、鉴定听证等，满足了医疗损害鉴定天然对专业性的高要求，医学会在医疗损害鉴定上的新职能，也是其充分发挥专业人才优势，为鉴定意见的真实性、专业性背书的积极尝试，实现医疗损害鉴定与临床实践接轨，为通过医疗损害鉴定实

---

① 梁慧星：《论〈侵权责任法〉中的医疗损害责任》，《法商研究》2010 年第 6 期。

现医疗损害纠纷中的实质正义提供保障。这不仅使医疗损害鉴定更具可信度，有效化解医患矛盾纠纷，使得相关医疗机构和医务人员可以专心从事医疗活动，致力于医学研究，提高技能。鉴定制度与诉讼制度和证据制度相互联系、相互作用、相互制约，鉴定制度的规范和完善，还在一定程度上推进了诉讼制度和证据制度的优化。

（二）福建省医疗鉴定模式的探索与发展

福建省在医疗损害鉴定方面亦紧跟立法动向，立足本省实际情况，出台配套法律法规，规范医疗鉴定机构及鉴定行为，为高效服务医疗纠纷预防化解提供指引与保障。

2013年福建省高级人民法院发布《关于委托医疗损害鉴定若干问题的意见（试行）》，明确医学会接受鉴定委托的，应依据医疗争议所涉及的专业，主持医患双方从专家库中随机抽取相应专业的专家组成鉴定组。专家鉴定组实行合议制，人数为三人以上（含三人）单数。涉及死因、伤残等级鉴定的，应当有法医参加鉴定组。司法鉴定机构接受委托的，鉴定人不具备相应临床医学专业高级以上技术职称的，应当在鉴定过程中咨询两名以上具有相应专业高级以上技术职称的临床医学专家，并由提供咨询的专家出具书面意见。该意见还规定了鉴定人员的回避事由、病历资料瑕疵的处理方式、法院组织听证、鉴定事项及鉴定人出庭情形，填补了医疗损害鉴定程序上的立法空白，对医疗鉴定工作作出规范。但是，受制于现实情况，部分规定包括鉴定人出庭、相应专业临床医学专家出具书面意见的要求没有得到很好执行，在委托医学会鉴定的情况下，鉴定人出庭寥寥无几，委托司法鉴定机构的，人民法院在实践中常对司法鉴定的专家书面意见缺乏严格审查。

2014年，原福建省卫生计生委发布《福建省卫生计生委关于开展医疗损害鉴定的实施意见》，规范全省医学会的医疗损害鉴定工作。可见，早在国务院《医疗纠纷预防和处理条例》颁布前，福建省就已通过地方规范性文件明确省、各设区市医学会医疗损害鉴定的职能，适应《侵权责任法》对医疗损害责任纠纷的规定，高效利用医学会的专家资源，提高医疗损害鉴定的质量。

此后，福建省人大常委会又于 2016 年出台《福建省医疗纠纷预防处理条例》，强调人民政府以及卫生行政部门对医疗纠纷预防与处理工作的关注、指导，创造性地提出医疗纠纷人民调解制度，探索医患协商沟通、化解矛盾的新路径，由此正向引导矛盾双方依法解决纠纷。该条例第 41 条规定，对索赔金额 10 万元以上的医疗纠纷，应当先进行医疗损害鉴定或者医疗事故技术鉴定，明确责任。这一规定，将医疗鉴定设置成为医疗纠纷处理的必经环节，对医疗鉴定进行了重新定位，肯定其关键作用。

二　中国医疗损害鉴定实践现状

承上所述，在国家层面的医疗损害鉴定制度构建下，立足地区情况，中国已经形成了具有地方特色的医疗损害鉴定制度，这对目前医疗纠纷的化解起到莫大作用。但是，受制于医疗损害鉴定制度的二元分化格局以及《民法典》《民事诉讼法》等法律法规对医疗损害鉴定的规定，医疗损害鉴定制度在司法实践、调解等医疗损害纠纷化解中仍暴露出诸多不足，多头鉴定、重复鉴定问题依然存在，鉴定机构的鉴定质量差强人意，鉴定结论的法律适用不够清晰，等等。亟须在国家层面进行宏观改革，并配之以地方特色的制度创建。

（一）"二元化"医疗损害鉴定格局下的不足

如前所述，中国医疗损害鉴定制度在不断演进中形成了"二元化"格局。医学会鉴定与司法鉴定分立的"二元化"是《侵权责任法》颁布之前医疗损害鉴定的特有格局。由于在《侵权责任法》实施后医疗事故鉴定制度仍然保留，该"二元化"格局虽发生一定变化，但并未实质变革，当下的"二元化"制度，是医疗鉴定类别的二元化以及医疗损害鉴定机构的二元化。

1. 鉴定类别二元化分析

鉴定类别，现可分为医疗事故技术鉴定与医疗损害鉴定。在裁判文书网以"医疗损害纠纷""福建省""判决书"为关键词进行检索，并将同一案件的一、二审判决书合并记为 1 件计算，显示福建省共有 389 件最终作出判决的医疗损害责任纠纷案件在诉前或诉中进行鉴定，其中进行医疗事故技术鉴定的 48 件，占总数 12.34%。显然，以医疗损害鉴定或医疗事故技术鉴定为内容的医疗鉴定是审理医疗损害纠纷案件的重要工具，司法鉴定机构进行的医疗损害鉴定又是其主流。

对比可以发现，医学会医疗事故技术鉴定的处境较为尴尬。由于民事实体法上不再就医疗损害纠纷做医疗事故与否的区分，医疗事故的成立对于患者提起的医疗损害侵权之诉而言，仅能作为"鉴定费用由医疗机构支付"的请求权基础，相对于一般情况，由医患双方按照最终责任比例承担鉴定费用，并没有太大意义。以 2019~2021 年福建省的审判数据为参考，在已经作出医疗事故鉴定后，仍有 70.83% 的案件进行了法院采信的医疗损害鉴定，其中 41.67% 的医疗损害鉴定内容为医疗机构的过错、与损害结果的关联度等与医疗事故技术鉴定内容重复的项目。不足 30% 的案件完全依据医疗事故鉴定定案。这说明，一方面，医疗事故技术鉴定的内容不足以覆盖法院作出判决应查明的内容，需要再行医疗损害鉴定作为补充；另一方面，部分法院认为医疗事故技术鉴定更多从是否构成医疗事故的角度进行判断，不能完全作为确定医疗机构在该医疗损害侵权行为中责任大小的依据，医疗损害鉴定对此的判断在司法中更具参考性。所以，由于民事实体法与医疗事故技术鉴定相关法规的脱节，医疗事故技术鉴定在民事诉讼中扮演的角色可替代性强，甚至证明力不足，在一定程度上复杂化了医疗损害纠纷诉讼，不利于纠纷的高效化解。

2. 鉴定机构二元化结构分析

医疗损害鉴定机构二元化结构的存在，是两鉴定主体均具有自身局限性且难以克服的结果。仅就医疗损害鉴定一项，医学会作为受当地卫生行政部门指导的组织，与行政机关有千丝万缕的联系，其鉴定专家多为同地区医疗从业者，与进行该诊疗行为的医生作为同区域同专业的同行，也难以避免互通有无。医疗鉴定尚未从早前"老子鉴定儿子"的怪圈中走出，又陷入

"兄弟鉴定"的情形,缺乏必要中立性,使公信力大打折扣,易激化医患矛盾。而以专业医生作为鉴定专家同样也会给医学会鉴定带来不可替代的优势,相对于人数少、专业不精,多以法医学理论为鉴定依据的司法鉴定机构,医学会所作鉴定通常与临床诊疗规范相适应,更具专业性,更受到医方认可,利于医方对其诊疗行为的风险形成稳定预期,促进医学创新技术发展。

同时还应考虑到医疗损害司法鉴定与医学会鉴定的本质不同,即前者是司法鉴定,而医学会多未获得司法鉴定机构资质,其所出具的意见一般仅作为学术团体的专业意见。这不仅影响鉴定意见的外观,对鉴定意见的内容和效力会有影响。主要区别在于人员资质的差异,医学会鉴定专家并不具有法医资质,在鉴定检材的采信、不同证据的证明力大小判断上专业性不足,所作鉴定意见与司法鉴定机构出具的鉴定意见存在不同侧重点,医学会鉴定更着重医疗技术鉴定,对司法实践的指导意义不足。

更重要的是,两机构进行医疗损害鉴定适用的法律法规不同,其鉴定意见在证据能力上存在诸多差异。例如,医学会鉴定依据《医学会医疗损害鉴定规则(试行)》,不能在单方委托下启动,提交鉴定的检材也需经双方认可,而司法鉴定机构进行的医疗损害鉴定并没有相应要求,所以其依据单方委托所作鉴定意见从程序意义上较医学会鉴定可采性较弱,一旦单方委托的司法鉴定受到异议,法院即会重新委托鉴定,造成多头鉴定的情况。

通过统计裁判数据可以发现,虽然司法鉴定在临床医学专业问题上有所欠缺,但医学会中立性不足的先天缺陷更为突出。实践中,患方极少选择通过医学会进行医疗损害鉴定,2019~2021年三年间,福建省389件涉及鉴定的医疗纠纷案件,其中仅46件案件涉及医学会医疗损害鉴定。

鉴定机构二元化不可避免地会引发一案多鉴、鉴出多门的情况,目前立法并未对鉴定机构出具鉴定意见被采信的优先级作出指导,法院受限于自身专业知识也仅对鉴定意见作形式审查,这非但不能正向帮助法院了解科学知识,作出公正判决,反而造成鉴定资源的浪费、司法成本与当事人维权成本的增高。

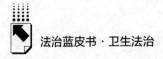

（二）"以鉴代审"之现状

为打破专业知识壁垒，准确认定事实，作出客观公正的裁判，法官一般需要结合医疗损害鉴定对案件进行科学认识、判断。北大法宝裁判数据显示，自 2019 年至 2022 年 9 月 6 日，全国共有 28442 件医疗损害纠纷诉讼案件，以"鉴定"作为关键词检索后筛选出 27349 件，也就是说，约 96.16%的医疗损害纠纷诉讼会涉及鉴定，这一比例在二审案件中提高到 97.2%。一方面，司法实践中大量运用鉴定作为证据；另一方面，因为医疗损害责任纠纷案件自身的特殊性，鉴定意见的证明力在很多情况下被放大，鉴定意见的采信率极高，成为"超级证据"，甚至"绑架"审判，不利于"以审判为中心"的司法制度改革的推进。

通过随机抽样对 2019~2021 年全国 400 份医疗损害纠纷案件判决书进行查阅发现，法院体现在判决书上的，对最终采信的鉴定意见的审查，多表述为"鉴定机构及其鉴定人员具备相应鉴定资质，鉴定程序合法，鉴定人员依据其专业知识和经验，对送检材料进行鉴定"，而没有对鉴定内容的实质审查，质证流于形式，鉴定人、有专门知识的人出庭率低，"科学真实"向"法律真实"的转化并没有经过有效审查程序。

三 中国医疗损害鉴定制度的未来愿景和破题思路

医疗损害鉴定制度在现有格局之下已经不能适应现实需求，不能妥善解决医疗纠纷、缓和医患关系。基于医疗损害鉴定制度的内在价值功能，构建符合时代要求的新制度已迫在眉睫，要找到医疗损害鉴定制度的破局之策，不仅要从总体思想上宏观掌舵，还要加强顺应现实需求的制度建设。

（一）构建一元化的医疗损害鉴定制度

进一步完善医疗损害鉴定制度，是基于理论和现实的双重考量。就理论而言，现有二元化的鉴定模式，不仅不能兼顾专业性和权威性，还给法院和当事人的实践选择制造了困难。

构建医疗损害鉴定模式，首先应当坚持一元化指导思想，建立一元化医疗损害鉴定制度。《侵权责任法》及现行《民法典》已经在实体法层面统一了医疗损害责任的法律适用问题，但是程序法上仍留下了空白。为实现实体法和程序法的统一，应当把构建一元化的医疗损害鉴定制度作为构建中国医疗损害鉴定模式的指导思想。

1. 近期制度优化

构建一元化的鉴定模式并非意指将医疗损害鉴定全盘统一，在医学会鉴定、司法鉴定机构鉴定中择一，在医疗损害鉴定、医疗事故鉴定中择一，而是构建统一的法律适用，统一鉴定的程序、质量、标准等，实现"二元化"结构的有机统一。通过统一司法鉴定机构与医学会医疗损害鉴定的法律适用，统一其程序性规定，合并不同鉴定主体的医疗损害鉴定路径，提高在已有单方委托司法鉴定的情况下，申请另行鉴定证明责任，避免因司法鉴定机构医疗损害鉴定的程序瑕疵影响证明力而导致的重复鉴定、鉴出多门。此外，统一医疗损害鉴定与医疗事故鉴定在重合部分的标准、程序，处理好医疗事故鉴定在行政行为与民事行为中作用的衔接，使两类鉴定意见在民事纠纷处理过程中受到同等认可，减少司法资源不必要的浪费。

2. 长远制度构想

从长远看，应当构建跨区域、跨机构的医疗损害鉴定专家库。

《最高人民法院关于审理医疗损害责任纠纷案件适用法律若干问题的解释》在第9条、第15条对鉴定主体的表述均为"鉴定人"，而未明确涉及医疗损害的鉴定机构。同时，自然人本身也可以作为鉴定主体进行医疗损害鉴定，那么，该解释中的"鉴定人"当然可以解释为自然人。由此可认为最高人民法院对于医疗损害鉴定主体，态度鲜明地刺破医疗鉴定机构的外观，直接肯定鉴定人对医疗损害鉴定的核心作用。

进而，为克服现存体制的种种局限，基于对司法解释的理解与把握，构建独立且中立、一体化的医疗损害鉴定专家库，令鉴定机构，无论是医学会还是司法鉴定机构，进入同一鉴定轨道。建立新型专家库，将全部有资质的鉴定人汇集到一处，根据个案情况与当事人要求进行抽取，增强鉴定人员的流动性与灵活性，为实现异地鉴定提供必要条件，减轻机构对鉴定人从人事到专业双重意义上的束缚，为最小化同地区、同行业间人情关系等对鉴定的影响创造可能。共享优质鉴定资源，提高鉴定质量。就个案鉴定人员的选择，可以在延续大陆法系鉴定人"专家辅助人"传统角色的前提下，融合英美法系当事人主义特点，赋予当事人双方各自选择一名鉴定专家的权利，参照《仲裁法》规定的仲裁员选任方式，再由鉴定机构负责人选任一名鉴定专家，共同组成鉴定专家组。除此之外，还应在现有规则的基础上探索完善之道，保障当事人尤其是常处于弱势地位的患方，程序以及实体上的合法权益，努力让人民群众在每一个案件中感受到公平正义。

现行法规虽然已对专家库作出了规定，但由于诸多现实问题，并不能实现其理想效果。根据《医学会医疗损害鉴定规则（试行）》以及《医疗事故处理条例》，医学会组织具备一定条件的医疗卫生专业技术人员组成医疗事故鉴定专家库，在进行鉴定时，从库中随机抽取鉴定人；但是该专家库在现有二元体系中并不互通，在主流的医疗损害鉴定中，专家库的角色也并不清晰。

基于此，医疗损害鉴定专家库应当作如下构建。

第一，对于鉴定人员的资质，在满足基本的专业水平、素质道德要求之外，还应当获得特殊行政许可，建立医疗损害鉴定人许可制度。国家应设置相应考核，鉴定人只有通过相应门类的考核，才能获得进行医疗损害鉴定的资质，而非由现有的司法鉴定许可概括授权。资格取得后还需要进行年检备案，对鉴定人出具鉴定意见的真实性，以及其出席法庭陈述和接受询问的情况进行考察，以实现对当事人法庭质证权的保障。这是由于，一方面，鉴定人不再属于特定鉴定机构管理，专家库为实现独立性、中立性，必然向大基数发展。那么，鉴定人取得从事鉴定工作的特殊许可作为入库门槛，从专业的角度，无疑为鉴定质量在一定程度上提供保证。设置该程序也可为法院对鉴定意见进行审查提供更直接的标准。另一方面，由于专家库的构建可能会放大了鉴定人个人的作用，个人在此语境下即可视作主体，相应地，对个人设置更高的资质要求，具有必要性与可行性。

此外，还应当在专业领域上限定为"临床医学或法医学"。国务院《医疗纠纷预防与处理条例》规定，医疗损害鉴定专家库的专家构成还包括法学，但是这一规定显然并不适用于新型专家库。新型专家库成员都是每起医疗损害责任纠纷的待选鉴定者，作为医疗损害鉴定，鉴定人是医学专家当然必要且合理，考虑到鉴定意见需要作为法定证据在诉讼中发挥极大作用，那么具有一定法医学知识，更加了解检材主次选择与处理等与司法密切相关的问题，有利于鉴定与司法的平稳衔接。但是，法学专家显然不具备相关医学科学知识，入库并不具有相当的必要性，反之将造成"外行鉴定内行"的尴尬局面，不利于实现医疗损害鉴定的专业化和科学性。

第二，专家库成员应当跨行政区域收录。提高医疗损害鉴定的公信力，必须正视医学领域地域保护明显强于其他学科的客观实际，通过要求涉案纠纷的在库同地域同领域医疗从业者鉴定回避，构建程序正义之外观，来取得患方的信任，保证鉴定真实性。必须承认的是，出于对鉴定意见专业性的要求，不可避免需要由同行进行鉴定，但由于医疗行业同行间的紧密联系，这种鉴定实际上是"兄弟鉴定"，"互相鉴定"的情况难以避免，程序正义与实体正义均饱受质疑。也由此，在后续诉讼中，此类鉴定的鉴定人出庭率极低，损害当事人质证权，还将对法官查明案件事实造成障碍。由异地执业的医疗专家进行鉴定，无疑从形式上更符合程序法上的回避制度，也必然为鉴定意见的真实性提供更有力的保障。兼采现司法鉴定的中立客观与医学会医疗损害鉴定的专业权威，从形式与实质两方面，全面提升鉴定意见的公信力。故构建新型专家库必须结合这一需求，打破地域限制，在全国范围内收录满足资格的鉴定专家。诚然该条例规定"聘请专家进入专家库，不受行政区域的限制"，但这一消极表述难以落到实处。新的制度应当致力于国家层面专家库构建，实现全国范围内鉴定资源共享；广泛要求医疗从业者异地鉴定，涉案纠纷的在库同地域同领域医疗从业者回避；在个案鉴定中，对外地执业的鉴定人设置最低人数比例，保证鉴定程序与结果的中立客观，以提

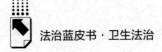

升鉴定的公信力。

第三，强化鉴定人的个人责任，重新定位鉴定机构在医疗鉴定中的角色，赋予其监督职能。

新的鉴定制度将放大鉴定人个人在鉴定中的作用，弱化鉴定机构的作用。首先，鉴定人应当承担更多责任，强调鉴定人员的个人责任意识，实行个人负责制。典型方式就是要求所有鉴定人员必须在鉴定结论上签字盖章，如果鉴定人员之间存在意见分歧的，存有不同意见的鉴定人员在签字盖章的同时，应当注明其所持有的不同意见。相比制度建设，意识的强化更加困难，唯有通过不断培训和教育，对鉴定人员进行正确引导，才能使其树立正确的职业观和价值观。鉴定人员对职业道德的遵守是其进行正确鉴定的前提和基础，也是预防非法鉴定的源头所在。其次，建立错鉴追究制度，对鉴定机构和鉴定人违反法律法规和职业规范鉴定的情形，要完善责任制度，坚决追究其责任。最后，重新定位鉴定机构职能，要求其发挥监督功能，对通过其出具的鉴定意见进行必要审查，保证鉴定意见的科学性、真实性。

（二）出台更具操作性的鉴定标准

2021年，《医学会医疗损害鉴定规则（试行）》以及《医疗损害司法鉴定指南》发布，对司法鉴定的程序、项目、实施细则等作出规定，但应当注意，这些规范性文件均未对医疗损害鉴定的标准作出具有操作性的规定。鉴于医疗损害责任纠纷的处理受限于专业知识，高度依赖医疗损害鉴定的特点，所以没有明确统一的鉴定标准，无疑难以在司法实践中践行"同案同判"，也不利于医疗秩序稳定、可预期地开展诊疗活动。所以，明确的鉴定标准具有必要性。

以原因力鉴定为例，医疗机构过错对于损害结果的原因力作为医疗损害鉴定中的核心焦点，直接连接民事诉讼与医疗损害鉴定。但是，目前规定对此内容止步于将鉴定结论分为五个等级。同时，这些等级内部空白，尤其是"主要原因""次要原因""轻微原因"，范围的弹性过大，鉴定只起到概括性作用，在指导具体实践的过程中存在转化困难的问题。所以，首先，应当明确鉴定中某些表述的内涵、外延，确定其适用范围。比如，通过结合法学理论，从"择一的因果关系""聚合的因果关系""共同的因果关系"等角度出发，确定该五等原因的大致责任范围，再对实践中出现的影响责任范围的因素进行提炼总结，设定责任增减梯度。比如，参考《民法典》第1224条，对不同级别的医院明确不同程度的诊疗义务；将医院进行诊疗活动时情况是否紧急纳入考量，设置减责梯度；此外，还可以根据疾病是否属于常见病、多发病，根据其罕发程度对不同级别的医院设置不同程度的诊疗义务等。由此，构建一个较为完整清晰的原因力鉴定标准体系。

（三）构建专业化的医疗纠纷审判路径

近年来，医疗纠纷案件数量总体呈上升趋势，占全部案件比例越来越高，这在一定程度上反映了人民群众日益增强的维权意识，但同时说明前案并未显著推动医方诊疗的进步或对后续纠纷解决起到定分止争的指导作用。设立专门法庭进行审理已具有其现实需求基础。并且，建立专门法庭，由兼具法学与临床医学、法医学的审判专家进行审判，无疑有助于化解医疗纠纷解决中的积弊。一方面，能够实现审判人员对医疗纠纷案件实体内容的审理，摆脱对医疗损害鉴定的过度依赖，极大程度上扭转"以鉴代审"的现状，从程序实体两个角度实现对当事人双方的权利保护，作出令人信服的司法判决，同时大幅提升诉讼效率，降低维权成本，取得良好的司法效果；另一方面，医疗纠纷频发，法院审判缺乏专业性思维，注重"维稳"，但又缺乏程序正义的外观，不但不能作出令原被告双方满意的判决，同时倒逼医方在未来诊疗中倾向保守，裹足不前。专业化审判有利于医方根据统一标准对其诊疗行为产生稳定预期，能够推动医疗技术的长远发展，带来良好深远的社会效果。

随着社会分工的细化，审判的专业化势必会成为解决现代纠纷的司法趋向，发达国家和地区的司法实践就是很好的表征。域外的美、日都对医疗纠纷处理有较为成熟且独立的体系。在美国，由专设的医疗法庭负责审理医疗纠纷，法官和陪审团都是具有丰富经验的法医学者或者医学专家。日本则在

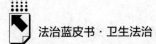

设立由专业人士组成的医疗诉讼集中审理部外，还在最高法院成立医事关系诉讼委员会，解决医疗诉讼案件审理的长期化问题。由此，建议参照知识产权、生态环境等领域的专门法庭设置经验，将中院辖区内的医疗纠纷由其中某一基层法院在一审中专门管辖，并组建专业化的医疗纠纷审判团队，审判人员应当具有临床医学、法医学的科学知识。

未来，应最大化发挥医疗损害鉴定在医疗损害纠纷解决中的作用，以高效化解医疗纠纷，国家层面与各级地方联动并进，完善医疗损害鉴定制度。通过在异地鉴定基础上对鉴定人、鉴定机构的重新定位，建立更加完备的专家库管理机制与更为具体的鉴定标准，在法治建设甚至医疗损害鉴定制度构建中，推动专业化医疗纠纷解决路径的构建。化解原有二元化体制下鉴出多门、以鉴代审等问题，实现医疗损害鉴定意见在医疗纠纷化解中帮助双方及裁判者进行科学认识的角色价值。

B.14
湖南省三级医院法治建设调研报告[*]

中国医学科学院医学信息研究所湖南省三级医院法治建设调查课题组[**]

摘　要： 在全面推进依法治国和健康中国战略背景下，国内医院法治建设快速发展。湖南省是在全国范围内较早开展医院法治建设工作的省份，课题组以湖南省三级医院及工作人员为调查对象，对其医院法治建设情况进行调查。调查结果显示，湖南省三级医院在法治建设保障机制、工作队伍、风险防范、学法普法教育等方面取得积极进展，形成具有一定特色的法治建设模式。不过，在医院管理与法治融合、民营医疗卫生机构法治建设、医院法治工作队伍建设等方面仍存在一定问题，有待进一步加强，其他省市也可借鉴湖南省相关经验促进医院改革与发展。

关键词： 湖南省　三级医院　法治建设

一　湖南省三级医院法治建设的背景与意义

党的十八大以来，党中央将法治确立为治国理政的基本方式，将全面依法治国纳入"四个全面"战略布局。《中共中央关于全面推进依法治国若干重大问题的决定》明确提出，要全面推进依法治国，更好地发挥法治的引

＊　本报告是国家社科基金项目基本医疗卫生与健康促进法实施中的关键法律问题研究（编号21STA052）与湖南省卫生健康委委托项目的部分成果。

＊＊　课题组负责人：曹艳林，中国医学科学院医学信息研究所医疗卫生法制研究室主任、研究员。课题组成员：王将军、陈伟、苏曼、郑雪倩、周渝金、贾菲、曹跃斌、颜仕鹏、魏亮瑜（按姓氏笔画排序）。执笔人：曹艳林；周渝金，中国医学科学院医学信息研究所在读研究生。

领和规范作用。

健康是实现人的全面发展的必然要求，医疗卫生领域是社会治理的重要领域之一，医院是医疗卫生领域重要的参与者。因此，医院法治建设是法治国家与法治社会构建不可或缺的重要内容。同时，此次新冠疫情防控也表明，高效有序的医疗卫生环境对于整个社会正常发展的重要作用，而良好的法治在当前的政治、经济、社会背景下对医疗卫生环境塑造则起到关键性作用。因此，法治医院理应成为现代化医院管理的方式和目标①。

2015 年，原国家卫生和计划生育委员会发布《关于全面加强卫生计生法治建设的指导意见》，明确提出"推动全系统全行业树立法治意识"，"深化'法律六进'活动（包括进医疗卫生机构）"，要求"提升医疗卫生人员法律意识和法律修养，规范医疗行为，恪守职业道德，依法执业"，要求"将法律知识纳入医疗卫生技术人员资格准入、在职培训、年度考核"。2019 年，国家卫生健康委办公厅发布《关于进一步加强医疗卫生事业单位法治建设的通知（试行）》，提出要将医疗卫生事业单位法治建设与深化医药卫生体制改革、推进国家治理体系与治理能力现代化等相结合，把法治建设要求融入医疗卫生事业单位管理运行的全过程，不断提高医疗卫生事业单位依法决策、依法管理、依法运行的能力和水平，增强风险防范化解能力，充分发挥法治引领、保障和基础性作用，并提出具体的工作内容。

地方有多个省市开始探索医疗机构法治建设并形成各具特色的内容（见表1）。

表 1　各省市医疗机构法治建设相关政策

省市	政策文件
湖南省	《关于加强医疗卫生机构法治建设的通知》(2016 年 7 月)
	《关于加强公立医院法治建设的通知》(2018 年 12 月)

---

① 周晓占：《医疗机构在依法管理中的若干思考》，《中国医疗管理科学》2017 年第 4 期，第 14~17 页。

续表

省市	政策文件
山东省	《关于加强全省医疗机构法治建设工作的指导意见》(2017年12月)
	《关于印发〈山东省医疗机构法治建设规范(试行)〉的通知》(2021年12月)
河南省	《关于进一步加强医疗机构法治建设工作的通知》(2018年3月)
扬州市	《关于深入开展公立医院法治建设工作的意见》(2018年3月)
沈阳市	《关于印发沈阳市法治医院建设实施方案的通知》(2018年9月)
广西壮族自治区	《关于加强广西壮族自治区公立医院法治建设的指导意见》(2019年5月)
陕西省	《关于进一步加强医疗卫生事业单位法治建设的通知》(2020年12月)
福建省	《关于加强医疗机构法治建设工作的通知》(2021年5月)
江苏省	《关于加强公立医院法治建设的指导意见》(2021年1月)
	《苏州市卫生健康委员会关于加强公立医院法治建设指导意见的通知》(2021年1月)
	《无锡市卫生健康委关于加强公立医院法治建设的实施意见》(2021年2月)
	《泰州市卫生健康委关于加强卫生健康单位法治建设实施意见》(2021年5月)
	《连云港市卫生健康委关于加强公立医院法治建设的实施方案》(2021年6月)

二　调查内容与要求

课题组根据文献研究、2015年湖南省医院法治建设调研报告情况，参考湖南省医疗卫生机构法治建设相关文件及全国各省市医疗卫生法治建设评价或考评标准，确定评估指标体系，组织了1轮专家咨询会对指标体系、调查内容等进行讨论，并根据专家意见调整指标体系，最终形成针对三级医院的统计数据调查表和针对四类工作人员的调查问卷（见表2）。

表2　湖南省三级医院法治建设调查指标体系

一级指标	二级指标	具体调查内容
医院法治建设保障机制建设	医院法治工作领导小组建设	是否成立医院法治工作领导小组
		医院法治工作领导小组组长由谁担任(职务)
		何时成立医院法治工作领导小组(年份)
	党委中心组学法情况	医疗机构是否出台党委中心组集中学法制度
		医院何时出台党委中心组集中学法制度

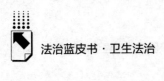

续表

一级指标	二级指标	具体调查内容
医院法治 建设保障 机制建设	党委中心组学法情况	医院党委中心组学法次数
	党委会议或院务会议研 究法治建设工作情况	医院党委会议或院务会议研究法治建设工作次数
	医院领导和中层骨干述 法情况	领导和中层骨干(指各临床科室负责人和行政管理干 部)是否进行年度述法
	医院法治建设工作方案 或计划情况	是否制定年度医院法治建设工作方案或计划
医院法治 工作机构 建设	法治工作机构设立情况	是否成立医院法治工作机构
		医院法治工作机构是否是单独机构
		何时成立医院法治工作机构(年份)
	法治工作机构人员情况	医院法治工作机构员工人数(人)
		医院法治工作机构有法律专业背景员工的人数(人)
	法治工作机构经费配置 情况	医院法治工作机构工作经费
	法治工作机构职责情况	是否参与医疗机构重大事项决策与参与医疗机构制 度建设
		对医疗机构重要文件、合同及涉法文书进行合法性 审查
		梳理医疗机构法律风险点
		督促检查法治建设任务落实情况
		参与处理涉法纠纷和谈判
		代理医疗机构参加诉讼和仲裁
		配合开展监督检查
		"普法"及法律政策知识培训教育
		为院内科室和员工提供法律服务
	法治工作机构履职情况	联系管理法律顾问以及承担医疗机构交办的其他 事务
		法治工作机构审查合同数
		法治工作机构审查重要文件数
		法治工作机构审查重大决策数
		法治工作机构审查重要制度数
		法治工作机构处理涉法纠纷谈判数
		法治工作机构为员工私人案件提供法律服务数

续表

一级指标	二级指标	具体调查内容
医院法律顾问情况	法律顾问制度建设情况	是否已建立法律顾问制度
		是否聘请法律顾问
		何时建立法律顾问制度
		法律顾问主要类型
		主要法律顾问人数(人)/机构数
		法律顾问工作形式
	法律顾问经费配置情况	法律顾问方面的经费
	法律顾问职责及工作形式	是否审查医院文件
		是否审查医院合同
		是否代理诉讼案件
		是否参与医院部分文件、实施方案制订
		是否开展法治讲座
医院风险防范情况	依法决策情况	制定医院章程
		涉及医院发展长远规划和全体员工利益的事项是否召开职工(代表)大会
		重大决策事项是否经专家咨询和可行性论证
		涉法事项是否咨询法律顾问的意见
		法治工作机构是否参与医院重大事项决策
		"三重一大"事项是否提交医院党委会议集体决策
	法治审查情况	法治工作机构审查合同数
		法治工作机构审查重要文件数
		法治工作机构审查重大决策数
		法治工作机构审查重要制度数
	法治监督	是否建立依法执业自查工作制度
		是否有明确的依法执业管理部门/机构
		开展依法执业自查形式
		医院对管理运行各领域、各环节进行检查并梳理法律风险大概多久一次
		医院是否会对发生的投诉、纠纷、诉讼案件和行政处罚案件进行评析并安排专人监督整改
	医疗责任保险	是否为单位购买了医疗责任保险

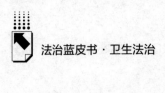

续表

一级指标	二级指标	具体调查内容
医院法治建设相关内外协作情况	内设机构工作衔接机制	医疗机构法治工作机构与医务部和安全办的医疗纠纷处理工作机制
		医疗机构法治工作机构与保卫科的维稳安全及综合治理工作机制
		医疗机构法治工作机构与行政和业务科室的综合管理及医疗服务工作机制
		医疗机构法治工作机构与纪检监察的案件评析及责任追究工作机制
	外部机构工作协调机制	与驻院警务室的联系机制
		与医疗纠纷人民调解委员会的联系机制
		与司法审判机构的联系机制
	纠纷预防处理设施设备建设情况	医疗机构风险谈话室
		医疗机构投诉室
		医疗机构调解室
		医疗机构监控室
		一键报警设施
法治意识	医院内部学法培训	新入职人员法治培训
		日常职工法治学习
		职工普法考试
	医院对外法治宣传	面向全人群的法治宣传
		专门面向医院职工的法治宣传
		专门面向病人家属的法治宣传
		专门面向社会的法治宣传
考核评估	把法治建设纳入医院绩效考核情况	是否建立了包含法治建设工作内容的绩效考核制度
		因违法执业被行政处罚的案件数
		因违反操作规程或内部管理规定受到处理的人数
		何时向所属卫生健康行政部门报告年度医院法治建设情况（年份）
		受到上级卫生健康行政部门法治建设方面的表彰、奖励，并作经验推广
法治建设效果	涉诉案件	医院涉诉总数量及赔偿额度
		医疗侵权类型案件数及赔偿额度
		经济违约类型案件数及赔偿额度
		行政违规类型案件数及赔偿额度

一级指标	二级指标	具体调查内容
法治建设效果	涉诉案件	劳动争议类型案件数及赔偿额度
	受理投诉件情况	受理投诉件数量
		院内调解解决的投诉件数量及赔偿额度
		第三方调解处理的投诉件数量及赔偿额度
医院工作人员对医院法治建设的认知与评价	党政负责人对医院法治建设的认知与评价	
	法治工作人员对医院法治建设的认知与评价	
	行政管理人员对医院法治建设的认知与评价	
	医务人员对医院法治建设的认知与评价	

三 调查对象与方法

本次调查对象分为医院和医院工作人员两类，医院包括湖南省 130 家三级医院，医院工作人员包括湖南省全省三级医院党政负责人、医务人员（医师、护士、药师、医技）、行政管理人员、法治工作机构工作人员。

湖南省三级医院统计数据调查表依托湖南省卫生健康委向湖南省所有三级医院发放，由医院组织相关部门和人员按照表内的要求对相应数据进行如实、详细统计和填写。三级医院工作人员调查问卷依托湖南省卫生健康委或湖南省医院协会向湖南省现有三级医院的工作人员发放，其中每家三级医院发放医院党政负责人调查问卷 5 份；每家三级医院发放医务人员调查问卷 200 份（医、药、护、技比为 5∶1∶3∶1），优先保证问卷数量，在数量基础上保证比例；每家三级医院发放行政管理人员调查问卷 10 份，并向每家三级医院的所有法治工作人员发放法治工作人员调查问卷。

本次调查数据采集截至 2021 年 9 月 30 日，三级医院统计数据调查表通过 Excel 2010 表格形式发放与回收，对于异常值、缺失值，通过与相关医院反复联络进一步核对与完善。对于某些医院未记录或无法统计数据的，在该部分分析中删除该医院数据，仅对数据完整的三级医院进行分析。医院工作人员调查问卷采用在线问卷填写方式进行调查，为确保回收的问卷数据真实有效，课题组进行严格的质量控制。

四　调查结果与分析

（一）医院客观数据调查结果与分析

截至 2021 年 9 月，湖南省三级医院数量达 136 家，参与客观情况评估的 130 家医院的特征见表3。

表3　参与客观情况评估的医院特征

特征	医院数（家）	百分比（%）
公立医院	119	91.5
社会办医	11	8.5
非营利性	121	93.1
营利性	9	6.9
综合医院	74	56.9
中医医院	24	18.5
专科医院	22	16.9
妇幼保健医院	9	6.9
中西医结合医院	1	0.8
三级甲等	65	50.0
三级未定级	63	48.5
三级乙等	2	1.5
合计	130	100

1. 医院法治工作领导机制与领导法治能力建设机制不断完善

2021 年，130 家医院中有 118 家三级医院已成立医院法治工作领导小组，占比达 90.8%，已成立的法治工作领导小组中有 110 个小组组长由党政主要负责人担任，占已成立该类小组医院数的 93.2%。2020 年医院党委中心组学法次数 1 次以上医院数占比达 85.4%，医院党委会议或院务会议研究法治建设工作次数 1 次以上占比达 87.7%（见图 1、表 4）。

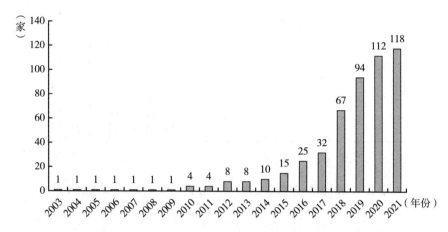

图 1　2003~2021 年每年已成立医院法治领导小组的三级医院数

表 4　2018~2020 年党委中心组学法和院党委会议或
院务会议研究法治建设工作次数

	年份	总数（次）	中位数	学法或研究 1 次以上医院数（家）	百分比（%）
医院党委中心组学法次数	2018	201	1	90	69.2
	2019	279	2	101	77.7
	2020	332	2	111	85.4
医院党委会议或院务会议研究法治建设工作次数	2018	214	1	97	74.6
	2019	262	1	108	83.1
	2020	277	2	114	87.7

2. 医院法治工作机构总数持续增长，职责不断完善

120 家医院已成立法治工作机构，占比达 92.3%，在不同医院形成以单独设立、与其他机构合署办公（在其他机构加挂法治机构牌子）、与其他机构合并设立为主的多种类型。法治工作机构职责不断完善，包括参与医院决策等十种职责（见图 2、图 3、图 4）。

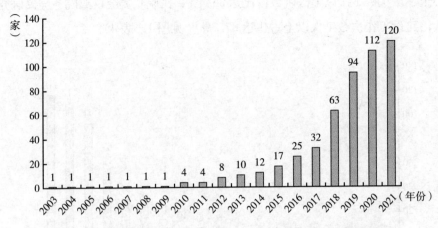

图2 2003~2021年每年已成立医院法治工作机构的三级医院数

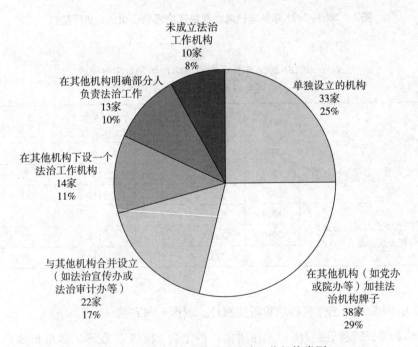

图3 2021年已成立的医院法治工作机构类型

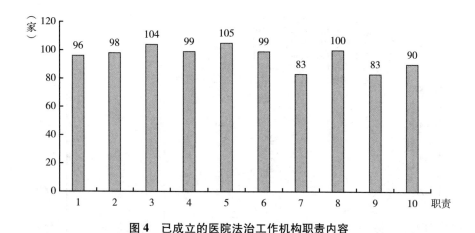

图4　已成立的医院法治工作机构职责内容

1. 参与医疗机构重大事项决策，参与医疗机构制度建设；2. 对医疗机构重要文件、合同及涉法文书进行合法性审查；3. 梳理医疗机构法律风险点；4. 督促检查法治建设任务落实情况；5. 参与处理涉法纠纷和谈判；6. 代理医疗机构参加诉讼和仲裁；7. 配合开展监督检查；8. "普法"及法律政策知识培训教育；9. 为院内科室和员工提供法律服务；10. 联系管理法律顾问以及承担医疗机构交办的其他事务；11. 其他事务。

3. 医院法治工作机构的工作经费及合法性审核的文件总数持续增长

2018~2021年，医院法治工作机构工作经费总数持续增长，2018~2020年经过合法性审核的文件总数及中位数持续增长。2020年审查合同数总数达19911件，审查重要文件数达2422件，审查重大决策数达1604件，审查重要制度数达1872件，处理涉法纠纷谈判数达1124件，为员工私人案件提供法律服务数达529件（见表5、图5）。

表5　2018~2021年120家法治工作机构工作经费

单位：万元

年份＼项目	法治工作机构工作经费	
	中位数	总数
2018	5.0	2072.7
2019	7.5	2489.5
2020	10.0	2832.5
2021	10.0	2890.8

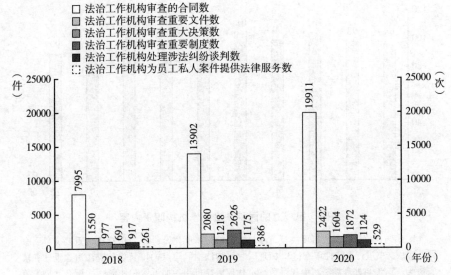

图5 2018~2020年已成立的医院法治工作机构审核文件总数或提供服务总次数

4. 各三级医院法律顾问制度建设趋于完备

2021年128家医院已建立法律顾问制度，占比98.5%。法律顾问经费总数不断增长，于2019年超过1000万元，聘请法律顾问以律师团队或律师事务所为主（见图6、图7、图8）。

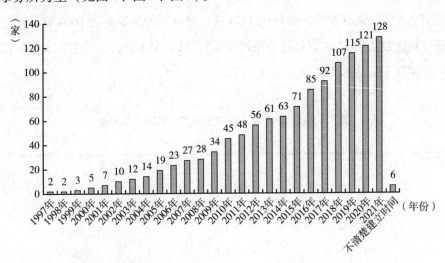

图6 1997~2021年每年已建立法律顾问制度的医院数

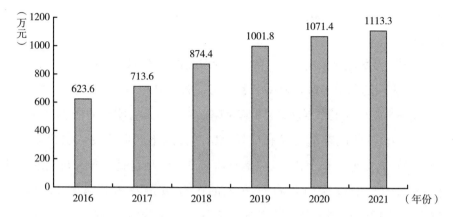

图7 2016~2021年每年法律顾问方面投入的经费总数

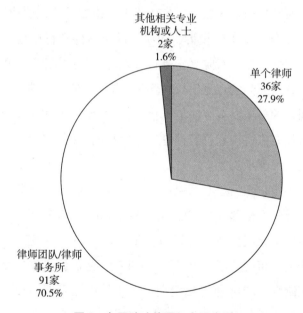

图8 各医院法律顾问主要类型

　　法律顾问的工作内容主要分为六类,包括审查医院文件,审查医院合同,代理诉讼案件,参与医院部分文件、实施方案制订,开展法治讲座,参与其他事务。在129家聘请法律顾问的三级医院中,法律顾问工作分别包含上述六种内容的三级医院数及占比依次为96家(74.4%)、104家

（80.6%）、112 家（86.8%）、87 家（67.4%）、98 家（76.0%）、38 家（29.5%）。

5. 绝大多数医院依法办院、依法经营理念和制度已经确立

129 家医院制定了医疗机构章程（99.2%）。120 家三级医院（92.3%）建立依法执业自查工作制度，118 家医院（90.8%）有明确的依法执业管理部门/机构。有些医院单独或有选择地同时开展不同形式的依法执业自查（即同时开展多种自查工作），包括全面自查、专项自查、日常自查或者其他形式自查，采取这四类自查方式的医院数量及占比分别为 102 家（78.5%）、101 家（77.7%）、97 家（74.6%）、8 家（6.2%）。127 家三级医院"三重一大"事项须提交医院党委会议集体决策（97.7%）。超过 80% 的医院每年会对管理运行各领域、各环节进行检查并梳理法律风险。123 家医院（94.6%）会对发生的投诉、纠纷、诉讼案件和行政处罚案件进行评析并安排专人监督整改。医院平常进行决策时，125 家医院（96.2%）对涉法事项要咨询法律顾问的意见，123 家医院（94.6%）对涉及医院长远发展和全体员工利益的事项要召开职工（代表）大会，119 家医院（91.5%）重大决策事项需经专家咨询和可行性论证，102 家医院（78.5%）的法治工作机构参与医院重大事项决策。

2021 年已有 98 家医院（75.4%）出台党委中心组集中学法制度。58 家医院领导和中层骨干全部进行年度述法（44.6%），50 家医院（38.5%）领导和中层骨干中部分岗位或职务进行年度述法，19 家医院（14.6%）领导和中层骨干未进行年度述法。98 家（75.4%）建立了包含法治建设工作内容的绩效考核制度。2018 年开始定期向卫生健康主管部门报告医院法治建设情况的医院数为历年最多，达 33 家。84 家（64.6%）曾受到上级卫生健康行政部门表彰、奖励或被邀请进行经验推广。制定年度医院法治建设工作方案或计划的医院数从 2018 年开始增长，从 78 家（60.0%）增长至 2021 年的 119 家（91.5%）。

6. 法治建设相关硬件设施设备配备度高

完成了相关硬件设施设备和工作机制建设的医院数量及占比情况见表6。

表6　参评三级医院法治相关硬件和机制等建设情况

	项目	医院数（家）	百分比（%）
完成了相关工作机制和设施建设的医院数	医疗机构风险谈话室	112	86.2
	医疗机构投诉室	122	93.8
	医疗机构调解室	124	95.4
	医疗机构监控室	121	93.1
	一键报警设施	107	82.3
	法治工作机构与党委办和院办对依法决策及督办督查的工作机制	91	70.0
	法治工作机构与医务部和安全办对医疗纠纷处理的工作机制	102	78.5
	法治工作机构与保卫科对维稳安全及综合治理的工作机制	100	76.9
	法治工作机构与行政和业务科室对综合管理及医疗服务的工作机制	90	69.2
	法治工作机构与纪检监察机构对案件评析及责任追究的工作机制	82	63.1
	与驻院警务室的联系机制	87	66.9
	与医疗纠纷人民调解委员会的联系机制	74	56.9
	与司法审判机构的联系机制	65	50.0
	其他	10	7.7

7. 普法学法培训和宣传普及度高，形式多样

医院开展的学法培训可以分为四种，其中124家（95.4%）采用日常职工法治学习的方式开展学法培训，115家（88.5%）采用员工普法考试方式，111家（85.4%）采用新入职人员法治培训方式，7家（5.4%）采用了其他类型的学法培训。法治宣传类型可根据宣传对象分为四种，126家（96.9%）采用面向医院职工的法治宣传，108家（83.1%）采用面向病人家属的法治宣传，106家（81.5%）采用宣传平台（如网站、公众号、宣传板等）的法治宣传，50家（38.5%）采用走向社会（如走进社区、街道、校园等）的法治宣传。

8. 赔偿总金额占业务收入比例呈下降趋势

在选取的数据较完整的104家医院中，总赔偿金额在业务收入中的占比

呈降低趋势，涉诉案件中医疗侵权类案件数量和总赔偿金额为主要部分，经济违约类案件和行政违规类案件增长变化较为突出（见图9）。

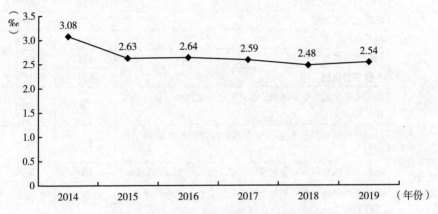

图9　2014~2019年三级医院纠纷相关总赔偿数额占业务收入比例

（二）四类医院工作人员调查问卷结果与分析

四份调查问卷旨在了解三级医院法治建设的主要相关者，包括党政负责人等四类工作人员对医院法治建设相关内容的了解程度、执行效果、认可程度和存在的问题，具体调查结果如下。

1.党政负责人调查问卷分析

此次调查共发放问卷925份，回收问卷925份，回收率100%，有效问卷635份，问卷有效率68.6%。

近50%的医院党政负责人经常遇到法律问题并进行学法，超过90%的医院党政负责人在述职中进行述法（见表7）。

表7　湖南省三级医院党政负责人医院法治建设参与情况

单位：人，%

项目	选项	人数	百分比
是否分管过法治建设工作	是	239	37.6
	否	396	63.4

续表

项目	选项	人数			百分比		
分管工作是否遇到过法律方面的问题	经常遇到法律问题	285			44.9		
	偶尔遇到法律问题	166			26.1		
	一般	156			24.6		
	很少遇到法律问题	28			4.4		
2018~2020年,您参加法律学习次数		2018年	2019年	2020年	2018年	2019年	2020年
	3次以上	260	283	309	40.9	44.6	48.7
	1~2次	355	339	315	55.9	53.4	49.6
	没有	20	13	11	3.1	2.0	1.7
年度述职中有无述法的内容	有	582			91.7		
	无	53			8.3		
合计		635			100		

绝大部分医院负责人了解医院法治建设工作内容。超过90%的党政负责人了解医院法治工作机构职责、法律顾问职责、党委中心组集中学法制度、依法执业自查制度和绩效考核的法治内容(见表8)。

表8 湖南省三级医院党政负责人对医院法治建设了解情况

单位:人,%

内容	选项	人数	百分比
是否了解所在医院的法治工作机构职责	非常了解	347	54.6
	基本了解	272	42.8
	所在医院未设立法治工作机构	9	1.4
	不了解	7	1.1
是否了解医院聘请的法律顾问的工作职责	非常了解	375	59.1
	基本了解	254	40.0
	不了解	4	0.6
	所在医院未聘请法律顾问	2	0.3
是否了解医院的党委中心组集中学法制度	非常了解	443	69.8
	基本了解	179	28.2
	不了解	10	1.6
	所在医院未出台该制度	3	0.5

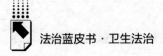

续表

内容	选项	人数	百分比
是否了解依法执业自查工作制度的内容	非常了解	362	57.0
	基本了解	256	40.3
	不了解	14	2.2
	所在医院未出台该制度	3	0.5
所在医院的绩效考核制度中是否有法治的内容	有	568	89.4
	没有	42	6.6
	不了解	25	4.0
哪些是所在医院平常进行决策时的必要程序?	涉及医院长远发展和全体员工利益的事项要召开职工(代表)大会	624	98.3
	涉法事项要咨询法律顾问的意见	615	96.9
	重大决策事项需经专家咨询和可行性论证	610	96.1
	法治工作机构参与医院重大事项决策	564	88.8
	不了解	1	0.2
	其他	0	0
哪些事项在开展时必须进行合法性审查	进行重大事项决策前	626	98.7
	签订合同前	623	97.9
	重大项目投资决策前	615	97.2
	下发重要文件、管理制度前	593	93.2
	大额资金的调度前	561	88.4
	干部任免前	473	74.7
	其他	1	0.2
	不了解	0	0
合计		635	100

超过90%的党政负责人对医院法治建设持肯定评价（见表9）。

表9　湖南省三级医院党政负责人对医院法治建设的评价及建议

单位：人，%

内容	选项	人数	百分比
加强医院法治建设的关键举措包括哪些?	医院党委对医院法治工作的领导	623	98.1
	医院领导班子对法治工作的重视	621	97.8
	良好的法治环境	617	97.2

内容	选项	人数	百分比
加强医院法治建设的关键举措包括哪些？	完善的医院法治建设机制	609	95.9
	加强法律法规知识培训	609	95.9
	设立医院法治机构	598	94.2
	政府部门的重视	590	92.9
	对医院法治建设的考核与评估	580	91.3
	其他	2	0.3
您所在医院法治建设情况怎么样？	比较好	335	52.8
	非常好	261	41.1
	一般	39	6.1
	比较差	0	0
	非常差	0	0
合计		635	100

2. 医务人员调查问卷分析

此次调查共发放问卷 38053 份，回收问卷 38053 份，回收率 100%，有效问卷 38053 份，问卷有效率 100.0%。

（1）大部分医务人员了解医院法治建设情况

超过 70% 的医务人员了解医院法治建设相关内容，如所在医院是否正在开展法治建设、医院"三重一大"事项决策流程、法治工作机构的类型和职责、法律顾问制度内容、医院章程内容、医院是否聘请法律顾问、医院绩效考核制度中是否包含法治建设的内容等（见表10）。

（2）超过 90% 的医务人员认为医院法治建设非常必要

例如，医务人员对于加强医院法治建设的关键举措、依法执业重要性的评价、医院开展法治建设对其工作是否有帮助的评价（见表10）。

3. 行政管理人员调查问卷分析

此次调查共发放问卷 2716 份，回收问卷 2716 份，回收率 100%，有效问卷 2676 份，问卷有效率 98.5%。

表 10 医务人员对医院法治建设情况的了解程度、评价和建议

单位：人，%

项目	选项	人数	百分比
所在的医院是否正在开展法治建设	是	36443	95.8
	否	132	0.4
	不清楚	1478	3.9
是否了解医院"三重一大"事项决策流程	基本了解	17076	44.9
	非常了解	16080	42.3
	不了解	4728	12.4
	不关心	169	0.4
所在医院是否设立单独法治工作机构	是	27093	71.2
	否	3102	8.2
	不了解	7858	20.7
目前负责法律相关事务的科室/部门主要是哪一个（在上一选项中选择否或不了解作此回答，选择是则跳过此项目）	医务处	3872	35.3
	不了解	3279	29.9
	院办	1869	17.1
	党办	1253	11.4
	其他部门	687	6.3
	合计	10960	100.0
所在医院法治工作机构的名称（若所在医院设立单独法治工作机构做此项目）	法治处/室/科/办	9012	33.3
	法制处/室/科/办	8556	31.6
	法规处/室/科/办	5910	21.8
	其他	2005	7.4
	法律处/室/科/办	1227	4.5
	合规处/室/科/办	383	1.4
	合计	27093	100.0
是否了解所在医院的法治工作机构/法律相关事务的科室/部门职责	基本了解	19206	50.5
	非常了解	12347	32.5
	不了解	6228	16.4
	不关心	272	0.7
您是否了解所在医院法律顾问制度的内容	基本了解	17680	46.5
	非常了解	11270	29.6
	不了解	8570	22.5
	不关心	278	0.7
	所在医院未建立法律顾问制度	255	0.7

续表

项目	选项	人数	百分比
是否了解医院聘请的法律顾问的工作职责	基本了解	17560	46.2
	非常了解	10812	28.4
	不了解	9194	24.2
	不关心	293	0.8
	所在医院未聘请法律顾问	194	0.5
所在医院绩效考核制度中是否包含法治建设的内容	有	29190	76.7
	不了解	7098	18.7
	没有	1550	3.2
	不关心	215	1.4
如何评价在您平常工作中依法执业的重要性	非常重要	31905	83.8
	比较重要	5219	13.7
	一般	871	2.3
	不太重要	39	0.1
	完全不重要	19	0.0
所在医院通过哪种方式进行过法律相关的学习培训	职工日常进行法治学习，如讲座、培训等	33219	87.3
	员工普法考试	32949	86.6
	新入职人员法治培训	31074	81.7
	未开展相关培训	2338	6.1
	其他	673	1.8
所在医院目前正在开展哪些形式的法治宣传	面向医院职工的法治宣传	35261	92.7
	面向全人群无差异的（如网站、公众号、宣传板等）的法治宣传	31260	82.2
	面向病人家属的法治宣传	27360	71.9
	走向社会（如走进社区、街道、校园等）的法治宣传	23048	60.6
	不了解	1633	4.3
	面向其他人群的法治宣传	550	1.5
您觉得医院开展法治培训是否有必要	非常必要	28857	75.8
	必要	8049	21.2
	一般	995	2.6
	可有可无	119	0.3
	完全没有必要	33	0.1
您是否愿意参加医院举行的法治培训	非常愿意	26360	69.3
	比较愿意	8964	23.6
	一般	2427	6.4

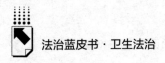

续表

项目	选项	人数	百分比
您是否愿意参加医院举行的法治培训	不愿意	220	0.6
	无所谓	82	0.2
您认为医院开展法治建设对您的业务工作是否有帮助?	非常有帮助	26819	70.5
	比较有帮助	9199	24.2
	一般	1891	5.0
	没有帮助	132	0.4
	有负面影响	12	0.0
您认为加强医院法治建设的关键举措包括哪些	良好的法治环境	36275	95.3
	医院领导班子对法治工作的重视	34376	90.3
	政府部门的重视	34318	90.2
	医院党委对医院法治工作的领导	32105	84.4
	完善的医院法治建设机制	31353	82.4
	加强法律法规知识培训	30225	79.4
	设立医院法治机构	30076	79.0
	对医院法治建设的考核与评估	27324	71.8
	其他	184	0.5
您觉得您所在医院法治建设情况怎么样?	比较好	17019	44.7
	非常好	15108	39.7
	一般	5665	14.9
	比较差	201	0.5
	非常差	60	0.2
合计		38053	100.0

（1）超过90%的行政管理人员了解医院法治建设情况

超过90%的行政管理人员了解所在的医院正在开展法治建设，了解所在医院的法治工作机构或科室的职责。超过80%的行政管理人员了解所在医院的章程，建立了包含法治工作的绩效考核制度等事项（见表11）。

（2）超过90%的行政人员对所在医院法治建设情况持肯定评价

行政人员对于所在医院法治建设情况的认知与评价、对加强医院法治建设的关键举措的认识详见表11。

表 11　行政管理人员对医院法治建设的了解、评价及建议情况

单位：人，%

项目	选项	人数	百分比
所在的医院是否正在开展法治建设	是	2623	98.0
	否	7	0.3
	不清楚	46	1.7
是否了解所在医院的法治工作机构/法律相关事务的科室/部门职责	非常了解	1356	50.7
	基本了解	1208	45.1
	不了解	95	3.6
	不关心	17	0.6
您认为法治机构/部门对您的工作有帮助吗	帮助非常多	1497	55.9
	帮助较多	858	32.1
	一般	286	10.7
	帮助较少	29	1.1
	没有帮助	6	0.2
是否了解所在医院建立的包含法治工作的绩效考核制度	基本了解	1264	47.2
	非常了解	1132	42.3
	不了解	234	8.7
	所在医院绩效考核制度中没有包含有法治工作内容	35	1.3
	不关心	11	0.4
是否了解医院"三重一大"事项决策流程	非常了解	1408	52.6
	基本了解	1065	39.8
	不了解	188	7.0
	不关心	13	0.5
	所在医院未建立该决策流程	2	0.1
是否了解所在医院必须进行合法性审查的事项	非常了解	1308	48.9
	基本了解	1222	45.7
	不了解	134	5.0
	不关心	12	0.4

续表

项目	选项	人数	百分比
您觉得您所在医院法治建设情况怎么样?	非常好	1432	53.5
	比较好	991	37.0
	一般	248	9.3
	比较差	3	0.1
	非常差	2	0.1
您认为加强医院法治建设的关键举措包括哪些	良好的法治环境	2496	93.3
	医院领导班子对法治工作的重视	2490	93.0
	医院党委对医院法治工作的领导	2319	86.7
	政府部门的重视	2303	86.1
	加强法律法规知识培训	2289	85.5
	完善的医院法治建设机制	2255	84.3
	设立医院法治机构	2125	79.4
	对医院法治建设的考核与评估	2016	75.3
	其他	27	1.0

4. 医院法治工作人员问卷分析

此次调查共发放问卷 502 份,回收问卷 502 份,回收率 100%,有效问卷 438 份,问卷有效率 87.3%。

(1) 医院法治建设相关制度基本落实

医院法治工作人员评价的医院法治建设情况和其对医院法治建设的认知情况见表 12。

表 12　法治工作机构法治人员对医院法治建设的了解、评价及建议情况

单位:人,%

项目	选项	人数	百分比
您所在部门是否系医院单独的法治工作机构	是	189	43.2
	否	249	56.8
您所在的法治工作机构的存在状态是哪一种	在其他机构(如党办/院办等)加挂法治机构牌子	89	35.7
	与其他机构合并设立(如法治宣传办/法治审计办等)	64	25.7

项目	选项	人数	百分比
您所在的法治工作机构的存在状态是哪一种	在其他机构下设一个法治工作机构	50	20.1
	在其他机构明确部分人负责法治工作	33	13.3
	其他	13	5.2
您所在医院的法治工作机构/负责法律相关事务的科室/部门配备的具有法律专业知识的专职工作人员有多少个	1个	245	55.9
	3个以上	83	18.9
	2个	81	18.5
	3个	29	6.6
您认为所在医院的法治工作机构/负责法律相关事务的科室/部门配备的具有法律专业知识的专职工作人员对于处理目前医院法治相关事务是否足够?	是	241	55.0
	否	100	22.8
	不清楚	97	22.1
您所在医院是否建立了法律顾问制度?	是	411	93.8
	否	27	6.2
您是否了解医院聘请的法律顾问的工作职责	基本了解	169	38.6
	非常了解	162	37.0
	不了解	107	24.4
您所在医院聘用了/长期合作几位/家法律顾问(单位)	1	320	73.1
	2	64	14.6
	0	22	5.0
	>3	20	4.6
	3	12	2.7
您所在医院目前是否开展员工学法培训?	是	424	96.8
	否	14	3.2
您是否参与所在医院的学法培训?	是,以被培训者身份参与	201	45.9
	是,参与培训活动组织、筹备、管理(指非讲授者部分,如邀请讲授者、场地布置等)	170	38.8
	是,以讲授者身份参与	35	8.0
	否	32	7.3
您所在医院目前是否开展法治宣传?	是	424	96.8
	否	14	3.2

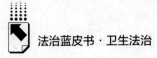

续表

项目	选项	人数	百分比
您在所在医院参与组织/筹备/管理了哪些法治宣传活动	面向医院职工的法治宣传	409	93.4
	面向病人及其家属的法治宣传	323	73.7
	面向全人群无差异(如网站、公众号、宣传板等)的法治宣传	298	68.0
	走向社会(如走进社区、街道、校园等)的法治宣传	189	43.2
	未参与组织/筹备/管理任何法治宣传活动	37	8.4
	参与面向其他人群的法治宣传(请填写主要面向哪些人群)	18	4.1
您认为自 2018 年以来(若法治建设工作晚于 2018 年,则为开展法治建设时间以来),涉及法律事务较多的前三项事项是哪些?	医患纠纷	405	92.5
	人事劳动争议	220	50.2
	设备采购	210	47.9
	医院基础建设	209	47.7
	药品、耗材设备采购	189	43.2
	与其他单位合作事项	109	24.9
	医学伦理	107	24.4
	其他	5	1.1
您所在医院绩效考核制度中是否有法治的内容	是	360	82.2
	否	78	17.8
您认为该法治绩效考核制度或者对员工法治建设情况进行绩效考核是否对于医院的法治建设有实质性的作用?	是,有利于医院法治建设	393	89.7
	否,不利于医院法治建设	1	0.2
	不清楚	44	10.0
您认为加强医院法治建设的关键举措包括哪些?	医院领导班子对法治工作的重视	405	92.5
	良好的法治环境	396	90.4
	医院党委对医院法治工作的领导	369	84.2
	完善的医院法治建设机制	368	84.0
	加强法律法规知识培训	353	80.6
	政府部门的重视	349	79.7
	设立医院法治机构	339	77.4
	对医院法治建设的考核与评估	321	73.3
	其他	7	1.6

续表

项目	选项	人数	百分比
您觉得您所在医院法治建设情况怎么样?	比较好	203	46.3
	一般	133	30.4
	非常好	97	22.1
	比较差	3	0.7
	非常差	2	0.5
您所在医院是否已成为医疗卫生行业法治协会/学会的会员?	否	300	68.5
	是	112	25.6
	其他	26	5.9
您所在医院的法治人员是否有向学术期刊投稿的情况?	是	177	40.4
	否	261	59.6
您所在医院对于法治工作人员以什么形式进行聘用?	事业编制	323	73.7
	编外劳动合同	203	46.3
	劳务派遣制	64	14.6
	其他	21	4.8

（2）超过 60%的法治工作人员对于目前的工作表示满意（见表 13）。

表 13　法治工作机构法治人员对职业的评价与感受

单位：人，%

项目	选项	人数	百分比
您认为您目前的待遇如何	非常差	3	0.7
	比较差	14	3.2
	一般	210	47.9
	比较好	167	38.1
	非常好	44	10.0
您认为您目前的工作量如何	非常少	0	0.0
	比较少	5	1.1
	一般	135	30.8
	比较多	249	56.8
	非常多	49	11.2
对当前工作的职业发展路径是否满意?	非常不满意	5	1.1
	比较不满意	20	4.6

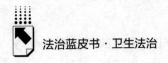

续表

项目	选项	人数	百分比
对当前工作的职业发展路径是否满意?	一般	167	38.1
	比较满意	177	40.4
	非常满意	69	15.8
您对于目前的工作是否满意?	非常不满意	0	0.0
	比较不满意	12	2.7
	一般	141	32.2
	比较满意	201	45.9
	非常满意	79	18.0
如您对目前的工作满意,主要的原因有哪些?	工作量充实	215	49.1
	待遇较好	131	29.9
	职业晋升较快	53	12.1
	喜欢该工作内容	196	44.7
	硬件环境较好	110	25.1
	工作气氛较好	226	51.6
	其他因素	3	0.7
如您对目前的工作不满意,主要的原因有哪些?	工作量不充实	1	0.2
	待遇较差	7	1.6
	职业晋升较慢	6	1.4
	不喜欢该工作内容	2	0.5
	硬件环境较差	5	1.1
	工作气氛较差	9	2.1
	其他因素	4	0.9
合计		438	100

五 调查结论与建议

课题组通过向医院发放调查表和问卷调查的方式对湖南省130家三级医院法治建设客观数据和超过40000名医院工作人员对所在医院法治建设情况的认知与评价,进行了调查与分析。同时,课题组先后2次前往湖南省长沙市、衡阳市、怀化市进行现场调研与座谈,开展2次专家访谈与研讨,广泛收集了湖南省三级医院法治建设相关的数据和资料，通过深入分析和研究，形成了以下评价，并提出建议。

（一）湖南省三级医院法治建设具有开创性、全面性和具体性的特点，取得了积极效果，具有良好的示范作用

在制度设计层面，2016 年湖南省卫生健康委发布的《关于加强医疗卫生机构法治建设的通知》基本搭建了医院内部开展法治建设的框架，初步明确了具体工作抓手，为促进医院法治建设指明了方向。2018 年湖南省卫生健康委发布的《关于加强公立医院法治建设的通知》进一步全面明确了公立医院法治建设的具体工作内容，并围绕这些工作内容给出了具有可操作性的公立医院法治建设基本标准。这两份文件在制度设计上为湖南省医院法治建设提供了全面的可操作性的依据和指导。根据评估调查情况，90%以上的医院成立了法治工作领导小组，医院法治工作机构、工作经费及合法性审核的文件总数持续增长，医院法律顾问制度趋于完备，依法执业、依法运营、依法管理的理念和制度已经确立，法治建设相关硬件设施设备配备度高普法学法培训和宣传普及度高、形式多样，总赔偿金额占业务收入比例呈下降趋势。可以看出湖南省三级医院基本落实了两个文件的相关内容，并在医院法治建设多个方面取得积极成果，产生良好示范效果。

（二）各级领导重视并持之以恒推进医院法治建设，多项政策营造了有利的法治建设环境

从现场调研了解到，各级领导对法治建设的重视对医院法治建设起到非常重要的作用。湖南省卫生健康委员会党政一把手高度重视医院法治建设工作，先后几届委领导重视和支持医院法治建设。近年来，湖南省内各级卫生健康委员会领导一直把医院法治建设作为重点工作来抓、作为卫生健康行业法治建设的重要抓手，每年都召开会议或培训推进医院法治建设，在全省范围内采取评先的方式推动医院法治建设。各级卫生健康委员会承担着对不同层级和地区医院法治建设工作的指导和监督职责，省级重点抓三级医院、市

级重点抓二级医院、县级重点抓其他医疗卫生机构的法治建设,结合三级综合医院、三级专科医院、三级中医院、三级妇幼保健院等不同类型医疗机构的业务特点,有针对性地分类推进法治建设,帮助每一家医院寻找最适合的法治建设工作路径。

(三)湖南省三级医院法治建设全面有序推进,医院法治建设政策、举措基本落实

湖南省三级医院法治建设取得的成果主要体现在以下九个方面。

第一,各三级医院法治建设保障机制逐渐健全。绝大多数三级医院成立了党政主要负责人负责的医院法治工作领导小组,成立医院法治工作领导小组的医院数量持续增长。在接受客观情况调查的 130 家三级医院中,90.8%的三级医院已成立医院法治工作领导小组,其中,已成立的法治建设工作领导小组中 93.2%的小组组长由党政主要负责人担任组长。第二,绝大多数三级医院重视在院党委会或院务会议研究医院法治建设工作,院党委学习中心组重视集中学法,每年开展此类工作次数 1 次以上的医院数量持续增长。第三,绝大多数三级医院重视制订年度医院法治建设工作方案或计划,制订年度医院法治建设工作方案或计划的医院数增长迅速。多数三级医院有序推进医院领导和中层骨干年度述法,83.1%的医院领导和中层骨干全部或部分岗位或职务进行年度述法。第四,法治工作机构数量不断增加,工作经费稳步增长,职责逐渐完善。92.3%的医院已成立医院法治工作机构,各医院根据各自情况和特点又设立不同类型的法治工作机构。67.5%已成立法治工作机构的医院至少有一名法律专业背景的法治工作人员。分别有超过 80%的法治工作机构职责包含"参与医疗机构重大事项决策、参与医疗机构制度建设","对医疗机构重要文件、合同及涉法文书进行合法性审查","梳理医疗机构法律风险点","督促检查法治建设任务落实情况","参与处理涉法纠纷和谈判","代理医疗机构参加诉讼和仲裁","配合开展监督检查"和"'普法'及法律政策知识培训教育"的内容。第五,各三级医院风险防范制度和程序逐渐健全。99.2%的医院建立

了医院章程，94.6%的医院对涉及医院长远发展和全体员工利益的事项要召开职工（代表）大会，96.2%的医院对涉法事项要咨询法律顾问的意见，91.5%的医院对重大决策事项需经专家咨询和可行性论证，78.5%的医院的法治工作机构参与医院重大事项决策，97.7%的医院"三重一大"事项须提交医院党委会议集体决策，可认为大部分医院做到了依法决策。75.4%的法治工作机构负责并开展对医疗机构重要文件、合同及涉法文书进行合法性审查；73.8%的医院聘请的法律顾问会参与审查医院文件，80.0%的医院聘请的法律顾问会审查医院合同，2019年和2020年经过合法性审核的合同标的金额总数分别达1306448.9万元和1665517.2万元。这两年经过合法性审核的合同标的金额中位数也分别达3376.5万元和4487.9万元。为更好地防范医疗风险及可能带来的损失，73.8%的单位购买了医疗责任保险。95.4%的医院开展了检查管理运行各领域、各环节并梳理法律风险的工作，94.6%的医院会对发生的投诉、纠纷、诉讼案件和行政处罚案件进行评析并安排专人监督整改。92.3%的医院建立依法执业自查工作制度，90.8%的医院有明确的依法执业管理部门/机构。有些医院单独或有选择地开展不同形式的依法执业自查，包括全面自查、专项自查、日常自查，或者其他形式的自查，超过70%的医院至少开展一种形式自查。第六，各医院内设机构的工作机制衔接和风险处理设施设备建设趋于完备。超过80%的医院完成了医疗机构调解室等硬件设施设备建设，超过70%的医院完成了医疗机构法治工作机构与医务部和安全办的医疗纠纷处理工作机制、医疗机构法治工作机构与保卫科的维稳安全及综合治理工作机制、医疗机构法治工作机构与党委办和院办的依法决策及督办督查工作机制，超过60%的医院完成了法治工作机构与行政和业务科室的综合管理及医疗服务工作机制、与驻院警务室的联系机制、医疗机构法治工作机构与纪检监察案件评析及责任追究工作机制，超过50%的医院完成了与医疗纠纷人民调解委员会的联系机制、与司法审判机构的联系机制。第七，各医院内部法治培训与对外法治宣传相结合，加强法治意识，助力法治建设。95.4%的医院开展日常职工法治学习，88.5%的医院开展员工普法考试，85.4%的医院开展新入职人员法治培训，5.4%开展的其他类型的学法培训。96.9%的医院开展面向医院职工的法治宣传，83.1%的医院开展面向病人家属的法治宣传，81.5%的医院开展宣传平台（如网站、公众号、宣传板等）的法治宣传。第八，各医院法律顾问制度发展迅速，工作经费投入持续增加，法律顾问形式多样。建立法律顾问制度的医院数增长迅速，127家医院已建立法律顾问制度，占97.7%，法律顾问经费总数不断增长，超过1000万元，聘请法律顾问以律师团队或律师事务所为主。第九，各医院考核表彰与违法违规处理双管齐下，违法违规现象维持较低水平。75.4%的医院建立了包含法治建设工作内容的绩效考核制度，2014~2020年130家医院中因违法执业被处罚案件数较少，2020年案件总数为近7年最多，仅为21件。医院因违反操作规程或内部管理规定受到处理的人数总数维持在1000人左右，各医院因违反操作规程或内部管理规定受到处理的人数中位数均为0人。同时，81.5%的医院定期向卫生健康主管部门报告医院法治建设情况。

（四）超过80%的医院工作人员对医院法治建设持肯定评价

超过90%的党政负责人认为所在医院法治建设情况比较好或非常好，超过80%的医务人员认为所在医院法治建设情况比较好和非常好，超过90%的行政管理人员认为所在医院法治建设情况比较好或非常好。医院法治建设有效提高了医院工作人员的法治认识，增加了他们工作和生活中学法和用法的可能性，如超过90%的党政负责人了解医院法治工作机构职责、法律顾问职责、党委中心组集中学法制度、依法执业自查制度、医院章程和绩效考核中的法治内容。超过70%的党政负责人了解依法决策和合法性审查相关内容。超过90%的党政负责人实际接触过《基本医疗卫生与健康促进法》《执业医师法》《传染病防治法》《突发公共卫生事件应急条例》。超过70%的医务人员了解医院法治建设相关内容，如所在医院是否正在开展法治建设，党委领导下的院长负责制，医院"三重一大"事项决策流程，法治工作机构的类型和职责，法律顾问制度内容，医院章程内容，医院是否聘请法律顾问，医院绩效考核制度中是否包含法治建设内容等。超过 80%的医务人员通过多种方式学法培训，至少了解一种医院法治宣传渠道，医务人员主要通过普法或知识类网站、工作单位的普法或学法类培训、微博微信公众号或博客等方式接触具体的法律内容。超过 90%的医务人员认为依法执业在平常工作中非常重要或比较重要，超过 90%的医务人员认为医院开展法治培训非常必要或必要，超过 90%的医务人员非常愿意或比较愿意参加法治培训。超过 90%的医务人员认为医院开展法治建设对其工作非常有帮助或比较有帮助，超过 80%的医务人员对所在医院法治建设情况持肯定评价。超过 90%的行政管理人员了解所在医院正在开展法治建设、所在医院的法治工作机构或科室的职责、最近一年参加至少 1~2 次法律学习。超过 80%的行政管理人员非常了解或基本了解所在医院的章程、建立的包含法治工作的绩效考核制度、医院"三重一大"事项决策流程以及必须进行合法性审查的事项。行政管理人员中实际接触了《基本医疗卫生与健康促进法》《宪法》《传染病防治法》等具体法律内容的占比均超过70%。

（五）建议

虽然湖南省三级医院法治建设已取得了一定成绩，但根据研究结果和分析，可以看到目前仍然存在一些问题，这些问题是制约其进一步发展的重要因素，课题组就这些问题给出以下建议。

1.将法治纳入现代医院管理的每一个环节

湖南省少数医院和全国很多医院的共性问题是医院法治建设存在"虚化"和"技术化"两种错误趋势，医院管理和医院法治建设存在"两张皮"现象。开展"平安医院"创建活动的主要目的是维护医疗秩序、构建和谐医患关系，而这也是医院法治建设的题中应有之义。医院精细化管理实质就是建立科学量化的标准与可操作、易执行的操作程序，并基于标准和操作程序开展医院管理工作，这与医院法治建设的规范化、制度化、法治化等内涵不谋而合。因此，建议各地卫生健康部门和医院领导要把"平安医院"和精细化管理等工作融入医院法治建设,探索现代医院管理的新模式。

2. 加强对民营医疗卫生机构法治建设的引导

基于医院和医疗卫生行业的重要性和目前急切的发展和改革需求,结合湖南省三级医院法治建设所取得的良好效果,课题组认为,应从公立医院开展法治建设转向全行业开展法治建设,以法治促进和引导民营医疗机构健康发展,助力发挥民营医疗机构在医疗卫生事业中的积极作用。

3. 助力加强医院法治工作队伍建设

从目前情况来看,湖南省三级医院法治工作机构形式多样。首先,医院法治工作机构是医院法治建设的重要职能机构,在法治建设中需要承担较为复杂繁多的工作内容,对法治工作人员要求较高,需要有足够的专职人员专门负责医院法治工作机构工作,才能最大化体现医院法治机构在医院管理和发展中的优势。其次,湖南省三级医院普遍缺乏具有法律专业或懂法会用法的法治工作人员。通过现场调研和座谈发现,多家医院反映了法治建设人才队伍人手不够、能力不强的问题。再次,目前许多医院法治工作人员缺乏合理正式的晋升机制,待遇与其他部门员工存在差距,不利于招揽和留住法治专业人才。调查发现,48.1%的法治工作人员认为目前的待遇比较好或非常好,超过50%的法治工作人员认为目前的工作量比较大。特别是法治人员的编制问题,有编制和无编制在福利待遇方面存在一定差异,通常职业发展晋升上有编制的工作人员较有优势,编制更能吸引到医院法治建设紧缺的法治专业人才,能让这些人才留在医院内发挥重要作用。相关机构编制管理部门应当重视医院法治建设相关人员编制问题,加紧研究法治建设相关人员编制安排,为各医院设置合适的编制员额、职位和职务等。这在一定程度上表明:法治工作机构不健全、普遍较弱甚至缺乏,法治队伍力量不够、结构不优、待遇吸引力不够等问题,亟须引起重视。

4. 有关方面应加强医院法治建设相关立法工作

中国医院建设与发展相关法律法规众多且丰富,基本覆盖三级医院建设与发展所涉领域，但部分法律法规修订不及时、不能适应医院快速发展与变化，制约了医院法治建设进程。关于医院法治建设的内容多以政策性文件形式发布，未明确相应的法律责任，可以考虑通过立法进一步推进。

B.15
医疗领域的数据安全管理

周 辉 闫文光 何晶晶 姚宏伟 崔 倩*

摘 要： 医疗领域的数据安全，由《网络安全法》《数据安全法》《个人信息保护法》《关键信息基础设施安全保护条例》确立基本框架，配套以国家及各主管部门出台的法规政策，明确医疗数据领域应建立健全数据安全管理制度、数据分类分级保护制度、全生命周期安全保障制度、数据跨境流动制度及数据安全评估制度等。目前，医疗领域的业务开展，在数据收集、存储、使用、共享、销毁等阶段存在违规处理的风险。为确保医疗数据的安全管理，各主体应积极落实相关法规义务并承担责任，可通过如可视化实时监控、区块链、隐私计算等新兴技术手段为卫生健康行业的数据安全及合规检测提供新的解决方案，实现自动化、高效率的数据安全管理。

关键词： 医疗数据 数据安全管理 数据分类分级 数据生命周期管理 数据跨境

近年来，随着互联网等新技术的快速发展，各行业和领域都在进行数字化转型。在医疗领域，党的十九大提出，要实施健康中国战略，全面提高人

---

* 周辉，中国社会科学院法学研究所网络与信息法研究室副主任、副研究员；闫文光，中国人民大学法学院博士研究生；何晶晶，中国社会科学院国际法研究所副研究员；姚宏伟，首都医科大学附属北京友谊医院主任医师、教授；崔倩，北京工商大学数据合规研究中心研究员。

民健康水平，促进人民健康发展，满足人民对美好生活的需求，具有极高的政治意义、经济意义以及社会意义①。在此背景下，互联网医疗快速发展，为贯彻落实《"健康中国 2030"规划纲要》和《国务院关于积极推进"互联网+"行动的指导意见》，国务院办公厅于 2018 年 4 月 28 日发布了《关于促进"互联网+医疗健康"发展的意见》，极大推动"互联网+"医疗保障体系的建立健全与完善，为医疗机构建立"智慧医疗"指明了方向，同时促进了医疗信息互联互通以及信息共享平台建设。在此背景下，数据成为医疗行业的核心资源。为此，国家不断推动数字医疗或大数据在健康医疗领域的应用，实施全面的健康中国战略②。

中国医疗行业正处于数字化转型发展的初期，实际业务开展尚存在诸多问题，需要进一步完善合规体系建设，其中较为显著的数据安全，已成为开展"互联网+医疗健康"亟待解决的重点、痛点与难点问题。在数字化时代，随着"互联网+医疗"的深度结合，医疗领域的日常诊疗活动、临床研究以及互联网诊疗等场景都需要以海量的医疗数据为支撑，医疗领域的网络化、数据化也面临相应的数据安全风险，患者医疗健康信息属于敏感个人信息，一旦泄露或者被非法使用，容易导致患者的人格尊严受到侵害或者人身、财产安全受到危害。此外，如果医疗健康信息系统所处理的数据量和重要程度达到了一定标准，一旦遭到破坏、丧失功能或者发生数据泄露，则将严重危害国家安全、国计民生以及公共利益。

中国医疗领域的数据安全管理面临巨大压力，也迎来了关键的数据安全机制建设机遇期，亟须梳理总结当前需要落实的监管要求、法律合规制度与义务，结合全场景和数据处理全生命周期背景下的风险，从法律与技术等角度制订解决方案，强化数据合规能力，提升数据安全保障能力，促进医疗领域的健康有序发展。

---

① 《决胜全面建成小康社会　夺取新时代中国特色社会主义伟大胜利——中国共产党第十九次全国代表大会上的报告》第八部分（五）"实施健康中国战略"。
② 高富平：《论医疗数据权利配置——医疗数据开放利用法律框架》，《现代法学》2020 年第 42 期，第 53 页。

一 医疗领域数据安全监管态势

医疗数据是产生于医疗机构诊疗活动关于患者的生理和健康状况的数据[1]。医疗领域作为重要的民生领域，事关百姓健康，受到了党中央和国务院的高度重视，国家先后出台了《网络安全法》《数据安全法》《个人信息保护法》《关键信息基础设施安全保护条例》（以下简称"三法一条例"），构建起中国网络和数据安全保护的基本制度框架，成为医疗领域在网络安全与数据安全方面的重要基础性法律，为数字时代的医疗网络安全、数据安全、个人信息保护提供基础制度保障[2]。此外，国家及主管部门还相继出台了相关配套法规政策，以保障医疗领域数据安全（见表1）。

表1 医疗领域数据安全相关法规政策

位阶	名称
法律	《民法典》
	《刑法》
	《基本医疗卫生与健康促进法》
	《执业医师法》
	《生物安全法》
行政法规	《人类遗传资源管理条例》
	《关键信息基础设施安全保护条例》
	《互联网信息服务管理办法》
	《医疗器械监督管理条例》
	《医疗机构管理条例》
	《医疗纠纷预防和处理条例》
	《医疗事故处理条例》

---

[1] 高富平:《论医疗数据权利配置——医疗数据开放利用法律框架》,《现代法学》2020年第42期,第52页。

[2] 张小丰、陈睿:《数据安全法下医疗卫生行业的信息安全挑战》,《中国信息安全》2022年第4期,第45~47页。

续表

位阶	名称
部门规章	《医疗卫生机构网络安全管理办法》
	《人工智能辅助治疗技术管理规范(试行)》
	《电子病历应用管理规范(试行)》
	《互联网诊疗管理办法(试行)》
	《互联网医院管理办法(试行)》
	《互联网医院基本标准(试行)》
	《远程医疗服务管理规范(试行)》
	《国家健康医疗大数据标准、安全和服务管理办法(试行)》
	《人口健康信息管理办法(试行)》
	《医疗机构病历管理规定》
	《全国医院信息化建设标准与规范(试行)》
	《全国基层医疗卫生机构信息化建设标准与规范(试行)》
	《全国医院数据上报管理方案(试行)》
	《电子病历系统功能规范(试行)》
规范性文件	《关于促进和规范健康医疗大数据应用发展的指导意见》
	《"互联网+护理服务"试点工作方案》
	《"十三五"全国人口健康信息化发展规划》
	《"十四五"全民医疗保障规划》
	《关于加强医疗卫生机构统方管理的规定》
	《医院信息平台应用功能指引》
	《国家卫生计生委关于推进医疗机构远程医疗服务的意见》
	《真实世界数据用于医疗器械临床评价技术指导原则(试行)》
	《用于产生真实世界证据的真实世界数据指导原则(试行)》
	《卫生行业信息安全等级保护工作的指导意见》
	《临床试验数据管理工作技术指南》
	《互联网个人信息安全保护指南》
	《人类遗传资源采集、收集、买卖、出口出境审批行政许可事项服务指南》
	《医疗器械网络安全注册技术审查指导原则》
	《关于促进"互联网+医疗健康"发展的意见》
	国家医疗保障局《加强网络安全和数据保护工作指导意见》

《数据安全法》的出台为中国数据安全与数据治理领域奠定了基础性规范,确立了数据分类分级管理,数据安全审查,数据安全风险评估、监

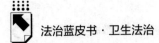

测预警和应急处置等基本制度，在加强智慧医疗制度设计，确保医疗数据安全，实现互联网医疗全流程可知、可管、可控、可查等各方面发挥了重要作用。

第一，《网络安全法》第21条首次提出数据分类分级保护制度，《数据安全法》进一步明确相关部门在分类分级保护和重要数据保护中的职能，原则性规定了数据分类分级的依据，主要考虑在经济社会发展中的重要程度和遭到篡改、泄露等情形时的危害程度[①]。

第二，提出建立数据安全风险评估、安全事件报告制度、监测预警机制、应急处置机制和安全审查等制度，有望在后期逐步推出具体机制体制的主管机构、适用范围、评估审查模式等配套制度[②]。

第三，提出数据出境安全审查制度，明确了禁止相关数据出口的合法性基础，要求对外国的歧视采取对等反制措施，彰显了网络数据空间的数据主权主张，对于临床研究场景中的医疗数据跨境流动具有指导意义[③]。

第四，明确了开展数据处理活动的市场参与者应当建立完善的数据安全管理制度、进行安全教育培训、风险监测和报告，采用技术手段落实内部制度的规定，数据安全合规制度建设已成为企业应当履行的法律义务[④]。

第五，明确了政务数据"以公开为原则、不公开为例外"的基本理念，在政务数据互联互通方面，基于实践中普遍存在的政务数据"不愿开放、不敢开放、不会开放"孤岛，要求在国家层面建立政务数据开放平台，并通过政务数据开放目录的形式破解政务数据领域数据资源碎片化、政务发展不均衡、政务协同缺乏互信基础等现实问题，以缓解医疗数据"孤岛化"问题，促进医疗数据共享，提升患者就诊效率，节约医疗资源[⑤]。

---

① 《数据安全法》第21条。
② 《数据安全法》第22条、第23条、第24条。
③ 《网络安全法》第37条。
④ 《数据安全法》第27条、第29条。
⑤ 《数据安全法》第41条、第42条。

二　医疗领域数据安全管理现状

在对医疗领域数据安全强监管的态势下，医疗领域形成了数据安全与利用并重的管理机制，筑牢数据安全基础和底线，形成了全生命周期的数据安全与治理链条，并根据分类分级、跨境传输等制度对数据进行有效治理，开展常态化的数据安全监测预警通报，构建数据安全协同治理的新格局①。

（一）建立数据安全管理制度

按照有关法律法规的规定，参照国家网络安全标准，履行医疗数据安全保护义务，坚持保障医疗数据安全与发展并重，通过管理和技术手段保障医疗数据安全和医疗数据应用的有效平衡。根据《医疗卫生机构网络安全管理办法》，各医疗卫生机构应建立健全数据安全管理制度、操作规程及技术规范，涉及的管理制度每年至少修订一次②。在人员方面，各医疗卫生机构建立健全了医疗数据安全管理组织架构，配置医疗数据合规负责人和专业人员，建立医疗数据安全工作责任制，强化机构内部监督管理，落实追责追究制度③。例如，根据《电子病历应用管理规范（试行）》的规定，采集电子病历信息需要医疗机构具备专门的技术支持部门和人员，负责电子病历相关信息系统建设、运行和维护；配备专门的管理部门和人员，负责电子病历的业务监管④。

（二）落实数据分类分级制度

《数据安全法》《医疗卫生机构网络安全管理办法》及相关法规规章要

①　刘瑛、高逸：《健康医疗数据法律规制研究》，《天津师范大学学报》（社会科学版）2020年第2期，第62页。
②　《医疗卫生机构网络安全管理办法》第21条。
③　《医疗卫生机构网络安全管理办法》第19条。
④　刘瑛、高逸：《健康医疗数据法律规制研究》，《天津师范大学学报》（社会科学版）2020年第2期，第63页。

求，落实医疗领域内本地区或本行业主管部门确立的数据分类分级制度，全面梳理本单位的一般数据、重要数据、核心数据，对不同级别的数据采取不同的保护措施[①]。定期针对重要数据以及核心数据的处理活动开展数据安全风险评估，强化隐患排查整改，并向所在省（自治区、直辖市）卫生健康主管部门报备[②]。所在省（自治区、直辖市）卫生健康主管部门要积极履行数据安全保护义务，定期进行监督检查。

（三）保障数据跨境流动安全

根据《医疗卫生机构网络安全管理办法》，医疗领域所涉及的数据应当在中华人民共和国境内进行处理，不得将人口健康信息存储于境外服务器，不得托管、租赁在境外的服务器。因跨境会诊、医学研究、学术研讨等确需向境外提供重要数据或核心数据的，应当按照法律法规的要求进行安全评估、安全审查[③]。向境外提供个人信息的，应当按照国家网信部门的规定，经专业机构进行个人信息保护认证或按照国家网信部门制定的标准合同与境外接收方订立合同，符合相关法律法规规定的情形时，应当主动申报安全评估，并在合理范围内向个人信息主体告知有关境外接收方以及个人信息出境的事项，并对处理情况进行记录。2022年7月7日，国家互联网信息办公室公布《数据出境安全评估办法》，对于向境外提供重要数据、个人信息的四类情形提出了安全评估要求，以进一步规范数据出境活动，保护个人信息权益，维护国家安全和社会公共利益。

对于人类遗传资源信息的采集，如果涉及中国境内的重要遗传资源、特定地区人类遗传资源和国务院科学技术行政部门规定种类、数量的人类遗传资源的采集，应当按照《人类遗传资源管理条例》《人类遗传资源采集、收集、买卖、出口、出境审批行政许可事项服务指南》的流程和要求，经有关部门批准后实施。外国组织、个人及其设立或者实际控制的机构不得在中

---

① 《医疗卫生机构网络安全管理办法》第20条。
② 《数据安全法》第30条。
③ 《医疗卫生机构网络安全管理办法》第22条。

国境内采集中国人类遗传资源。《生物安全法》规定，境外组织、个人及其设立或者实际控制的机构不得在中国境内采集中国人类遗传资源；采集中国重要遗传家系、特定地区人类遗传资源或者采集国务院科学技术主管部门规定的种类、数量的人类遗传资源，应当经国务院科学技术主管部门批准。

（四）规范数据跨主体流转程序

医院等医疗领域内各机构委托他人开展数据处理活动或向第三方提供数据的，如基因检测、样本化验、信息登记、传染病防治等，应采取数据脱敏、数据去标识化等措施，进行充分的合规审查和安全评估，通过签订合同协议等方式，明确数据处理的目的、期限、范围、种类、处理方式、保护措施以及双方的权利义务，并采取措施对数据处理合规状态进行跟踪记录。根据数据分类分级明确不同级别数据的加密传输要求，确保在通过接口传输时的安全性、保密性、完整性，防止数据被窃取、篡改[①]。

（五）促进数据实现互联互通

在医疗卫生行业的发展中，区域发展的不平衡带来了资源的分配不均与浪费，管理部门提出利用业务联动打通医院之间的壁垒，让数据流动起来，带动业务流转[②]。医疗领域应建立健全健康医疗大数据互联互通机制，按照业务类型等因素实现电子病历、诊断证明、互联网医疗从业人员资质、电子处方、居民基本健康信息等数据的统一编码、统一交互、统一模型、统一订阅分发，有效落实国家推动以治病为中心向以健康为中心的战略转变，将公共数据开放共享用于疾病预防、医疗科普、科学防疫等工作。医疗领域各机构发布、共享数据时应当评估审计，明确可能带来的安全风险，并采取必要的安全防控措施。

---

① 《医疗卫生机构网络安全管理办法》第 22 条第 2 款。
② 张小丰、陈睿：《数据安全法下医疗卫生行业的信息安全挑战》，《中国信息安全》2022 年第 4 期，第 45~47 页。

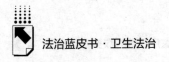

（六）保障全生命周期安全

各医疗卫生机构强化建设医疗数据合规体系，加强医疗数据收集、传输、存储、使用、交换、销毁全生命周期安全管理工作。

1.收集安全

加强医疗数据收集合法性管理，明确业务部门和管理部门在医疗数据收集合法性中的主体责任。根据数据安全级别或敏感性程度，采取医疗数据脱敏、医疗数据加密、链路加密等防控措施，防止在收集过程中医疗数据被泄露。

2.传输安全

在医疗数据分类分级的基础上，进一步明确不同安全级别医疗数据的加密传输要求。加强传输过程中的接口安全控制，确保在通过接口传输时的安全性、保密性、完整性，防止医疗数据被窃取、篡改。

3.存储安全

按照有关法规标准，选择合适的医疗数据存储架构和介质，并采取备份、加密等措施加强医疗数据的存储安全。涉及云上存储医疗数据时，应当评估可能带来的安全风险，保证院内网络环境与公网环境的隔离。医疗数据存储周期不应超出医疗数据使用规则确定的保存期限。加强存储过程中访问控制安全、医疗数据副本安全、医疗数据归档安全管控。

4.使用安全

按照分级分类保护标准、规则，对医疗数据划分安全等级，实行分级分类管理；严格规定不同人员的权限，加强医疗数据使用过程中的申请及批准流程管理，确保医疗数据在可控范围内使用，加强日志留存及管理工作，杜绝篡改、删除日志的现象发生，防止医疗数据越权使用。各医疗数据使用部门和医疗数据使用人须严格按照申请所述用途与范围使用医疗数据，对医疗数据的安全负责。任何部门和个人不得违反相关法律法规、标准、规范以及医疗卫生机构内部规章制度将未对外公开的信息医疗数据传递至部门外，或以任何方式将其泄露。

5. 交换安全

建立健全医疗大数据信息互联互通机制，按照业务类型或者医疗数据相同或相似的服务实现统一编码、统一交互、统一模型、统一订阅分发的互联互通服务管理新模式，如提出全级通用的门诊电子病历模板，同时实现诊疗医疗数据的自动带入、检查检验报告快速引入、门诊病历复写等功能。各医疗卫生机构发布、共享医疗数据时应当评估可能带来的安全风险，并采取必要的安全防控措施；涉及医疗数据上报时，应由医疗数据上报提出方负责解读上报要求，确定上报范围和上报规则，确保医疗数据上报安全可控。

6. 销毁安全

对医疗数据每 5 年做一次安全和使用审查，如果没有必要继续保存，需对医疗数据进行销毁处理。医疗数据销毁时应采用确保医疗数据无法还原的销毁方式，并对销毁过程进行记录控制，重点关注医疗数据残留风险及医疗数据备份风险。

（七）加强网络安全管理

根据《医疗卫生机构网络安全管理办法》，各医疗卫生机构应成立网络安全和信息化工作领导小组，由单位主要负责人任领导小组组长，每年至少召开一次网络安全办公会，部署安全重点工作，落实《关键信息基础设施安全保护条例》和网络安全等级保护制度要求[①]。医疗卫生机构应依法依规开展网络安全等级保护定级、备案工作，同时应对已定级备案网络的安全性进行检测评估，有二级及以上网络的医疗卫生机构应明确负责网络安全管理工作的职能部门，明确承担安全主管、安全管理员等职责的岗位。医疗卫生机构在网络运营过程中，应每年开展安全自查，认真开展整改加固，并按要求将安全自查整改情况报上级卫生健康行政部门。

各医疗卫生机构应建立应急处置机制，通过建立完善应急预案、组织应急演练等方式，有效处理网络中断、网络攻击、数据泄露等安全事件，提高

---

① 《医疗卫生机构网络安全管理办法》第 5 条。

应对网络安全事件能力。积极参加网络安全攻防演练，提升保护和对抗能力。同时，应用大数据、人工智能、区块链等新技术开展服务时，上线前应评估新技术的安全风险并进行安全管控，达到应用与安全的平衡①。医疗机构新建信息化项目的网络安全预算不应低于项目总预算的5%，并保证信息系统建设时安全保护措施同步规划、同步建设和同步使用②。

三 医疗领域数据安全问题与风险

随着数字技术对医疗领域的赋能和深度融合，医疗行业对数据的收集和利用更加全面，同时也意味着行业整体数据安全和个人信息保护面临更大的威胁，医疗领域业务开展过程中，发生数据安全风险问题的可能性不断增加。例如，违反涉及医疗数据风险监测、网络安全、核心数据管理、侦查犯罪及向境外提供数据等，医院将受到行政处罚、停业整顿以及刑罚等制裁。

（一）数据收集阶段

数据采集是数据生命周期中最基础的步骤，医疗健康大数据的采集为科研和机构间的合作提供了便利，但同时也给数据隐私和安全带来了潜在的威胁③。现有医院信息系统数据采集，系统与外网连通，导致院内数据出院、数据泄露或者系统受到网络攻击，同时可能存在利用职务便利在科研环境下访问数据导致数据泄露。

（二）数据存储阶段

未对个人信息采取加密等安全措施，未将个人生物识别信息与个人身份信息分开存储，不当律师存储原始个人生物识别信息（如样本、图像等）

---

① 《医疗卫生机构网络安全管理办法》第13条。
② 《医疗卫生机构网络安全管理办法》第28条。
③ 郭子菁、罗玉川、蔡志平、郑腾飞：《医疗健康大数据隐私保护综述》，《计算机科学与探索》2021年第15期，第392页。

以及在使用面部识别特征、指纹、掌纹、虹膜等实现识别身份、认证等功能后未删除可提取个人生物识别信息的原始图像。

临床研究场景下，存在的主要风险如下：①云存储平台多为存储与持有分离经营，易产生来自第三方的风险；②数据备份也容易遭受攻击，如果数据备份与原数据在同一个服务器上运行，则数据备份的完整性及安全性存在一定风险；③在多中心临床研究中，采用集中式存储数据的方式，存在分中心数据访问权限难以划分问题，有可能访问到非本中心的临床科研数据，导致数据泄露风险；④集中式数据存储对数据备份恢复的要求极高，存在故障损失范围不可控的风险；⑤集中式存储和计算无法避免分中心因自身数据质量导致整体研究结果偏差的风险。

此外，在互联网医疗场景下还存在系统性风险，如互联网医疗健康信息系统未通过网络安全等级保护三级测评和定期复评、集成的第三方服务应用未达到相关安全防护水平，当系统受到外部攻击时导致患者个人信息泄露。

（三）数据使用阶段

医疗大数据只有经过分析挖掘才能释放价值，但在数据挖掘中也会存在数据安全风险，一些原本无法被识别的信息和模式可能会暴露并泄露给不可信的第三方[①]。在数据使用阶段存在的问题与风险如下：①未建立数据访问权限制度，没有根据数据的使用范围和相关人员的职责建立相匹配的数据访问权限机制，相关人员在使用数据时超出了职责所需的最小必要数据范围和最少的数据操作权限；②使用数据时，超出与收集个人信息时所声称的目的具有直接或合理关联的范围，且未再次征得个人信息主体明示同意；③未尽到网络安全与数据安全保障责任，如未制订内部安全管理制度和操作规程，未确定安全负责人，未采取防范计算机病毒和网络攻击、网络侵入等危害安全行为的技术措施；④未建立数据分类分级制度，未对核心数据、重要数据

---

① 郭子菁、罗玉川、蔡志平、郑腾飞：《医疗健康大数据隐私保护综述》，《计算机科学与探索》2021 年第 15 期，第 397 页。

采取备份、加密等相应措施；⑤未建立内部数据使用的审批、追踪制度，未建立保障数据使用的全流程可追溯机制。

在临床研究场景下，常涉及多中心研究，须做好数据安全管理和保密：①如果外国组织及外国组织、个人设立或者实际控制的机构（"外方单位"）需要利用中国人类遗传资源开展科学研究活动的，应防范未经审查而出境的风险、未经安全评估的风险等；②对于临床试验数据电子管理系统，可能面临系统稳定性与安全性的风险，如预先设置的技术性能崩溃，试验数据毁损，系统验证无效等；③临床试验数据的导入导出存在流程不规范的风险，易导致数据泄露；④数据未经授权访问可能出现数据泄露和数据错误；⑤利用数据访问权限，获取非试验相关数据；⑥在业务环境中处理数据，误操作导致原始业务数据被修改。

（四）数据的委托处理、共享、转让、公开披露阶段

在数据的委托处理、共享、转让、公开披露阶段，存在以下问题与风险：①未采取一定技术和措施保证数据的传输安全，导致数据在共享转让过程中发生毁损、灭失等事件；②委托第三方处理个人信息时，未在个人信息主体授权同意的范围内进行个人信息处理活动、未对委托行为进行个人信息安全影响评估、未对受委托者进行监督并采取或要求受委托者采取有效补救措施（如更改口令、回收权限、断开网络连接等），控制或消除个人信息面临的安全风险；③与第三方为共同个人信息处理者时，未建立第三方产品或服务接入管理机制和工作流程，未与第三方产品或服务提供者通过合同等形式明确双方的安全责任及应实施的个人信息安全措施，未妥善留存平台第三方接入有关合同和管理记录，未对第三方嵌入或接入的自动化工具收集个人信息的行为进行审计；④数据跨境传输时，未向相关主体告知境外接收方的名称或者姓名、联系方式、处理目的、处理方式、个人信息的种类以及个人向境外接收方行使本法规定权利的方式和程序等事项并取得个人的单独同意，未依照《个人信息保护法》第40条的规定通过国家网信部门组织的安全评估，未按照国家网信部门的规定经专业机构进行个人信息保护认证，未

按照国家网信部门制订的标准合同与境外接收方订立合同并约定双方的权利和义务。

在常规医疗场景和互联网医疗场景中，医疗机构通常会委托第三方系统服务商提供互联网信息技术支持，进行信息系统建设及维护以支撑互联网医疗服务，如委托第三方系统服务商完成互联网医院与医疗机构 HIS 系统、外部药店、医保部门的对接等，极易出现由第三方供应商引发的数据安全和个人信息保护风险；从外部接口部分安全需求分析，由于医院的业务特性，业务系统平台需与众多外部单位进行大量的数据交换、信息共享与业务协同，医院业务系统基础平台与数据将面临较大的安全风险①。

在临床研究场景中，同样涉及大量的委托处理、共享转让以及公开披露行为：委托数据分析公司分析实验数据、将相关数据发表在学术论文中时，未经相关主体同意进行公开披露，超出相关主体同意范围的委托处理与公开披露，未采取相关措施保障数据在传输过程中的安全以及在国际交流中的数据跨境与本地化风险等。

（五）数据销毁阶段

在数据销毁环节，可能引发数据残留问题，使数据虽然在逻辑上被删除，但在物理上依然存在，并没有被彻底销毁，能够通过专业方式实现数据恢复。

四　医疗领域数据安全管理方案

医疗领域的数据中包含了丰富的生物识别信息、个人敏感信息等数据，通过对其清洗挖掘，能够获取大量关乎国家安全的信息，一旦管理不善，将给公民身体健康、社会稳定以及公共安全带来极大风险。医疗领域数据安全

---

① 李立果：《数据安全法下的医疗数据安全建设》，《网络安全和信息化》2022 年第 4 期，第129 页。

管理的参与主体繁多，流程复杂，相关主体涉及建设方、服务方、运营方和监管方，过程管理包括信息安全相关方管理、信息安全过程管理、信息安全数据管理、信息安全技术管理、信息安全组织管理等，对监管部门和产业机构都带来了巨大的数据安全合规挑战。因此，应当在秉承数据安全和促进数据开发利用并重原则的基础上，各主体积极落实相关法规义务并承担责任，充分考虑数字时代特点，借助互联网技术，以数据治理为抓手，充分发挥互联网的优势，综合运用多种方式来创新监管手段，打通全链条服务并全程留痕，做到强化监管力度、保障医疗安全、简化医疗程序、降低社会成本、促进产业升级等多方面的有机统一①。

此外，随着互联网、大数据、人工智能、区块链、5G、物联网、IPv6等新兴信息技术的加速创新，与卫生健康行业融合的程度越来越深，如何把握数据驱动创新与个人信息保护之间的平衡，会深刻影响一国数字经济发展的未来，尤其在医疗数据等敏感个人数据领域②。通过新兴技术手段为卫生健康行业的数据安全及合规检测等多方面提供了新的技术解决方案，要实现自动化、高效率的数据合规管控，必须建立起相应的数据合规管理信息化系统，使得数据合规管理真正实现智能化、规范化，如采用隐私计算等技术对信息系统的数据安全合规建设成为必要的解决方案。隐私保护技术的多样性，如以数据脱敏技术、安全联邦学习为代表的隐私计算技术等在安全性、适配场景等方面存在多样化差异。

（一）建立健全医疗数据合规管理体系，完善医疗数据合规相关制度

首先，医疗领域各机构应对标法律法规、规范性文件和国家标准等规定，从治理架构、管理框架、制度流程等方面建立健全医疗数据合规管理体系，完善医疗数据合规相关制度，并每年至少修订一次，包括以医疗机构性

---

① 周辉：《创新互联网医疗监管》，《财经》2021年第25期，第90~91页。
② 李慧敏、陈光：《论数据驱动创新与个人信息保护的冲突与平衡——基于对日本医疗数据规制经验的考察》，《中国科学院院刊》2020年第9期，第1143页。

质和业务（服务）为抓手，通过深入梳理业务模式与业务环节，按照医疗数据有关规定，识别合规义务，将建立的医疗数据合规相关制度通过梳理业务模式与流程后进行对应印证和执行；其次，各医疗机构根据信息安全管理相关法律法规和技术标准，结合行业规范，制定适合自身信息安全管理的制度、应急预案及信息安全风险评估管理办法；最后，建议医疗机构设定内部信息安全管理部门，相关人员定期签署保密协议，每年对患者信息的保密性、完整性和可用性等安全性进行评估，及时掌握数据安全状态，同时针对业务信息系统新建、扩建或改建，在设计、建设及运行维护等各个阶段均应有定时评估。

（二）建立健全医疗数据合规组织架构，配置医疗数据合规专业人员

提高管理层或职能部门对数据合规的重视程度，其具体体现包括但不限于：一是经营管理中考虑数据合规要求，二是在数据合规方面投入充足的人力和资源，三是健全数据合规管理措施。例如，数据合规管理要求贯穿业务的事前、事中和事后环节，如业务上线前进行数据合规方面的评审事项，在业务运营过程中采取一定的管理、监督和检查措施来实现有效落实合规。由此，建议医疗机构建立完善的组织机构，成立信息化领导小组，实行三级管理责任制。明确医疗机构信息安全管理的第一责任人，统筹全院信息安全管理工作。同时，结合本单位实际，建立完善数据使用申请及批准流程，遵循"谁主管、谁审查"，遵循事前申请及批准、事中监管、事后审核原则，严格执行业务管理部门同意、医疗卫生机构领导核准的工作程序，指导数据活动流程合规。

（三）规范数据全生命周期管理，落实医疗数据合规管理运行和保障机制

大健康行业企业机构按照国家法律法规、强制性标准建立医疗数据安全管理机制，如针对云平台、App 对应完善医疗数据信息系统和网络设施。从

技术保障角度，采用加密技术保证数据在收集、提取、传输和存储过程中的完整性、保密性、可追溯性，使用介质传输的，应对介质实施管控。对不同介质的数据形式采用不同的保护措施，并建立访问控制机制，对访问记录进行审核、登记、归档和审计等。此外，为加强安全保障，建议医疗机构建立数据泄露应急处理、及时举报和报告等内部机制，如在出现医疗数据泄露、损毁、丢失、篡改等安全事件时，相关人员需及时向相应部门报告，并快速采取补救措施。同时，应做好数据采集规范管理，对于健康医疗大数据的储存和保护，建议相关企事业单位从严落实健康医疗大数据的存储要求和安全等级保护制度，并加以重点保护，存储时要保证海量性、安全性、可追溯性。

数据全生命周期活动应在境内开展，因业务需要确需向境外提供的，应当按照相关法律法规及相关要求进行安全评估和审核，针对影响或者可能影响国家安全的数据处理活动需提交国家安全审查，防止数据安全事件发生。

1. 敏感数据全生命周期安全防护

健康医疗数据中的个人属性数据（如个人身份信息、生物识别信息）、健康状况数据（如既往病史、人体微生物检测）、医疗应用数据（如用药信息、病程记录）、医疗支付数据（如医保支付信息、交易金额）大多数属于敏感个人信息，建议医疗机构从权限管控、涉敏数据防护和涉敏操作审计等方面进一步加强数据安全体系化建设，实现覆盖数据全生命周期的安全建设。建议部署数据库运维安全管理，对敏感数据进行定义与分级分类，对特权账户进行统一管理，防止敏感数据被越权。建议通过建立敏感特征库、实现敏感词库的自动扩充、实现敏感数据自动识别、建立敏感数据自动化扫描能力四个方面完成敏感数据的识别；在数据的使用和共享过程中，建议根据用户的身份和数据的分类分级信息对涉敏数据进行脱敏使用；另外，将大数据和人工智能等技术引入审计过程，建设智能化审计平台，对于涉敏操作实时监控，实现数据全生命周期的全覆盖。

2. 数据收集

明确业务部门和管理部门在数据收集合法性中的主体责任。采取数据脱敏、数据加密、链路加密等防控措施，防止数据收集过程中数据被泄露。

各医疗卫生机构开展人脸识别或人脸辨识时，应同时提供非人脸识别的身份识别方式，不得因数据主体不同意收集人脸识别数据而拒绝数据主体使用其基本业务功能，人脸识别数据不得用于除身份识别之外的其他目的，包括但不限于评估或预测数据主体工作表现、经济状况、健康状况、偏好、兴趣等。

3. 数据传输

建议采取数据加密技术，防止数据被窃取的风险。医疗机构在互联网医疗服务时，因开展业务的需要，互联网医疗信息系统可能会与医疗机构、医保、医药、商保、物流、公安等第三方信息系统对接，涉及患者数据与第三方传输、共享的情况。在数据传输过程中，医疗机构应确保信息传输的保密性、完整性，采取密码技术和检验技术保证传输过程中敏感信息或整个数据集的保密性、完整性，确保不被窃取、不被篡改。应与第三方签署个人信息保护协议和数据使用协议，确保其对患者个人信息使用安全合规。此外，在互联网医疗服务应用程序注册入口设置的个人信息保护（隐私）政策中，应对患者个人信息在各个主体之间的共享进行明确告知并获得明示同意。

涉及临床研究机构和申办者之间的数据传输，宜采取以下安全措施保护数据：①确定临床研究数据的传输方法，如在专线、互联网线路、VPN 等链路上，采用 TLS、IPSEC 等安全传输方式；②确保数据传输的保密性、完整性，宜采用密码技术保证通信过程中敏感信息或整个数据集不被窃取、不被篡改；③应采用技术措施保证数据传输的完整性、有效性和正确性；④在进行数据核查之前，宜列出详细的数据核查计划；⑤实施访问控制，按照临床研究电子系统的用户身份及其归属的用户组的身份来允许、限制或禁止其对系统的登录或使用，或对系统中某项信息资源项的访问、输入、修改、浏览；⑥应遵循可审计原则，对数据传输全过程进行日志记录，记录数据发送方 IP、发送方端口、发送时间、传输链路、数据接收方 ID、接收方 IP、接收时间等相关信息。

涉及控制者和申请者之间的数据传输，宜采取以下安全措施保护数据：

①二次数据利用时，数据从控制者传输到申请者前，控制者与申请者需签署数据使用协议，约定双方权责、申请者对数据的保护措施或策略、数据泄露的应急方案、数据使用期限等；②不同级别数据的传递方式不同，无标识数据集可采取加密邮件、加密 USB 或其他可移动设备（仅特定电脑可使用）等方式。受限制数据集和可标识数据集由于涉及患者部分个人标识信息，可采取数据本地操作、虚拟桌面远程访问（在该系统进行分析，仅审批下载统计分析结果）、数据沙箱等方式。

4. 数据存储

医疗科研场景中，在数据存储阶段建议采取如下措施。

建议临床研究申办者在数据存储阶段采取以下安全措施保护数据安全：第一，如果患者知情同意书和患者代码索引以纸质形式记录，宜在物理保存上加锁，由专人负责，如果患者知情同意书和患者代码索引以数字形式记录，数据宜加密并建立访问控制机制，加密数据和密钥宜分别存储；第二，其他数据宜建立访问控制机制，推荐使用加密机制，加密数据和密钥宜分开存储；第三，宜对数据进行完整性验证，保证数据的完整性及不被篡改；第四，在研究结束后，宜每 5 年对数据做一次安全和使用审查，如果没有必要继续保存，需对数据进行匿名化或删除，如果匿名化后的数据属于重要数据范畴，按国家相关规定处理；第五，确保数据服务的可用性。制定数据备份及恢复策略，定期进行数据备份，建立介质存取、验证和转储管理制度。

建议医疗机构在数据存储阶段采取以下安全措施保护数据安全：第一，通过密码技术等方式实施完整性控制，确保健康医疗数据是准确的、完整的，并为其提供针对非法修改的保护机制；第二，临床试验所有过程宜产生准确和完整的记录，且清晰可读，便于回顾，生成过程的数据（含元数据）与结果数据需归档保存，在回顾数据时，能够从最后的结果追溯到原始数据；第三，中间过程的数据宜以合适的方式（如版本升级等形式）加以保存，不得覆盖原有过程记录；第四，宜制定数据备份及恢复策略，定期进行数据备份，建立介质存取、验证和转储管理制度，并按介质特性对备份数据进行每年不少于 1 次的定期恢复的有效性验证；第五，对于公有云上的临床研究信息共享系统，宜采取必要的验证和加密处理，要对临床研究信息共享系统进行访问授权控制，确保数据访问的安全性。宜对传输到临床研究信息共享系统的数据进行加密存储，同时宜确保临床研究信息共享系统数据的灾备。对于院内私有云存储的数据，要通过网闸、网络隔离等方式，保证院内网络环境与公网环境的隔离，并限制移动存储设备（如光盘、U盘、移动硬盘）的使用，保证院内网络环境与公网环境的隔离。

5. 数据使用

建议医疗机构按照数据分级分类保护标准、规则，对数据划分安全等级，实行分级分类管理；制订保护目录，对列入目录的数据进行重点保护，涉及国家秘密的数据不予公开，并建立个人隐私数据、参保单位隐私数据、协议机构隐私数据、药品诊疗目录项目隐私数据等敏感数据字段库；建议扩大医疗信息主体知情同意权，在使用时自行决策不同的分级授权，如电子病历使用阶段；医院作为健康大数据信息管理者，因工作需要提取相关信息数据，应当按照单位网络数据提取使用管理规定批准，建议强化数据使用安全审批管理，严格执行数据处理和使用审批流程，按照"知所必须，最小授权"的原则划分数据访问权限，实施脱敏、日志记录等控制措施，防范数据丢失、泄露、未授权访问等安全风险。

6. 数据共享

建议医疗机构建立健全健康医疗大数据信息互联互通机制。一方面，要建立以统一为基础，即按照业务类型或者数据相同或相似的服务实现统一编码、统一交互、统一模型、统一订阅分发的互联互通服务管理新模式；另一方面，要充分利用已有的各类数据资源，通过系列程序处理将结构各异的数据源转化成统一的数据结构，从而推动健康医疗大数据的标准化工作，建立统一的行业标准与规范。

涉及医疗科研场景的，研究者或相应研究机构在对数据进行发布和共享时，宜采取以下措施。①对健康医疗数据形成共享说明，包括数据限制性访问说明、隐私及保密协议说明、科研数据用途说明等。②搭建科研数据共享平台，对不同级别的数据进行评估，确定不同的共享规范和访问控制权限。

③对共享和发布的健康医疗数据建立可溯源体系，做到可以分析审计跟踪溯源数据。④对数据的利用、存储、传输、访问控制等要遵守共享说明或相关合同的规定，遵守中国的知识产权、科学数据管理等方面的法律法规。⑤政府预算资金资助形成的科研数据按照开放为常态、不开放为例外的原则，由主管部门组织编制科学数据资源目录，有关目录和数据宜及时接入国家数据共享交换平台，面向社会和相关部门开放共享，国家法律法规有特殊规定的除外。⑥对于公益性科学研究需要使用的科研数据，研究者宜无偿提供，确需收费的，宜按照规定程序和非营利原则制定合理的收费标准，向社会公布并接受监督。对于因经营性活动需要使用科研数据的，当事人双方宜签订有偿服务合同，明确双方的权利和义务。⑦科研数据的使用者宜遵守知识产权相关规定，在论文发表、专利申请、专著出版等工作中注明使用和参考引用的科研数据。

7. 数据销毁

针对医疗科研场景，在数据销毁阶段建议采取如下措施：①在研究结束后，宜对数据每5年做一次安全和使用审查，如果没有必要继续保存，需对数据进行匿名化或删除，如果匿名化后的数据属于重要数据范畴，按国家相关规定处理；②应明确需要进行数据销毁的数据和方式，明确销毁数据范围，并对销毁过程进行记录控制；③对于包含个人隐私数据应配置必要的数据销毁技术手段与管控措施，应确保以不可逆方式销毁数据及其副本内容；④应遵守可审计原则，对数据销毁全过程进行日志记录，记录数据删除的操作时间、操作人、操作方式、数据内容等相关信息；⑤应设置审计监督角色，监督数据销毁操作过程；⑥对于下载到本地的二次利用数据，申请者在数据使用结束后应书面通知控制者，在约定的使用期限后30天内销毁，并提供销毁的书面证明，数据使用衍生结果公开发表需注明数据来源于控制者。控制者应对数据销毁情况作核查。

（四）加强网络安全管理，建立应急处置机制

医疗机构的网络安全意识和保护水平不到位，将导致关键数据的泄露甚

至交易风险。建议医疗机构高度重视网络安全管理工作。

将网络安全管理工作列入重要议事日程。建立网络安全管理机制，成立网络安全和信息化工作领导小组，由单位主要负责人任领导小组组长，每年至少召开一次网络安全办公会部署重点安全工作。

落实"谁主管谁负责、谁运营谁负责、谁使用谁负责"原则，在网络建设过程中明确本单位各网络的主管部门、运营部门、信息化部门、使用部门等管理职责，对本单位运营范围内的网络进行等级保护定级、备案、测评、安全建设整改等工作。加强网络安全业务交流，严格执行网络安全继续教育制度，鼓励管理岗位和技术岗位持证上岗。

为预防网络安全事件，各级卫生健康行政部门应根据《医疗卫生机构网络安全管理办法》建立网络安全事件通报工作机制，及时通报网络安全事件。同时，各医疗机构应及时整改有关主管监管机构检查过程中发现的漏洞和隐患等问题，杜绝重大网络安全事件发生。发生网络安全事件或发现网络存在漏洞隐患、网络安全风险明显增大时，各医疗机构应当立即启动应急预案，采取必要的补救和处置措施，及时以电话、短信、邮件或信函等多种方式告知相关主体，并按照要求及时向卫生健康行政部门、公安机关等报告，做好现场保护、留存相关记录，为公安机关等监管部门依法维护国家安全和开展侦查调查等活动提供技术支持和协助。

进一步完善网络安全考核评价制度，明确考核指标，组织开展考核，鼓励有条件的医疗卫生机构将考核与绩效挂钩。

（五）持续培育医疗数据合规文化

除强化管理与制度建设外，还应加强医疗数据安全的监督管理，对全流程的数据安全管理进行监督，配备专门的监督机构和工作人员，形成与自身组织相适应的安全监督体系，定期开展医疗卫生法律法规、管理制度及医疗质量等内容的考核，培育良好的医疗数据合规文化，促进相关参与人员内化遵守法律法规、规范及行业安全管理制度。

（六）利用信息化手段提高数据合规能力

伴随着新一代信息技术在医疗服务、公共卫生、医疗保障、药品供应保障、健康管理等多个领域的深入运用，既推动了医疗服务模式的变革，也促进了卫生健康事业向智能化和数字化方向发展。医学技术与信息技术的不断融合突破，为医疗数据的产生提供了源源不断的动力，也为大数据技术在医疗领域的应用和发展奠定了稳固的基石①。在此背景下医疗机构基本已经完成医院管理系统、科研平台等信息化体系建设，而随着健康医疗大数据的广泛应用、"互联网+医疗健康"和智慧医疗的发展，已经完成电子化的健康医疗数据从存储到应用各个阶段都在发生新的变化、遭遇新的问题和挑战。因此，如果要实现自动化、高效率的数据合规管控，必须建立起相应的数据合规管理信息化系统，使得数据合规管理真正实现智能化、规范化，满足相关法律法规的要求，保护个人信息的安全以及国家公共利益和安全。

根据隐私保护、数据合规相关法律法规的要求，结合已经有数据合规系统的建设经验，医疗机构数据合规管理信息化建设应包含以下方面。

1. 建设可视化实时数据合规监控系统

为及时、高效发现数据合规问题，建议建设可视化的实时数据合规监控系统。通过将医疗机构进行数据处理的关键节点进行组合，形成实际业务的仿真流程。在数据处理过程中对数据的合规性进行实时审查，当发现合规风险时可以实时在监管视图的对应节点上发出预警信息。从而可以直观掌握用户数据处理全流程的合规状态。

2. 建设基于区块链技术的数据合规体系

区块链技术的发展，为解决医疗数据的安全存储和复杂的权限限制结构提供了一种全新的去中心化模式②。区块链技术在医院管理系统、医疗研究

---

① 郭子菁、罗玉川、蔡志平、郑腾飞：《医疗健康大数据隐私保护综述》，《计算机科学与探索》2021年第15期，第390页。

② 王辉、刘玉祥：《融入区块链技术的医疗数据存储机制》，《计算机科学》2020年第47期，第286页。

平台等信息化系统数据处理全流程中能够有效保证数据的安全性和合规性。使用区块链技术，一方面通过修改留痕和留因，从数据采集、清洗、分析和结果全流程区块链溯源，可以保障临床试验数据的准确性、完整性、一致性、清晰性和及时性，防止学术造假等不良现象；另一方面，在数据采集、数据传输、数据存储、数据使用、数据提供、数据销毁等数据生命周期各阶段的合规状态进行存证，能够全面记录数据的合规性，更能够在数据跨实体间流动时提供合规性保障。"实验数据表明，去中心化的医疗数据存储系统、改进的 PBFT 共识算法以及数据交互系统的架构，实现了医疗数据的安全、可追溯和防篡改，解决了医疗数据集中存储、不可追溯和易受攻击等难点，为进一步推动区块链技术应用于医疗信息行业的发展奠定了基础。"[1]

3. 建设基于隐私计算的医疗研究平台

在进行医疗研究时，尤其是多中心临床研究的项目，坚持最小必要、专事专用原则，采用隐私计算技术（多方安全计算、联邦学习等），通过将各方模型及数据加密后在安全计算环境运行，从而保护分析过程中的模型参数数据隐私、保护分析报告结果的隐私。在保障原始数据不出域前提下开展医疗数据共享，从而实现"数据可用不可见、数据不动价值动"。

---

[1] 王辉、刘玉祥：《融入区块链技术的医疗数据存储机制》，《计算机科学》2020 年第 47 期，第 285 页。

B.16
《民法典》适用背景下医疗美容
纠纷裁判的实证探究

宁波市海曙区人民法院课题组*

摘　要： 近些年来，中国医疗美容行业快速发展，同时亦伴随着医疗美容纠纷数量高速增长。司法实务中该类型案件的审理尚存在不少难点，部分案件审理出现裁判结果冲突、法律适用分歧、获赔范围不一等情形。本文以浙江、广东两省近五年的医疗美容纠纷上网裁判文书为研究样本，考察该类纠纷的案件特点，总结案件审理中存在的举证质证难、医疗鉴定难、法律适用难等突出问题，多方位剖析纠纷多发成因，并结合《民法典》的有关新规定，提出医疗美容纠纷的裁判与化解路径建议，以期完善司法审判、构建和谐医患关系、助力医美行业健康发展。

关键词： 医疗美容纠纷　裁判难点　纠纷预防　统一适用

近年来，随着我国经济快速发展与大众审美追求的提高，"医美""整形"逐渐兴起，中国医美行业规模日益扩大，却也暴露出一些问题与乱象，有待更正矫治与规范引导。2021年5月，国家卫生健康委办公厅联合公安部办公厅等8个部门印发通知，决定于2021年6~12月联合开展打击非法

---

* 课题组主持人：曹建波，浙江省宁波市海曙区人民法院党组成员、副院长。课题组成员：庄春梅，浙江省宁波市海曙区人民法院民一庭庭长；叶丹，浙江省宁波市海曙区人民法院民一庭副庭长；邱丽婷，浙江省宁波市海曙区人民法院民一庭法官助理。

医疗美容服务专项整治工作，并制订了专项整治工作方案①。

医美行业的现存问题与潜在风险在司法案件中亦日益凸显。医美纠纷案件的司法审判不仅承担着定分止争功能，更在一定程度上对医美行业的发展起着规范与指引作用。本文通过对浙江、广东两省近五年来医美纠纷案件裁判文书的现状考察，总结案件特点、归纳裁判难点、分析成诉主因，并结合《民法典》的修改、新规及不足，提出医美纠纷预防、裁判与化解的对策与建议，以期完善司法审判、构建和谐医患关系、助力医美行业健康发展。

一 现状考察：医美纠纷案件特点之"四高"

2020 年中国新注册医疗美容相关企业达 111883 家，2021 年注册 218399 家，同比增长 95.20%。可见，医美企业已进入规模化高速增长阶段。目前全国已有 661268 家医美相关企业，其中山东省医美企业数量排名第一（84649 家），广东省第二（68541 家），浙江省第四（53462 家）。

根据中国裁判文书网查询结果，医美纠纷案件以医疗服务合同纠纷及医疗损害责任纠纷为案由的占绝对多数，其他案由案件占比很小，故本文选取前述两个案由的查询数据作为分析样本。从医美纠纷案件数量查询结果看，广东省居首位。为更全面地发现与分析问题，本文特在浙江省外增加广东省的裁判文书作为考察样本。

（一）医美纠纷案件数量增长率较高

从案件数量看，近五年医美纠纷案件呈高速增长态势，其中 2019 年浙江、广东两地案件数量同比增长率均超 100%，全国范围内案件数量同比增长率亦高达 94.84%（见表 1）。2020 年后增速减缓，应与新冠疫情的影响

---

① 参见国家卫生健康委员会网站：http://wow.nhc.gov.cn/cms - search/xxgk/getManuscript Xxgk.htm? id=ff407238bbf94335833a47919cc66ca6，最后访问日期：2022 年 9 月 20 日。

不无关联。同时，两省近五年的案件数量在全国占比达 18.74%，可见两省
为我国医美纠纷多发地。

表 1　浙江、广东两省近 5 年医美纠纷案件文书上网数量及占比情况

单位：件，%

年份	2017	2018	2019	2020	2021
浙江	10	15	32	27	10
广东	12	31	69	84	80
全国	143	252	491	592	496
合计占比	15.38	18.25	20.57	18.75	18.15

数据来源：中国裁判文书网，查询日期为 2022 年 5 月 8 日。

（二）医疗服务合同纠纷案件占比趋高

从案由看，2019 年前，医美纠纷案件中就医者选择从侵权角度起诉
的多，医疗损害责任纠纷案件占比更高（见图 1）。而自 2019 年起，医疗服

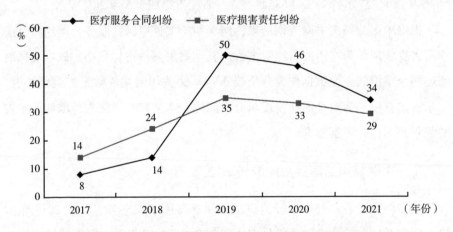

图 1　浙江、广东近 5 年医美纠纷案件两类主要案由情况

说明：于中国裁判文书网键入关键词"民事+医疗美容+医疗服务合同纠纷/医疗损害责
任纠纷"，查询到浙江、广东两省近五年裁判文书总计 370 个。经逐一筛查，排除非因就医
者对医疗美容服务内容、过程、效果不满而提起的诉讼，得到有效数据总计 287 个，以下本
文均以该 287 个有效样本进行考察分析。

务合同纠纷案件数量每年均超过了医疗损害责任纠纷的案件数量，就医者选择从违约角度诉讼的案件增多，医疗服务合同纠纷占比趋高。这从侧面反映，医美实践对医疗服务合同纠纷的审理与裁判提出了更大的需求与挑战。

（三）医美纠纷案件撤诉率较高

从结案方式看，以判决形式结案的174件，以裁定形式结案的113件。其中以裁定方式结案的案件，驳回起诉3件、准予撤回上诉4件、撤诉或按撤诉处理106件。排除司法实践中以调解结案的案件，两省近五年医美纠纷案件撤诉率达36.93%。这从侧面反映，司法实践中医美纠纷案件可协商、调解空间较大。

（四）医美纠纷案件就医者的司法期待值高

据统计，以判决形式结案的174件，其中医疗服务合同纠纷93件，驳回全部诉请38件，占比40.86%；部分支持诉请46件，占比49.46%；全部支持诉请9件，仅占9.68%。其中医疗损害责任纠纷81件，驳回全部诉请20件，占比24.69%；部分支持诉请56件，占比69.14%，全部支持诉请案件数量为0。

174件判决结案案件，就医者诉请金额合计约为4085万元，法院判决支持总金额约899万元，实际支持金额仅占就医者诉请金额的22.15%（见表2）。不难看出，就医者对损害赔偿金额期待较高，与司法裁判结果还存在较大差距。

表2　浙江、广东近5年医美纠纷案件诉请与判决金额情况

案由	诉请金额（万元）	判决支持金额（万元）	占比（%）
医疗服务合同纠纷	1292	357	27.63
医疗损害责任纠纷	2793	542	19.41
合计	4085	899	22.15

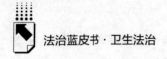
二 问题发现：医美纠纷裁判之"三难"

《医疗美容服务管理办法》第2条规定："本办法所称医疗美容，是指运用手术、药物、医疗器械以及其他具有创伤性或者侵入性的医学技术方法对人的容貌和人体各部位形体进行的修复与再塑。"医疗美容与普通医疗均属于医疗行为范畴。两者主要区别在于普通医疗行为的目的为治疗疾病；而医美行为通常为满足就医者的求美心理需要，就医者与医院处于平等地位、商业性质强，就医者拥有更多的自主选择权与协商话语权[①]。

实践中医美纠纷涉面部整形居多，还涉及隆胸、局部填充、全身或局部吸脂、植发、皮肤美白等项目。就医者以年轻女性为多，涉民营医美机构占比较大。综观本文所涉裁判文书，目前医美纠纷案件的司法认定及裁判还存在不少难点。

（一）举证质证难

当前合同纠纷的一般举证规则为"谁主张谁举证"，医疗侵权纠纷则以过错责任为主要归责原则，但三种法定特殊情况下适用过错推定。从实践看，医美纠纷案件的举证质证存在如下困难与问题。

第一，材料收集不足，举证存在困难。一方面，不少就医者法律意识薄弱、证据留存意识不强，易轻信医美机构的口头承诺或效果保证，纠纷发生后无法提供有效证据。另一方面，部分医美机构管理不善，病历资料不全或不规范，未严格按照规范流程操作记录、进行资料留档等，存在举证不能。

第二，资料单方保管，质证存在阻碍。实践中，医美病历资料诸如化验单、检验报告、手术记录等往往单方掌握在医美机构手中，就医者掌握的资料有限。纠纷发生后双方产生对立情绪，质证阶段就医者对医美机构提供资

---

① 参见何鞠师、谢再守《医美纠纷案件的司法裁判路径》，《人民法院报》2019年12月5日，第7版。

料的真实性常提出质疑，增加证据质证与认证难度。

第三，多方修复改造，查明难度增加。实践中，不少就医者在对手术效果不满意情形下选择先至其他医院或医美机构进行修复或改善，出现复合诊疗情形。形成多家病历资料，修复改造后就医者容貌、人体部位的叠加变化导致事实查明和责任认定难度增加。

（二）医疗鉴定难

普通医疗案件中，就医者若无法举证证明医疗机构存在过错或因果关系及其大小等，可向法院申请司法鉴定，通过鉴定完成举证责任。实践中，多数医疗案件会启动鉴定程序，法院亦多依据鉴定意见进行事实认定与裁判。可以说，医疗鉴定意见对法院的裁判结果起着至关重要的作用。而在医美纠纷案件中，医疗鉴定却存在不少问题与困难。

第一，因就医者拒绝司法鉴定难以启动。实践中，部分就医者不同意将医美机构提交的资料作为鉴定材料，或认为医美实际效果足以证明医美机构存在违约或构成侵权，或认为司法鉴定时间长、成本高，拒绝或不配合司法鉴定。

第二，因鉴定材料不足被退回。部分案件虽成功启动司法鉴定程序，但因双方当事人提交的鉴定材料不足，如病历材料缺失或书写过于简单、手术记录不完整、医疗产品无法溯源等，司法鉴定机构要求补充材料而无法补充，导致鉴定无法进行。

第三，因缺乏鉴定专家或统一标准无法鉴定。实践中，不少鉴定机构以缺乏医疗美容鉴定专家或尚无统一鉴定标准与评定依据或委托鉴定内容超出其技术条件和鉴定能力等为由将鉴定材料退回。部分案件甚至前后多次委托多家不同的鉴定机构均被退回①。

第四，鉴定事项复合情况多发、鉴定周期长。实践中，部分医美案件的司法鉴定事项包含多项，诸如过错与否、损害结果、因果关系鉴定，病历笔迹鉴定，伤残等级及误工期、护理期、营养期鉴定等，不少案件历经多次材

---

① 参见（2020）粤 0106 民初 12312 号民事判决书与（2019）粤 06 民终 7204 号民事判决书。

料补充。诸多原因导致鉴定周期长、案件审理期限长。鉴定难、鉴定慢等难题仍较为突出。

（三）法律适用难

医美纠纷案件的争议焦点通常包括过错与否、损害大小、责任比例、合同是否有效、是否构成欺诈、能否适用《消费者权益保护法》、精神损害抚慰金能否支持等。综观本文所涉裁判文书样本，司法实务对前述部分问题的法律理解与适用尚存较大分歧。

1. 关于《消费者权益保护法》的适用

实践中有以下问题存在分歧。一是适用与否问题[①]。从考察结果看，浙江省法院基本形成共识，认为就医者购买医美服务属于消费行为，应受《消费者权益保护法》调整[②]。2017年5月1日起施行的《浙江省实施〈中华人民共和国消费者权益保护法〉办法》第17条明确将医疗美容机构提供医疗美容服务（因疾病治疗涉及的修复重建除外）纳入调整范围。而广东省的裁判文书存在分歧，同级、上下级法院之间均有裁判冲突情形。部分法院认为医疗美容属于医疗行为范畴，受医疗专业的管理法规和诊疗常规规范，不能适用《消费者权益保护法》[③]。据统计，在174份判决书中，原告起诉要求适用《消费者权益保护法》的38份，法院最终予以支持10份，占比26.32%。

二是欺诈认定问题。医美纠纷中，较为典型的欺诈情形，如未经就医者同意擅自更换手术医生、手术材质、手术方案等基本无争议。而部分情形，如医美机构无执业许可证、手术医生未取得执业医师资格、手术医生未对更换执业地点进行注册备案等情形是否构成欺诈，实践中存在不同意见[④]。因欺诈的认定关系到最终损害赔偿的数额，故实践中同种情形不同案件就医者

---

① 参见夏晓宇《论医美纠纷的消费者保护路径》，《中国政法大学学报》2021年第2期。
② 参见（2020）浙0212民初14331号民事判决书。
③ 参见（2020）粤0104民初28260号民事判决书。
④ 参见（2020）粤1972民初1436号民事判决书及（2020）浙0212民初14331号民事判决书。

获赔金额差距明显。

三是损失赔偿问题。其一，法院认定医美机构构成欺诈，判决赔偿三倍服务费一般无争议，但就医者已支付的服务费是否应予以返还，存在不同意见。部分法院认为应当"退一赔三"①。而部分法院则认为，就医者接受的医美服务具有不可退还性，如就医者不能证明损害的发生，便不予支持退还②。其二，就医者同时主张适用《消费者权益保护法》与《合同法》或《侵权责任法》，叠加计算各项损失，如既主张"退一赔三"，又主张后续医疗费、精神损失抚慰金等，部分法院认为"退一赔三"已涵盖就医者损失，不另外支持其他诉请；部分法院对其他损失亦予以支持③。

2. 关于精神损害赔偿的适用

其一，医疗服务合同纠纷中的精神损害赔偿问题。《民法典》实施前，违约和侵权的二元救济轨道并行，精神损害赔偿一般被限定在侵权领域内，合同纠纷中通常不予考虑。从考察结果看，各法院基本依照前述规则处理。在已判决结案的 93 件医疗服务合同纠纷中，18 件案件就医者提出精神损害赔偿，仅 1 件案件得到支持。目前《民法典》已有新突破，第 996 条规定："因当事人一方的违约行为，损害对方人格权并造成严重精神损害，受损害方选择请求其承担违约责任的，不影响受损害方请求精神损害赔偿。"由此，精神损害赔偿的适用已可扩充至合同路径，而不再局限于侵权领域内。

其二，对严重精神损害的认定。从考察结果看，多数情形下法院在就医者构成伤残的情况下支持精神损害赔偿，未构成伤残的不予支持。亦有少数法院认为就医者虽不构成伤残但考虑到就医者受损的是容貌或身体特殊部位，亦对其精神损害赔偿诉请酌情予以支持④。据统计，在 81 件已判决结案的医疗损害责任纠纷案件中，共有 73 件诉请精神损害赔偿，获支持或部分支持 40 件，占比 54.79%。

---

① 参见（2020）粤 19 民终 10655 号民事判决书。
② 参见（2020）浙 0212 民初 14331 号民事判决书。
③ 参见（2019）浙 0382 民初 7684 号民事判决书。
④ 参见（2019）浙 01 民终 940 号民事判决书及（2021）粤 0104 民初 7734 号民事判决书。

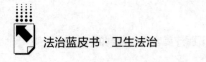

3.关于医疗效果的认定

在普通医疗纠纷中，关于医疗机构过错与否、损害大小等，法院一般以鉴定意见为依据或参照其进行裁判。而在医美纠纷案件中，多数司法鉴定被鉴定机构予以退回。在此种情形下，就医者主张医美机构手术效果不佳、未达到约定效果等，应如何予以认定，实务中存在不同处理方式。据考察，在医疗损害责任纠纷中，大部分法院以举证不能驳回原告诉请①。而在医疗服务合同纠纷中，当事人无法提供双方对服务效果的明确约定，又无法鉴定或拒绝鉴定的，大部分法院驳回诉请，少数法院根据在案证据或术后就医者实际情况自行酌定适当赔偿或补偿②。

4.关于举证责任的分配

在医疗损害责任纠纷中，通常由患者承担举证责任，但特殊情形下适用过错推定。但是，在医疗服务合同纠纷中，是参照适用特殊情形下推定医疗机构有过错，还是秉持一般合同纠纷的原告举证规则，实践中存在不同意见。

三 成因剖析：医美纠纷产生之"三缺"

1.医美机构规范管理欠缺

部分医美机构存在以下情形：一是管理制度不完善、操作流程不规范，未严格审核医师的资质或注册信息等；二是过分夸大医美整形效果，虚假广告泛滥，不当追逐市场利润；三是在与就医者磋商时只谈效果，避谈风险和损害，导致就医者对风险的心理预期不足；四是存在虚假承诺、服务欺诈等。

2.就医者法律与风险意识缺乏

部分就医者存在以下情形：一是缺乏理性消费意识与正确审美观，过度

---

① 参见（2020）粤0106民初24540号民事判决书。

② 参见（2019）浙0104民初5089号民事判决书及（2017）粤0303民初19986号民事判决书。

依赖整形，已出现整形低龄化趋势；二是缺乏风险意识，未认真对医美机构及服务人员的资质进行核实，对服务细节、效果等未作详细约定，轻信广告或口头承诺；三是缺乏法律意识，证据保存意识薄弱、举证意识与能力不强；四是缺乏理性化解纠纷意识，不能理性对待相关部门或法院的合理调解方案，甚至采取不当维权方式。

3. 监管部门监管力度缺位

一是近些年医美企业爆发式增长，相关监管部门受人员配置、时间等的限制，要实现全方位监管存在难度；二是监管力度不够，检查频率不高、范围不广，导致就医者受损后的举报成为重要的监管信息来源；三是处罚力度不够，相较于医美机构可获得的利益而言，实践中监管部门对违反监管规定的医美机构处罚较轻，缺乏足够威慑力。违法收益远大于被法律制裁的成本，巨大的利益诱惑促使医美机构铤而走险，触犯法律或规定导致纠纷频发①。

四　对策建议：医美纠纷预防与化解之"六措"

（一）加强行业监管，规范医美机构经营行为

规范医美机构的日常管理，严格要求其遵循医美技术操作规程，提供服务前详细告知消费者手术的适应症、禁忌症、风险等，充分保障消费者知情权。加大对医美机构资质的审查，严格要求医美机构依照《医疗广告管理办法》规定取得批准后方可发布广告，禁止作引人误解的商业宣传或不当夸大手术效果。加大处罚力度，对违法违规的医美机构处以罚款或吊销证书等严厉惩处，加强对违法医美广告及不当互联网宣传的查处。搭建权威信息查询平台，公开医美机构的资质情况、受行政处罚情况等，完善医美行业信息披露制度，建立和完善医美行业信用体系。

---

① 参见吴金艳、刘芷函、羊海燕《法经济学视角下医疗美容行业的规制》，《医学与法学》2019年第6期。

（二）加强宣传引导，提高消费者的风险意识

医疗美容消费者众多，提高消费者自身的法律与风险意识是预防纠纷发生的有效手段。多渠道广泛开展科普宣传，发布典型事例，联合手机运营商推送公益广告，提升消费者对医美的认知水平。首先，提高消费者对医疗美容的理性认识和对审美的正确认知，合理适度接受医美服务；其次，提高消费者对医美机构及服务的审慎选择意识及辨识能力，倡导消费者自觉选择正规医美机构接受服务，认真核实医美机构及医师的资质，术前应当详细了解风险；最后，提升消费者对医疗美容的法律认知，提高证据留存意识、矫正其对司法赔偿金额的过高期待，引导树立正确的维权意识。

（三）加强风险防控，推广医疗美容保险制度

《医疗纠纷预防和处理条例》第 7 条规定："国家建立完善医疗风险分担机制，发挥保险机制在医疗纠纷处理中的第三方赔付和医疗风险社会化分担的作用，鼓励医疗机构参加医疗责任保险，鼓励患者参加医疗意外保险。"医疗美容损害责任保险是一种以投保人即医美机构将会承担的责任为保险标的的险种，当医美机构侵害了消费者的权利或者手术效果不佳未达双方约定，消费者可向保险公司主张保险赔偿。故可探索在部分风险较高的医美服务项目中规定要求医美机构投保，完善保险品种，降低医美机构偿付不能风险，促使消费者在受损后能及时得到赔偿或救济，促进纠纷化解①。

（四）强化医疗鉴定，细化医疗美容鉴定标准

司法实践中，不少医美纠纷案件的司法鉴定被鉴定机构退回。此种情形下，当就医者主张医疗效果不佳或未达到预期诉至法院，医美机构往往主张属医疗正常风险。如此，医美机构一方面通过许诺美容结果而获利，另一方

---

① 参见杨婕、王梅红、刘方、高任、郭斯伦《医美纠纷人民调解案数据分析与思考》，《中国卫生法制》2020 年第 2 期。

面却声称医疗本身存在风险而逃脱法律责任，有失公允。鉴于多数鉴定机构认为目前尚无权威的医疗美容操作标准，建议可分类别、分项目细化医疗美容行业相关标准，使司法鉴定有据可依。同时，加强医美鉴定专家队伍建设，建立医美专家库以满足司法实践需求。此外，对手术效果争议较大的案件，应合理设置鉴定组成人员，可在鉴定组中增加医学人体美学、心理学等专家，以医学为主，结合美学、心理学、社会学等作为辅助，提升鉴定的公信力。

（五）强化司法统一，发挥司法裁判示范作用

《民法典》侵权责任编对"医疗损害责任"的规定，与此前的《侵权责任法》相比，并无大的增减或更改，但是对部分条文的用词进行了调整，一定程度上体现了立法者的立法导向，需予以关注。例如，《民法典》第1219条的规定加大了对患者知情权的保护[①]，第1222条的规定加大了医疗机构的注意义务[②]。另外，《民法典》未将医疗合同典型化，立法上尚不完备，部分情形的法律适用未予以明确，司法实务中出现不少裁判冲突、法律适用分歧的情形，不利于发挥司法裁判的示范引导作用。建议对司法中常见的法律适用不统一情形进行研究，并以司法解释或指导性案例等形式统一司法裁判。此外，通过发布典型案例、司法建议、司法白皮书，提示问题、揭示风险，强化司法对市场的规范指引作用。

（六）强化多元共治，构筑纠纷化解长效机制

发扬"枫桥经验"，强化多主体参与，将矛盾纠纷化解在诉前。完善医美纠纷的院内协调处理机制，引导医美机构建立就医者意见建议收集反馈制度，纠纷发生后及时妥善处理，防止消极对待或简单粗暴处理导致矛盾纠纷

---

① 《民法典》第1219条将《侵权责任法》中第55条向患者说明实施手术、特殊检查、特殊治疗的医疗风险、替代医疗方案的"说明"修订为"具体说明"。

② 《民法典》第1222条将推定医疗机构承担过错责任的适用条件由《侵权责任法》中第58条"患者有损害，因下列情形之一的"规定修订为"患者在诊疗活动中受到损害，有下列情形之一的"，用"有"字替换了"因"字；另外，第3项中增加了"遗失"病历资料推定医疗机构有过错。

升级。充分发挥人民调解或辖区内矛盾调解中心的调解功能，引入行业调解，组建包含整形美容、临床医疗和法律界专家学者以及心理学专家等人员在内的医美纠纷调解组织，增加医患双方之间的认同感，提高纠纷化解效率。有效构建纠纷化解长效机制，总结实践中的常见纠纷情形与常见问题，制定及完善医美纠纷化解规程，促进消费者合法权益得到及时保护，助力医患关系和谐稳定与医疗美容行业长久健康发展。

参考文献

1. 何鞠师、谢再守：《医美纠纷案件的司法裁判路径》，《人民法院报》2019年12月5日，第7版。

2. 夏晓宇：《论医美纠纷的消费者保护路径》，《中国政法大学学报》2021年第2期。

3. 吴金艳、刘芷函、羊海燕：《法经济学视角下医疗美容行业的规制》，《医学与法学》2019年第6期。

4. 杨婕、王梅红、刘方、高任、郭斯伦：《医美纠纷人民调解案数据分析与思考》，《中国卫生法制》2020年第2期。

5. 廖海金：《该给医疗美容业"整形"了》，《人民法院报》2020年8月12日，第2版。

6. 曹峻玮、赵海尊、尚猛：《基于大数据分析的中国社会对医疗美容认知的研究》，《中国卫生事业管理》2019年第9期。

7. 刘炫麟：《民法典编撰与医疗合同典型化》，《法治研究》2019年第3期。

8. 胡恒、何鞠师：《特殊医疗纠纷解决路径研究》，《中国卫生法制》2020年第3期。

9. 唐玉洁：《医疗美容侵权诉讼举证责任问题研究》，湖南师范大学硕士学位论文，2020。

10. 盛凯琳、陈竞波、倪胜、李宇阳：《浙江省医疗美容机构发展、监管现状与治理对策》，《中国卫生法制》2020年第1期。

11. 纪晓欣：《中小城市医疗美容纠纷的成因和对策分析》，《中国卫生法制》2020年第6期。

12. 谢龙婷、吴阅莹、梅达成：《医疗美容纠纷的法律问题分析》，《医学与法学》2020年第1期。

Abstract

Against the backdrop of Healthy China initiative, the Annual Report on Rule of Law on Health in China No. 2 (2022) focuses on hot spots of the rule of law including medical and health institutions and medical personnel, health care, traditional Chinese medicine, health and safety supervision, and sums up the exploration and experience in the enhancing of rule of law in China in the health field in recent years.

The general report systematically combed the reforms of rule of law in the fields of medical and health system reform, health care, medical service and law enforcement supervision, public health and health promotion in the country in recent years. It pointed out the problems in legislation, supervision, service, justice, etc. , and proposed to build a more equitable and accessible medical and health environment, improve the legal system in the field of health, grantee the supply of health resources by the rule of law, and promote effective health law enforcement and supervision.

The Blue Book made a nation-wide research report on the general situation of medical and health grantee, health and safety supervision, traditional Chinese medicine, and response to public health events that are related to rule of law for children's health. It suggested to promote free medical care on the basis of the current medical insurance system, improve the legal system of children's health, and hold special seminars on the promotion of law-based hospitals, dispute resolution in the plastic surgery industry, etc.

The effectiveness of law-based health lies in safety and supervision, which is of great significance to enhance the public credibility of rule of law in health. This volume of Blue Book made a research on drug advertising supervision, traditional

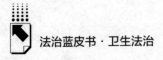
Chinese medicine supervision, We-Media medical advice supervision, tobacco control supervision, etc. with an aim to optimize the design mechanism and improve the implementation mechanism.

Medical insurance reform has attracted wide attention from all walks of life. A special section is devoted to study the idea of free medical care for all, law-based children's health, and the legalization of Sanming medical reform experience.

Keywords: Law-Based Health; Health Security; Health Supervision; Traditional Chinese Medicine; Dispute Resolution

Contents

I General Report

Abstract: Since 2022, as people's health is held in high esteem, various basic medical and health legal systems have been gradually improved, medical and health system reform has been carried out in depth, medical administration services and health supervision have been continuously optimized, medical security level has been continuously improved, and public health service capacity has been significantly enhanced. The development of Health China initiative requires corresponding legal guarantee. In the future, we shall give priority to health as always, promote the formulation and revision of health and medical security related laws, enrich supporting legislation, improve relevant services, strengthen the law enforcement and supervision system, develop a harmonious doctor-patient relationship, incorporate the popularization of law-based health into health science popularization, and constantly promote the legalization and standardization of the health system and its operation.

Keywords: Law-Based Health; Health China Initiative; Health Services; Comprehensive Supervision; Medical Security

II   Health Security

B.2 Report on the Development of Rule of Law for Children's Health in China

Legal Index Innovation Project Team of the Institute of Law,

Chinese Academy of Social Sciences / 031

Abstract: Children's health, which is inseparable from the protection and support of the rule of law, is closely related to family happiness and the future and destiny of the nation. Since the founding of the People's Republic of China, the development of rule of law for children's health in China has progressed steadily from scattered rules and regulations to a system framework with law as the core, and has made remarkable achievements. Since the 18th National Congress of the Communist Party of China, the legal system of children's health has been gradually enriched in the process of formulating and revising relevant laws, the law enforcement and justice of children's health have been strengthened, and a sound social atmosphere has been formed. In the future, we shall, while adhering to the principle of giving priority to children, promote unified legislation on children's health security at the central level, carry out implementation measures according to local conditions, and strengthen system implementation to address prominent problems that threaten children's health.

Keywords: Children's Health; Law-Based Health; Health Legislation; Children's Medical Service; Children's Medical Security

Ⅲ   Safety Supervision

B.3   Development and Improvement of Legal Governance of

Drug Advertising in China   *Wang Shaoxi* / 047

Abstract: To protect the life and health of the public, China has long established rules and regulations, and has successively promulgated the Drug Administration Law, the Regulations for the Implementation of the Drug Administration Law, the Advertising Law and other laws and regulations and relevant provisions. China issues administrative licenses for drug production and marketing, and advertising review licensing and off-site releasing and filing are required before drug advertisement is released. In the management system, the advertising reviewing agencies and regulatory agencies are separated. In advertising management, advertising for specific drugs, specific advertising content, and advertising spokespersons are all prohibited in drug advertising. However, there are still shortcomings in drug advertising in terms of advertising reviewing licensing, off-site releasing and filing, scope of prohibited items, regulatory coordination, and transparency of administrative law enforcement. Efforts shall be made to delegate the power of drug advertising reviewing licensing to the corresponding administrative departments at the county level, establish different review and regulatory authorities according to the differences between prescription drugs and over-the-counter drugs, cancel the off-site releasing and filing of drug advertising, establish a more comprehensive regulatory coordination mechanism and increase the transparency of administrative law enforcement.

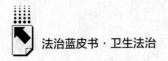
Keywords: Drug Advertising; Legal Governance; Power Allocation; Off-site Releasing and Filing

B. 4　The Dilemma and Suggestions on Regulating We-Media

　　Medical Advises　　　　　　　　　　　　*Wang Yiming* / 067

Abstract: Medical advises, personal or commercial, occupy a considerable proportion on We-Media platforms, which brings traffic and benefits to the platforms as well as actual risk and legal risk to damage people's health after they follow the advises. The current legal system fails to regulate effectively on the medical advises of We-Media platforms. Against the backdrop of digital economy, it's difficult to apportion the liability among all the parties including the platforms for their online opinions. We shall adjust relevant laws and regulations in time to comply with the law of digital economy development, and regulate medical advises on We-Media platforms with governance means such as online community autonomy in order to protect people's right to be heard and right to health to facilitate the orderly development of platform economy.

Keywords: We-Media; Medical Advice; Online Community Autonomy; Laws and Regulations; Tort

B. 5　Dilemma and Suggestions on Local Tobacco Control Law

　　Enforcement　　　　　　　　　　　　　　*Wang Xuan* / 083

Abstract: Over the years, tobacco control law enforcement in China fails to produce desired result, and there is still a long way to go to fulfill the promise we made when we joined the Framework Convention on Tobacco Control (FCTC). The underlying problems of local tobacco control law enforcement lie in legislation and policies, and the basic problem lies in law enforcement itself. If it is difficult to change the policies and legislation of tobacco control in a short time, improving the law enforcement methods, improving the law enforcement capacity of law enforcement personnel, and improving the procedures of fact finding and evidence identification can also improve the law enforcement effect. However, fundamentally speaking, multiple measures, including industrial policy adjustment, public health policy coordination, fiscal and tax means, accurate description of tobacco advertising and the outer packaging of tobacco products, the comprehensive use of publicity and education means, as well as the improvement of legislation, law enforcement, and justice, shall be used for the desired effect of tobacco control.

Keywords: Risk Prevention; National Commitments; Tobacco Control Law Enforcement; Public Interest Litigation

B. 6   Ways to Improve the Legal System to Respond to Public Health Emergencies in China

Li Guangde, Li Qixiu and Shuai Rence / 099

Abstract: In the fight against the COVID-19 pandemic, our response system and capacity for public health emergencies have been further improved. However, there are still problems of legislative gaps, legislative duplication and legal conflicts in the legal system for public health emergencies, and the resulting social problems require the improvement and adjustment of the legal system for public health emergencies. As we have made significant achievements in the fight against the COVID-19 pandemic, while holding high Xi Jinping ruling-by-law thought, it is imperative to formulate the Law on Response to Public Health Emergencies guided by the value of "putting people's life and health in the supreme position and improving our efficiency in the response to public health emergencies". The Law is bound to improve our country's emergency management capacity and safeguard people's life and health. In addition, we shall also improve the law-based public health and law-based emergency response management through the interconnection

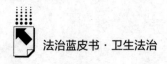
of inner-party legislation and local legislation.

Keywords: Law on Response to Public Health Emergencies; Emergency Public Events; COVID-19 Pandemic; Putting People's Life and Health in the Supreme Position

Ⅳ Industrial Promotion

B . 7 Consensus on the Development of the Combination of

Medical and Nursing Care in China

Research Group of Consensus on the Development of the

Combination of Medicine and Nursing in China / 121

Abstract: In 2018, when China encountered a historical turning point in the ratio of the old to the young for the first time, the number of people aged over 60 exceeded the number of people aged 0-14 for the first time. About 90%, 6% and 4% of the elderly nationwide choose home-based care, community support and institutions respectively. In the "9064" model, only less than 10% of the elderly are in the elderly care service market, and have varying degrees of dependence on nursing needs. At the national policy level, the "Health China 2030" initiative outlines the transition from "universal medical treatment to universal health", and it's urgent to combine medical and nursing care for the elderly in China. Based on the experience of the combination of medical and nursing care industry in other countries, this article summarizes and analyzes the current situation and problems of the combination of medical and nursing care in China. It points out that the combination of medical and nursing care industries shows characteristics of continuous enrichment of business types, deep integration with tourism industry, extensive application of wearable intelligent equipment, and digitalization becoming a new growth point of the market.

Keywords: Combination of Medical and Nursing Care; Digitalization; Institutions Offering Elderly Care; Silver Economy

B.8 Report on the Law-Based Accessibility of Medical and
Health Care Service   *Qu Xiangfei* / 132

Abstract: Enhancing the accessibility of medical and health care service is not only a responsibility of the Chinese government regulated in the International Law, but also of practical significance in China. The accessibility of medical and health care service refers to both the general design and reasonable supports. It includes the coverage of both medical and health care facilities and non-material facilities such as information exchange. China has formulated a series of laws, regulations and policies related to the medical and health care accessibility. However, there are few specific norms on it. Since the implementation of the *Regulations on the Accessibility Environment Construction* 10 years ago, China has made great progress in accessibility, including certain achievements in medical and health care accessibility. There is, however, obvious room for improvement on the whole. We have been focusing more on the construction of facilities related to medical and health care accessibility rather than the non-material supports, such as lack of telegraphing and radio service in braille, sign language, etc., and the lack of awareness of providing reasonable supports. The forms and contents of relevant regulations need to be improved and implementation mechanisms should be established.

Keywords: Medical and Health Care Accessibility; Information Accessibility; Pandemic Prevention and Control; Right to Health

B.9 Report on the Legal Development of Pharmaceutical
Intellectual Property Rights in China   *Zhang Haoran* / 145

Abstract: As drugs are necessary to safeguard people's right to health, drug innovation has become the fundamental driving force to improve the health of our people, and intellectual property has become the basic system to stimulate and adjust the sustainable innovation of the pharmaceutical industry. The development and new achievements of the law-based drug intellectual property in China since the reform and opening up are analyzed in this article. After a process of passive acceptance, adjustment and adaptation, and active selection, China has established a modern pharmaceutical intellectual property system framework, which can be divided into two parts, namely protection of pharmaceutical innovation and protection of public health needs. To be specific, we stimulate pharmaceutical innovation through patent protection, pharmaceutical patent linkage system, pharmaceutical patent term compensation system, and pharmaceutical test data protection system, and guarantee public health needs through patent protection exceptions, compulsory licensing system, patent exemption and anti-monopoly system. Relevant supporting systems need to be further improved. In the future, it is necessary to clarify the orientation and basic policy orientation of the pharmaceutical industry in the country, and formulate laws and regulation on pharmaceutical intellectual property rights that adapts to the development of the pharmaceutical industry and takes public health as the fundamental starting point.

Keywords: Drug Innovation; Intellectual Property Right; Drug Patents; Public Health

V Traditional Chinese Medicine

B.10 Research on the Legal Development of Traditional

Chinese Medicine *Huo Zenghui* / 161

Abstract: The legal development of traditional Chinese medicine is gaining momentum as the TCM itself. This article studies its legal development since the founding of the People's Republic of China in stages with the focus going to the period after the 18th National Congress of the Communist Party of China, especially after the promulgation and implementation of Law of the People's Republic of China on Traditional Chinese Medicine, the implementation of the innovative system of the law, the resulting problems and suggestions. It points out that, with the legal system of traditional Chinese medicine basically taking shape, a sound implementation mechanism has been basically completed, and the revision of relevant health laws reflects the characteristics of traditional Chinese medicine. However, the provisions on the protection of traditional knowledge and health care of traditional Chinese medicine in the law are still relatively general and need to be further improved. Besides, supporting measures for TCM medical services need to be implemented, and dispute resolution and damage handling mechanism reflecting the characteristics of TCM need to be improved. It is necessary to timely initiate the revision of the Law of the People's Republic of China on Traditional Chinese Medicine, and formulate supporting implementation rules and local legislation to provide better legal protection for the development of TCM.

Keywords: Traditional Chinese Medicine; Legal Development; Law of the Traditional Chinese Medicine

B. 11   Investigation Report on the Law-Based Supervision of
　　　　　Traditional Chinese Medicine　　　　*Li Jing*, *Jiang Lili* / 176

Abstract: Traditional Chinese medicine is regarded as a traditional treasure of the Chinese nation. The central government attaches great importance to the inheritance and innovation of the development of traditional Chinese medicine, and constantly issues laws and regulations, national and local policies to promote the traditional Chinese medicine in the field of modern health. To date, there are basically complete laws and regulations on the supervision of traditional Chinese medicine, continuously improving supporting policies, and effective implementation nationwide. In terms of supervision in practice, the Law of the People's Republic of China on Traditional Chinese Medicine has been effectively implemented with the service system being continuously strengthened, the protection and development of traditional Chinese medicine being significantly improved, and the team being gradually expanded. At the same time, however, there are still problems in the supervision of traditional Chinese medicine, such as failing to attach equal importance to traditional Chinese medicine and western medicine, insufficient matching between the service system and service capacity, and the unsatisfactory implementation of the system and mechanism. To this end, we shall make improvement through law enforcement, management system, quality supervision of traditional Chinese medicine, personnel training and intellectual property protection in the future.

Keywords: Law of the People's Republic of China on Traditional Chinese Medicine; Inheritance and Innovation of TCM; Characteristic Development of TCM; Attaching Equal Importance to TCM and Western Medicine

VI   Empirical Study

B . 12   Research on Legalization of Sanming Medical Reform

Experience   *Zheng Xueqian, Xue Haining* / 188

Abstract: It is of great significance to further consolidate the consensus on reform, guide the reform process, and promote in-depth reform and sustainable development of reform by producing replicable experiences in the practice of further reform of the medical and health care system, summing up, and making them into legal norms. Sanming City, Fujian Province, has formed typical experiences in the reform, such as overall linkage of reform, improvement of economic policies for medical reform, establishment of incentive and restraint mechanisms, and resource sinking. However, there are also problems such as insufficient promotion scope, insufficient efforts, and weak demonstration and leading role. These problems have to be solved through institutionalization and legalization. This article introduces the practices and main experience of further reform of the medical and health care system in Sanming City, Fujian Province, discusses the necessity, urgency and feasibility of turning the sound experience of reform into legislation, and produces suggestions on legislative purpose, scope of application and main content.

B.13　The Improvement of Medical Malpractice Expertise
　　　　System from the Perspective of Rule of Law

Research Group of Fujian Provincial Department of Justice / 199

Abstract: In recent years, with the evolvement of the principal conflict facing Chinese society, people's requirements for medical quality have been constantly improved, and their awareness of safeguarding their rights has been growing. In medical dispute resolution, which has unique professional barriers, although there is litigation system and multiple solutions outside the litigation, the liability of parties is stilled clarified through medical malpractice expertise. Accordingly, improving the medical malpractice expertise system is the key to resolve medical disputes and ease the relationship between doctors and patients. During the "14th Five-Year Plan" period, we shall, in the guidance of Xi Jinping rule-by-law thought, improve the law-based health system through improving the medical malpractice expertise system, and promote the modernization of public health governance system and capacity on the law-based track.

Keywords: Medical Malpractice Expertise; Medical Dispute; Law-Based Health

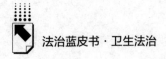
B.14 Investigation and Research Report on the Legal

Development of the Tertiary Hospital in

Hunan Province

Research Group on the Legal Development of Hunan Provincial

Tertiary Hospitals, *Institute of Medical Information*, *Chinese*

Academy of Medical Sciences / 213

Abstract: Against the backdrop of comprehensively promoting the strategy of rule of law and Health China initiative, the legal development of domestic hospitals is sped up. Hunan Province took the lead in promoting the legal development of hospital nationwide. The research team took the tertiary hospitals in Hunan Province as the targets and made investigations on their legal development. It proves that these hospitals have made positive progress in such aspects as the supporting systems of legal development, the work team, risk prevention, and education of laws and regulations, forming a legal development model with characteristics. However, there are still some problems in the integration of hospital management and the rule of law, the legal development of private medical and health institutions, and the team construction. Other provinces and cities can draw inspiration from Hunan Province in their own hospital reform and development.

Keywords: Hunan Province; Tertiary Hospitals; Legal Development

B.15 Data Security Management in the Medical Field

Zhou Hui, *Yan Wenguang*, *He Jingjing*, *Yao Hongwei and Cui Qian* / 248

Abstract: The Cybersecurity Law, the Data Security Law, the Personal Information Protection Law, and the Regulation on the Security and Protection of Critical Information Infrastructure have established a basic framework of data security in the medical field. And supporting regulations and policies have been issued by the state and various departments. It is clarified that, in the medical data field, we shall establish and improve the data security management system, the data classification and classification protection system, the full life cycle security assurance system, the data cross-border flow system and the data security evaluation system. At present, with the development of medical business, there are still risks of illegal handling of data in its collection, storage, use, sharing and destruction. To ensure the security management of medical data, all the parties shall undertake their relevant legal obligations and assume responsibilities, and provide new solutions for data security and compliance detection in the health industry through emerging technologies such as visual real-time monitoring, blockchain, privacy computing, etc. , to contribute to automatic and efficient data security management.

Keywords: Medical Data; Data Security Management; Data Classification; Data Life-Cycle Management; Data Cross-Border

B . 16 Empirical Research on the Adjudication of Medical Cosmetology Disputes from the Perspective of the Civil Code

Ningbo Haishu District People's Court Subject Group / 272

Abstract: In recent years, the Chinese medical cosmetology industry has achieved rapid development, accompanied by an increasing number of medical cosmetology disputes. There are still many difficulties in the trial of this type of cases in judicial practice. In the trial of some cases, there exist conflicts of judgment results, differences in the application of law and different scope of compensation. This paper takes the online judgment documents of medical cosmetology disputes in Zhejiang and Guangdong provinces in recent 5 years as research samples, to examine the characteristics of such disputes and summarize the outstanding problems in the case trial, such as difficulties in adducing evidence, medical appraisal and law application. By analyzing the causes of multiple disputes

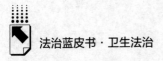
and combining with the relevant new provisions of the Civil Code, this paper puts forward some suggestions on the adjudication and resolution of medical cosmetology disputes to improving the judicial adjudication, building a harmonious doctor-patient relationship, and helping the healthy development of the medical cosmetology industry.

Keywords: Medical Cosmetology Disputes; Difficulties in Judicial Adjudication; Dispute Prevention; Uniform Application of Law

皮 书

智库成果出版与传播平台

❖ 皮书定义 ❖

皮书是对中国与世界发展状况和热点问题进行年度监测,以专业的角度、专家的视野和实证研究方法,针对某一领域或区域现状与发展态势展开分析和预测,具备前沿性、原创性、实证性、连续性、时效性等特点的公开出版物,由一系列权威研究报告组成。

❖ 皮书作者 ❖

皮书系列报告作者以国内外一流研究机构、知名高校等重点智库的研究人员为主,多为相关领域一流专家学者,他们的观点代表了当下学界对中国与世界的现实和未来最高水平的解读与分析。截至2022年底,皮书研创机构逾千家,报告作者累计超过10万人。

❖ 皮书荣誉 ❖

皮书作为中国社会科学院基础理论研究与应用对策研究融合发展的代表性成果,不仅是哲学社会科学工作者服务中国特色社会主义现代化建设的重要成果,更是助力中国特色新型智库建设、构建中国特色哲学社会科学"三大体系"的重要平台。皮书系列先后被列入"十二五""十三五""十四五"时期国家重点出版物出版专项规划项目;2013~2023年,重点皮书列入中国社会科学院国家哲学社会科学创新工程项目。

皮书网

（网址：www.pishu.cn）

发布皮书研创资讯，传播皮书精彩内容
引领皮书出版潮流，打造皮书服务平台

栏目设置

◆ 关于皮书
何谓皮书、皮书分类、皮书大事记、
皮书荣誉、皮书出版第一人、皮书编辑部

◆ 最新资讯
通知公告、新闻动态、媒体聚焦、
网站专题、视频直播、下载专区

◆ 皮书研创
皮书规范、皮书选题、皮书出版、
皮书研究、研创团队

◆ 皮书评奖评价
指标体系、皮书评价、皮书评奖

◆ 皮书研究院理事会
理事会章程、理事单位、个人理事、高级
研究员、理事会秘书处、入会指南

所获荣誉

◆ 2008 年、2011 年、2014 年，皮书网均
在全国新闻出版业网站荣誉评选中获得
"最具商业价值网站"称号；
◆ 2012 年，获得"出版业网站百强"称号。

网库合一

2014年，皮书网与皮书数据库端口合
一，实现资源共享，搭建智库成果融合创
新平台。

皮书网

"皮书说"
微信公众号

皮书微博

权威报告·连续出版·独家资源

皮书数据库
ANNUAL REPORT(YEARBOOK) DATABASE

分析解读当下中国发展变迁的高端智库平台

所获荣誉

- 2020年，入选全国新闻出版深度融合发展创新案例
- 2019年，入选国家新闻出版署数字出版精品遴选推荐计划
- 2016年，入选"十三五"国家重点电子出版物出版规划骨干工程
- 2013年，荣获"中国出版政府奖·网络出版物奖"提名奖
- 连续多年荣获中国数字出版博览会"数字出版·优秀品牌"奖

皮书数据库

"社科数托邦"
微信公众号

成为用户

登录网址www.pishu.com.cn访问皮书数据库网站或下载皮书数据库APP，通过手机号码验证或邮箱验证即可成为皮书数据库用户。

用户福利

- 已注册用户购书后可免费获赠100元皮书数据库充值卡。刮开充值卡涂层获取充值密码，登录并进入"会员中心"—"在线充值"—"充值卡充值"，充值成功即可购买和查看数据库内容。
- 用户福利最终解释权归社会科学文献出版社所有。

数据库服务热线：400-008-6695
数据库服务QQ：2475522410
数据库服务邮箱：database@ssap.cn
图书销售热线：010-59367070/7028
图书服务QQ：1265056568
图书服务邮箱：duzhe@ssap.cn

社会科学文献出版社 皮书系列
SOCIAL SCIENCES ACADEMIC PRESS (CHINA)
卡号：738945554422
密码：

S 基本子库
UB DATABASE

中国社会发展数据库（下设 12 个专题子库）

紧扣人口、政治、外交、法律、教育、医疗卫生、资源环境等 12 个社会发展领域的前沿和热点，全面整合专业著作、智库报告、学术资讯、调研数据等类型资源，帮助用户追踪中国社会发展动态、研究社会发展战略与政策、了解社会热点问题、分析社会发展趋势。

中国经济发展数据库（下设 12 专题子库）

内容涵盖宏观经济、产业经济、工业经济、农业经济、财政金融、房地产经济、城市经济、商业贸易等 12 个重点经济领域，为把握经济运行态势、洞察经济发展规律、研判经济发展趋势、进行经济调控决策提供参考和依据。

中国行业发展数据库（下设 17 个专题子库）

以中国国民经济行业分类为依据，覆盖金融业、旅游业、交通运输业、能源矿产业、制造业等 100 多个行业，跟踪分析国民经济相关行业市场运行状况和政策导向，汇集行业发展前沿资讯，为投资、从业及各种经济决策提供理论支撑和实践指导。

中国区域发展数据库（下设 4 个专题子库）

对中国特定区域内的经济、社会、文化等领域现状与发展情况进行深度分析和预测，涉及省级行政区、城市群、城市、农村等不同维度，研究层级至县及县以下行政区，为学者研究地方经济社会宏观态势、经验模式、发展案例提供支撑，为地方政府决策提供参考。

中国文化传媒数据库（下设 18 个专题子库）

内容覆盖文化产业、新闻传播、电影娱乐、文学艺术、群众文化、图书情报等 18 个重点研究领域，聚焦文化传媒领域发展前沿、热点话题、行业实践，服务用户的教学科研、文化投资、企业规划等需要。

世界经济与国际关系数据库（下设 6 个专题子库）

整合世界经济、国际政治、世界文化与科技、全球性问题、国际组织与国际法、区域研究 6 大领域研究成果，对世界经济形势、国际形势进行连续性深度分析，对年度热点问题进行专题解读，为研判全球发展趋势提供事实和数据支持。

法律声明

“皮书系列”（含蓝皮书、绿皮书、黄皮书）之品牌由社会科学文献出版社最早使用并持续至今，现已被中国图书行业所熟知。“皮书系列”的相关商标已在国家商标管理部门商标局注册，包括但不限于LOGO（▮）、皮书、Pishu、经济蓝皮书、社会蓝皮书等。“皮书系列”图书的注册商标专用权及封面设计、版式设计的著作权均为社会科学文献出版社所有。未经社会科学文献出版社书面授权许可，任何使用与“皮书系列”图书注册商标、封面设计、版式设计相同或者近似的文字、图形或其组合的行为均系侵权行为。

经作者授权，本书的专有出版权及信息网络传播权等为社会科学文献出版社享有。未经社会科学文献出版社书面授权许可，任何就本书内容的复制、发行或以数字形式进行网络传播的行为均系侵权行为。

社会科学文献出版社将通过法律途径追究上述侵权行为的法律责任，维护自身合法权益。

欢迎社会各界人士对侵犯社会科学文献出版社上述权利的侵权行为进行举报。电话：010-59367121，电子邮箱：fawubu@ssap.cn。

社会科学文献出版社